中国扶贫小额信贷案例总结

中国扶贫发展中心　组织编写

吕开宇　谢玲红　等　著

ZHONGGUO FUPIN XIAOE XINDAI ANLI ZONGJIE

人民出版社

责任编辑:刘志江 段海宝
装帧设计:胡欣欣

图书在版编目(CIP)数据

中国扶贫小额信贷案例总结/中国扶贫中心组织 编纂;吕开宇 等著. —北京:
　人民出版社,2022.12
(中国脱贫攻坚典型案例丛书)
ISBN 978－7－01－024787－8

Ⅰ.①中… Ⅱ.①中…②吕… Ⅲ.①农业信贷-信贷管理-关系-扶贫-案例-
　中国 Ⅳ.①F832.43②F323.8

中国版本图书馆 CIP 数据核字(2022)第 087103 号

中国扶贫小额信贷案例总结
ZHONGGUO FUPIN XIAOE XINDAI ANLI ZONGJIE

中国扶贫中心组织 编纂　吕开宇 谢玲红 等著

人民出版社 出版发行
(100706　北京市东城区隆福寺街 99 号)

北京九州迅驰传媒文化有限公司印刷　新华书店经销

2022 年 12 月第 1 版　2022 年 12 月北京第 1 次印刷
开本:710 毫米×1000 毫米 1/16　印张:16.75
字数:230 千字

ISBN 978－7－01－024787－8　定价:66.00 元

邮购地址 100706　北京市东城区隆福寺街 99 号
人民东方图书销售中心　电话 (010)65250042　65289539

编写说明

2021 年 2 月 25 日，习近平总书记在全国脱贫攻坚总结表彰大会上庄严宣告，经过全党全国各族人民共同努力，在迎来中国共产党成立一百周年的重要时刻，我国脱贫攻坚战取得了全面胜利，现行标准下 9899 万农村贫困人口全部脱贫，832 个贫困县全部摘帽，12.8 万个贫困村全部出列，区域性整体贫困得到解决，完成了消除绝对贫困的艰巨任务，创造了又一个彪炳史册的人间奇迹！

党的十八大以来，以习近平同志为核心的党中央把脱贫攻坚摆在治国理政的突出位置，把脱贫攻坚作为全面建成小康社会的底线任务，组织开展了声势浩大的脱贫攻坚人民战争。党和人民披荆斩棘、栉风沐雨，发扬钉钉子精神，敢于啃硬骨头，攻克了一个又一个贫中之贫、坚中之坚，脱贫攻坚取得了重大历史性成就。新时代脱贫攻坚深刻改变了贫困地区落后面貌，有力推动了中国农村的经济社会发展进程，为实现全面建成小康社会目标任务作出了关键性贡献，为全面建设社会主义现代化国家、实现第二个百年奋斗目标奠定了坚实基础。脱贫攻坚，取得了物质上的累累硕果，也取得了精神上的累累硕果，脱贫群众精神风貌焕然一新，增添了自立自强的信心勇气。党在农村的执政基础更加牢固，党群关系、干群关系得到极大巩固和发展。脱贫攻坚伟大斗争，锻造形成了"上下同心、尽锐出战、精准务实、开拓创新、攻坚克难、不负人民"的脱贫攻坚精神。创造了减贫治理的中国样本，为全球减贫事业作出了重大贡献，走出了一条中国特色减贫道路，形成了中国特色反贫困理论，丰富了人类文明新形态的探索。

为贯彻落实习近平总书记"脱贫攻坚不仅要做得好，而且要讲得好"的重要指示精神，各地区各部门全面总结脱贫攻坚经验。为记录好脱贫攻坚这场伟大的人民战争，原国务院扶贫办党组就脱贫攻坚成就和经验总结工作作出专项安排。中国扶贫发展中心在原国务院扶贫办党组的领导指导及各司各单位的配合支持下，具体牵头承办25个典型案例总结工作。发展中心精心组织工作推进，分区域、专题、层次召开了30多次讨论会，编印脱贫攻坚案例总结项目指南和驻扎式调研实施方案及有关规范要求，公开遴选25个机构组成由国内知名专家担纲的团队，深入210多个县，开展进村入户、深入县乡村访谈座谈，累计在基层一线驻扎938天。历时半年，形成了一批符合规范、较高质量的典型案例并通过了党组组织的评审，报告成果累计400多万字、视频成果16个。

西藏、四省涉藏州县、新疆南疆四地州、四川省凉山州、云南省怒江州、甘肃省临夏州、陕西省延安市、贵州省毕节市、宁德赣州湘西定西四市州、河南省兰考县、江西省井冈山市、宁夏回族自治区永宁县闽宁镇、云南省贡山县独龙江乡、河北省阜平县骆驼湾村和顾家台村、湖南省花垣县十八洞村等15个区域案例研究成果，全面呈现了这些典型贫困地区打赢脱贫攻坚战的艰苦历程，结合各地方特色，系统分析了不同地方脱贫攻坚取得的历史性成就、主要做法、遇到的困难问题、产生的经验启示，基于实地观察提出了相关建议，提炼了一批鲜活生动的脱贫故事。这些典型区域脱贫攻坚案例成果，对于巩固拓展脱贫攻坚成果，接续推动脱贫地区发展，进一步推动发展不平衡不充分问题的解决，具有重要理论价值和实践意义。

驻村帮扶、东西部扶贫协作、易地扶贫搬迁、建档立卡、扶贫小额信贷、光伏扶贫、扶贫车间、学前学会普通话、生态扶贫、电商扶贫等10个专题案例研究成果，以不同地方具体个案作为支撑，生动反映国家减贫治理中有特色、有成效的探索创新，在分析专项政策举措带来发展变化的基础上，归纳提炼其特色做法、突出成效、实践经验，分析存在的问题和挑战，提出相关建议。这些专题案例研究成果，为全面展示精准扶贫的顶层设计和生动实践，讲好中国脱贫故事提供了鲜活素材。

脱贫摘帽不是终点，而是新生活新奋斗的起点。脱贫攻坚取得全面胜利后，全面推进乡村振兴，这是"三农"工作重心的历史性转移，其深度、广度、难度不亚于脱贫攻坚。我们相信，本丛书汇集的这批脱贫攻坚典型案例所揭示的方法论意义，对于巩固拓展脱贫攻坚成果、全面推进乡村振兴、加快农业农村现代化、建设农业强国具有重要借鉴价值，对于促进实现人的全面发展和全体人民共同富裕具有重要启示。

在各书稿编写过程中，中国扶贫发展中心邀请文军、田毅鹏、刘学敏、孙久文、杜志雄、李重、吴大华、吴建平、汪向东、张莉琴、陆航、林万龙、荣利颖、胡宜、钟涨宝、贺东航、聂凤英、徐勇、康沛竹、鲁可荣、蒲正学、雷明、潘颖豪、戴焰军（以姓氏笔画排序）等专家给予了精心指导，为丛书出版提供了专业支持。

编委会

2022 年 6 月

目　录

下 篇 | 地方实践

序　言

　　党的十八大以来,以习近平同志为核心的党中央将脱贫攻坚摆到治国理政更加突出的位置,实施精准扶贫、精准脱贫基本方略,动员全党全社会力量,打响了反贫困斗争的攻坚战。习近平总书记亲自挂帅出征,作出一系列重要战略部署,以非凡的意志和智慧,带领全党全国各族人民谱写了人类反贫困历史上的辉煌篇章。其间,各地各部门因地制宜,综合施策,通过发展生产脱贫一批,易地搬迁脱贫一批,生态补偿脱贫一批,发展教育脱贫一批,社会保障兜底一批,形成了专项扶贫、行业扶贫、社会扶贫互为补充的大扶贫格局。

　　2020年脱贫攻坚收官之年,为真实记录脱贫攻坚波澜壮阔的生动实践,全面宣传脱贫攻坚的历史成就,为宣布打赢脱贫攻坚战提供典型示范,为国家脱贫攻坚档案提供重要内容,国务院扶贫办组织实施了全国25个精准扶贫案例总结。金融扶贫是打赢脱贫攻坚战的关键之举,扶贫小额信贷作为金融扶贫的有机组成,为打赢脱贫攻坚战提供了重要支撑。扶贫小额信贷以习近平总书记精准方略为谋划和引领,通过改革创新,有效发挥政策性金融和开发性金融在脱贫攻坚中的主导作用、发挥财政资金"四两拨千斤"的导向作用,有效解决贫困户贷款难、贷款贵的难题,真正意义上兑现了贫困户贷款"有规模、有效果、有质量,贷得到、用得好、还得上"的承诺。

　　本书旨在通过国家层面梳理,总结扶贫小额信贷工作的顶层设计和决策部署,研究分析具有典型意义的地方实践样本,凝练地方经验、关键环节和创新做法,形成高质量的扶贫小额信贷典型案例。为此,本书首先系统地梳理了我国扶贫小额信贷政策发展历程;其次深入探讨了扶贫小额贷款的扶贫机制,全面总结了扶贫小额信贷的工作亮点、经验做法、成功模式和重要启示;最后提出了未来扶贫小额信贷的发展思路和路径,并给出了政策建议。

本书分为上下篇。其中,上篇为综合概览,下篇为地方实践。上篇从全国层面系统总结梳理了扶贫小额信贷的概况,下篇是上篇的基础,为上篇总结提供地方实践案例。上篇共有三个部分,分为五章。第一部分是来龙去脉,回答扶贫小额信贷做了什么? 包括第一章"中国扶贫小额信贷政策背景与发展历程"和"第二章中国扶贫小额信贷发展现状与取得成效"。第二部分是麻雀剖析,回答扶贫小额信贷能学什么? 包括第三章"中国扶贫小额信贷典型案例运作机制创新及模式比较"和第四章"扶贫小额信贷案例模式成功经验与启示"。第三部分是何去何从,回答未来扶贫小额信贷要推什么? 包括第五章"2020 年后扶贫小额信贷发展思路与路径"。应该说,这三个部分分别对扶贫小额信贷的过去、现在和将来进行了时间上的梳理、总结、概括和凝练,基于历史看现在的成效,从现在看未来推进的方向。下篇共有四章,分别对河南卢氏县、宁夏盐池县、安徽灵璧县、湖北郧阳区四个地方的扶贫小额信贷政策背景和发展历程、现状与成效、主要做法、经验启示进行全面系统深入的剖析。上篇和下篇形成了有机的整体,从而为全国的案例总结提供扶贫小额信贷的经验和方案。

本书能为全国面上脱贫攻坚全面总结提供典型案例支撑,为脱贫攻坚宣传、讲好中国脱贫攻坚故事提供素材,为各地区开展本地的典型总结提供方法和范本。在做好政策总结、效果评价、工作回放和经验梳理的基础上,为小额信贷未来政策的延续创新提供决策依据,为国际扶贫事业的中国经验输出提供国别经验,为金融扶贫和小额信贷的学术研究提供资料素材。本书适合减贫与农村政策制定者,以及是农村贫困和农村金融研究人员等阅读。

上篇

综合概览

第一章　中国扶贫小额信贷政策
背景与发展历程

  中国扶贫小额信贷政策的出台有着鲜明的时代背景。时间上,正好是习近平总书记在湖南十八洞村首次提出"精准扶贫"一年之后;阶段上,正好是孟加拉国尤努斯的小额信贷概念在 20 世纪 90 年代引入中国后,国内各地进行摸索试点,但始终未能从根本上解决贷款难这一世界性难题之时。因此,可以说,扶贫小额信贷政策的推出,是精准扶贫新阶段下践行习近平总书记关于精准扶贫重要论述的要求,是破解传统小额信贷扶贫在贫困户信贷可获得性差、还贷率不高、贷款贵等顽疾上必须进行的创新。扶贫小额信贷政策,前期得益于习近平总书记精准扶贫方略的正确指引和国内农村金融创新的孜孜求索,之后反过来又构成习近平总书记关于精准扶贫重要论述伟大实践的有机组成,并脱颖而出成为真正解决贫困户贷款难问题的金钥匙。但是,回顾其发展历程,也并非一帆风顺,而是在发现问题解决问题中逐渐规范发展起来的,历经了从无到有,从落地到落细,从不完善到完善并不断深化提升的过程。

第一节　政策出台实施背景

一、习近平扶贫重要论述为扶贫小额信贷指明了正确的方向

党的十八大以来,习近平总书记对脱贫攻坚提出了一系列新思想新观点,作出了一系列新决策新部署,形成了习近平关于扶贫的重要论述。在金融扶贫领域,习近平总书记作出系列重要指示批示,这为做好金融扶贫工作提供了根本遵循和行动指南,特别是精准方略成为谋划和出台扶贫小额信贷政策的理论指引。

2013 年 11 月 3 日,习近平总书记在湖南十八洞村考察时首次提出"精准扶贫"重要思想。此后,习近平总书记在多个场合进一步阐释"精准扶贫":2015 年 1 月,习近平总书记在云南考察时再一次指出,"要以更加明确的目标、更加有力的举措、更加有效的行动,深入实施精准扶贫、精准脱贫,项目安排和资金使用都要提高精准度,扶到点上、根上,让贫困群众真正得到实惠"。2015 年 6 月,习近平总书记在考察贵州时再次提出,扶贫开发必须"贵在精准,重在精准,成败之举在于精准"。2015 年中央扶贫开发工作会议上,习近平总书记更是对"精准扶贫"进行全面论述,为落实脱贫攻坚任务,进一步提出解决"扶持谁""谁来扶""怎么扶"和"如何退"问题的针对性举措。正是因为有了习近平总书记这些扶贫重要论述的指引,才有 2014 年和 2015 年扶贫小额信贷政策出台和细化,才有了政策落地的理论根基。

金融扶贫是落实习近平关于精准扶贫重要论述的行动实践,是精准脱贫的重要组成。尽管全社会都认可金融扶贫的重要意义,然而政策落地却面临诸多难题。为此,2015 年 11 月 27 日,习近平总书记在中央扶贫开发工作会议讲话中提到:"金融扶贫潜力也尚未充分发挥。据统计,建档立卡贫困户中有信贷需求的约一千万户,信贷需求规模约三千亿元,而二〇一四年扶贫小额

信贷实际只覆盖了六十二万户,只占有信贷需求贫困户的百分之六点二。"①
为此习近平总书记特别强调"要做好金融扶贫这篇文章,加快农村金融改革
创新步伐。"现实中,金融扶贫如何发挥脱贫攻坚重要抓手的应有作用,扶贫
小额信贷如何有效落地,成为各地探索推进扶贫小额信贷政策的共同任务。
而要解决这个问题,根本上要靠改革。

扶贫小额信贷顶层设计和落地实施是贯彻精准方略的重要体现。习近平
总书记指出:"脱贫攻坚,精准是要义。"作为精准扶贫和脱贫攻坚的重要抓
手,扶贫小额信贷的顶层设计和后期落地,也应遵循精准方略的要义。为此,
习近平总书记明确要求,"推进金融精准扶贫","扶贫小额信贷、扶贫再贷款
等政策要突出精准"。如何精准,习近平总书记先后指出,"产业合作、劳务协
作、人才支援、资金支持都要瞄准建档立卡贫困人口脱贫精准发力"、"坚持扶
持对象精准、项目安排精准、资金使用精准、措施到户精准、因村派人(第一书
记)精准、脱贫成效精准等'六个精准'"。精准扶贫精准脱贫基本方略,成为
扶贫小额信贷政策具体设计和后期落实的重要理论依据。

二、国际经验与国内试点为政策出台提供了良好的前期基础

(一)尤努斯光环成为发展中国家的标杆

全球经验表明,小额信贷是减少贫困的重要途径,从源头上提供了扶贫资
金的"活水"。据相关研究和资料显示,孟加拉国乡村银行(即格莱珉银行,
Grameen Bank)模式以其面向穷人、贷款利率市场化、运行成本低、风险控制机
制独特等特点,被誉为世界上规模最大、效益最好的扶贫方法之一。再加乡村
银行创建人穆罕默德·尤努斯先生2006年获得诺贝尔和平奖,乡村银行模式
不断被世界各国引进,已在全球50多个国家进行试验和推广,在国际上受到

① 中共中央党史和文献研究院编:《十八大以来重要文献选编》(下),中央文献出版社
2018年版,第37页。

广泛推崇。孟加拉乡村银行的成功诀窍和信贷哲学也为我国扶贫小额信贷政策的设计和落地提供了重要借鉴。

<h2 style="text-align:center">孟加拉国乡村银行小额信贷情况介绍</h2>

（1）以穷人为扶持对象、以小型生产项目为抓手。孟加拉国乡村银行小额信贷的扶持对象和贷款用途有较强的针对性。扶持对象主要有两个，一是有生产经营能力但缺乏资金支持的穷人，二是广大妇女劳动者。孟加拉国的商业银行对穷人信用表现出极大的不信任，认为穷人根本没有还款能力，因此穷人往往很难得到银行贷款的支持。妇女在整个生产活动中扮演着很重要的角色，贷款能够帮助她们发挥自己的生产技能，从而帮助整个家庭脱贫致富。此外，小额信贷主要资助非粮食生产的各类小型生产项目，绝大部分是小手工业项目和副业项目。

（2）资金来源渠道多样化、贷款利率市场化。孟加拉国乡村银行的贷款资金主要来自本国政府和国际组织的支持，以及成员储蓄，这就从供给层面保障有充足的资金用于小额信贷。贷款利率市场化保证了乡村银行的盈利能力和可持续发展能力。孟加拉国乡村银行根据市场情况自行制定利率，其利率比一般商业银行的利率高但低于黑市和民间借贷的利率，利润率过低将难以抵补成本和费用，而高利率则有效地避免了非目标人群利用权限套取低息贷款的现象，增加了赤贫人群贷款的可得性，而且较高利率带来的利润有效地填补了小额信贷的高交易成本，能确保银行的经营、发展得以正常维持。

（3）简化借贷程序和组织机构，降低经营成本。针对农民群体知识水平低的实际情况，孟加拉国乡村银行的小额信贷简化了贷款的程序，申请贷款无需提交各种复杂的书面材料，由工作人员帮助评估放贷的可行性，借贷简单易操作，不仅提高了办事效率，而且也方便了广大有需求的贫困者向乡村银行贷款,扩大了乡村银行的借贷范围。在组织机构上,孟加拉国乡村银行分为总行—分行—支行—乡村中心四级,村中每5个人组成一个借贷小组,每6个组为一个乡村中心。组织机构相较于其他商业银行得到了很大的简化,不仅便于管理和运作,也极大地降低了经营成本。

(4)信贷制度完善、风险控制有力。孟加拉国乡村银行"小组+中心+银行工作人员"的信贷制度,在一定程度上解决了信息不对称的问题。按照"自愿组合,亲属回避,互相帮助"的原则,形成"互助、互督、互保"的组内制约机制。任何一个组员的信用都会影响到其他组员的贷款资格。孟加拉国乡村银行的工作人员采取上门服务的形式,并且分工到位,平均1名工作人员要负责10个中心、约300名借款人的贷款业务。当孟加拉国乡村银行的某一成员正式提出贷款申请,银行工作人员通常会向小组组长和乡村中心负责人咨询,较为真实地掌握借款人的信息状况,有效地降低违约率、提高还贷率。①

(二)农村小额信贷在中国的实践及其发展局限

我国从20世纪90年代初借鉴孟加拉国乡村银行小额信贷的方式开始发展小额信贷业务,虽然经过近30年的不断探索与完善,但即便到2014年底扶贫小额信贷政策出台之时,贫困户贷款难、贷款贵问题依然没有得到解决。1993年,中国社会科学院农村发展研究所首先将孟加拉国乡村银行小额信贷的方式引入中国,由此拉开了中国发展农村小额信贷的序幕。在历经初期试点阶段、项目扩展阶段、农村正规金融机构介入项目阶段和探索商业性小额信

---

① 根据《孟加拉国乡村银行对我国发展农村小额信贷的启示》《孟加拉国小额信贷模式对我国的借鉴探讨》等研究文章整理。

贷阶段之后,国内农村小额信贷的环境总体上得到了一定程度的改善,但由于农村金融机构发放贷款仍然普遍要求借款人提供担保或抵押,同时传统小额信贷存在着一定程度的瞄准偏移问题,因此从整体来看,农户"贷款难"问题仍然没有得到彻底解决。

三、农村金融现实困境为扶贫小额信贷政策设计提供了新思路

贫困户、无信户的属性和贫困地区放贷成本高是造成贫困户贷款难的根源所在,而由于面向贫困户信贷体系的缺失,更加剧了贫困户融资不利处境,使得金融扶贫落地时容易出现"瞄不准"现象。

(一)贫困户大多面临融资难、融资贵的困境

收入低、缺少抵押质押品等是贫困户长期被排除在农村小额信贷服务范围内的根本原因,融资难、融资贵始终是贫困地区贫困人员脱贫的一大掣肘。传统上,小额信贷的目标群体是小型企业和低收入群体。贫困户没有多少财产积累,没有稳定的收入来源,难以提供有效的抵押品和质押品,也很难找到合适的担保人,导致贫困户很难获得农村小额信贷,这就意味着大量的建档立卡贫困户不符合传统的信贷条件。除了贫困户自身条件以外,贫困户所处环境也增加了贫困户的融资成本。中国贫困人口大都居住在偏远地区、交通不便,缺乏基本的基础设施和社会服务。由于金融机构网点没有覆盖所有地区,特别是交通不便的偏远地区,在很多贫困地区贷款业务也存在办理不够便捷、审批手续烦琐、贷款通过率低等情况,这无形中增加了农户的贷款成本。

(二)农村金融机构广泛存在着"惜贷"心理

作为农村金融服务的供给方,农村金融机构往往呈现网点布局少、资金大量外流等特征,这就决定了这些机构如果没有基层服务点,将难以成为农村金

融的有效供给者,加上针对贫困户的贷款风险相对更高,进一步加剧了机构对贫困户的"惜贷"心理。

第一,从数量和布局来看,农村金融机构不仅数量少,而且集中在乡镇,导致农村信贷供给的主体少、服务范围小。此前,由于农村地区业务经营成本高、行业风险大,国有商业银行等金融机构很多已逐步退出农村金融服务市场,中国银行、建设银行、光大银行等国有及股份制商业银行甚至对过去设在县及县以下的机构网点进行了收缩,乡镇一级营业网点基本撤销,支农功能弱化;邮政储蓄银行在农村开展的主要金融业务多是存款和小额质押贷款,小额信用贷款还处在摸索阶段。形式上,我国农村金融市场形成了以正规金融为主导、农村信用合作社(农商行)为核心的农村金融体系,但业务来看,作为农村金融服务的主要供给主体,农信社一般在乡镇一级开展业务,数量较少且分布密度稀疏,提供信贷服务的辐射范围也有限。

第二,从农村金融机构资金流向来看,农村资金大量外流,进一步弱化了农村金融机构供给能力,加剧了农村金融服务的供需缺口。农村金融需求具有高风险与低收益并行的特点。广大贫困地区农产品仍旧以初级产品为主,农产品加工、包装和销售等环节涉足不深,因此农产品附加值较低,直接导致农产品生产利润低、农村金融收益低,这又进一步加深了农村信贷资金外流,用于支持农户的贷款投放不足。

第三,面向贫困户贷款具有高风险性,农村金融机构在严格风控的要求下,往往采取"惜贷"策略。贫困户自身收入低,又缺少抵押品和担保人,银行在很难完全掌握贷款申请人真实情况并客观评估贷款风险的情况下,面临信息不对称可能带来的高风险,往往不愿意为贫困户提供贷款。

(三)面向贫困户的信用体系仍多是空白

信用贷款是农村金融机构开展业务的重要方式,但在扶贫小额信贷政策出台之前,面向贫困户的信用体系尚未建立,成为扶贫小额信贷政策落地的拦路虎。贫困户居住分散,农村金融机构网点少、服务范围有限,如果对贫困户进行贷款风险评估,无疑会增加运行成本,而且这些成本又会体现在小额贷款的利率高低上。系统性建立贫困户的信用体系成本高昂,也缺少相应的信用评级标准,再加上面向贫困户贷款具有高风险性,共同导致面向贫困户的信用体系长期缺失而得不到解决。

四、精准扶贫新阶段对金融扶贫提出了高质量攻坚的新要求

在金融扶贫的大旗下,如何确保各项政策好处落到扶贫对象身上,成为贯彻落实习近平总书记精准方略的重点和难点。长期以来,贫困户由于收入低、无担保,难以获得农村正规金融机构支持,而且由于贫困人口识别机制不精准、扶贫措施不完善,真正贫困人口很难获得有效的金融支持。这就要加快农村金融改革创新步伐,特别是要重视发挥好政策性金融和开发性金融在脱贫攻坚中的作用、发挥财政资金"四两拨千斤"的导向作用。具体地,首先要做好三个精准,从而提高贫困地区和贫困人口金融服务水平。

首先,扶贫小额信贷扶持对象要精准。扶贫小额信贷要面向贫困户,以解决长期以来贫困户融资难、融资贵的难题,让贫困户切实享受到精准扶贫政策的好处。贫困户致贫原因多样,并不是所有贫困户都是扶贫小额信贷的扶持对象,还要对贫困户进行分类筛选,以提高扶持对象的准确性。

其次,扶贫小额信贷措施要精准。扶贫小额信贷要采取有效措施,着力解决贫困户因收入低、无抵押、无担保而无法借贷的难题,通过完善增信措施,建立针对贫困户的授信政策和产业帮扶举措。

再次,扶贫小额信贷支持项目要精准。扶贫小额信贷要用于支持扶贫特色产业,与产业扶贫政策相协同,从资金上解决贫困户在产业发展中面临的困境,提高项目安排和资金使用都要提高精准度,真正发挥扶贫小额信贷的作用。

第二节　波澜壮阔的发展历程

一、探索借鉴期（2014年12月—2016年3月）

在精准扶贫阶段,如何通过金融扶贫,借助扶贫贴息贷款,精准助力贫困人口脱贫成为顶层设计必须考虑的问题。在习近平总书记明确提出"精准扶贫"的理念后,2014年1月中共中央办公厅印发《关于创新机制扎实推进农村扶贫开发工作的意见》中,将完善金融服务机制为六项扶贫机制创新之一,并明确提出完善扶贫贴息贷款政策,增加财政贴息资金,扩大扶贫贴息贷款规模。国民经济和社会发展第十三个五年规划纲要更是将金融扶贫列为八大脱贫攻坚重点工程之一,提出面向建档立卡贫困户,发展财政贴息、免抵押免担保的扶贫小额信贷。

为克服传统信贷扶贫问题,满足金融精准扶贫新要求,按照"定向、精准、特惠、创新"原则,为建档立卡贫困户量身定制了扶贫小额信贷产品。2014年12月,国务院扶贫办、财政部、中国人民银行、中国银监会和中国保监会等多个国家部委联合印发了《关于创新发展扶贫小额信贷的指导意见》(国开办〔2014〕78号),首次明确提出创新发展扶贫小额信贷,提出了扶贫小额信贷的投放对象、贷款金额和期限要求,并且鼓励财政资金、保险机构与银行共担风险,鼓励有条件的地区实施扶贫小额信贷贴息、坏账风险补偿金、推广扶贫小额信贷保险等政策。

但是,在该阶段,各地仅是进行小规模试点,全国扶贫小额信贷发展缓慢。中央小额扶贫信贷政策含金量很高,政策落地难,主要是因为扶贫小额信贷的需求和供给双方原有的信贷困局尚未完全破解,而新的体制机制尚未建立健全,加上缺乏有力的政策支持和具体操作的指导意见。

从扶贫小额信贷需求主体的贫困户来看,信贷需求和积极行尚未被调动起来。在长期的信贷抑制环境下,一方面,贫困户的信贷需求不足,尽管贫困群众要发展产业,最大的障碍就是缺乏金融资金支持,但事实上没有好的产业也一直抑制着贫困户的信贷需求。另一方面,贫困户对扶贫小额信贷不够了解,惧怕发展产业带来的风险,造成了贫困户不了解、不敢贷的局面。

从扶贫小额信贷供给主体来看,金融机构"惜贷"困局未能破解。一是农村金融机构少、辐射范围有限。农村信用合作社(农商行)作为农村金融供给的主体,在乡镇网点少、业务人员少,难以提供大规模的农村小额信贷业务。二是贫困户的信用体系尚未建立,缺乏有效的信用信息和信用评价机制。2014 年底,全国建档立卡工作和全国扶贫信息网络系统建设初步完成,此时又缺乏针对贫困户的信用评级方法或专门的授信政策,扶贫小额信贷的基础性工作还不够扎实。三是农村金融机构的积极性不高。从收益角度来看,扶贫小额信贷利率差额小了,金融机构收益下降,直接影响其放贷积极性;从风险角度来看,由于缺少抵押物,扶贫小额信贷的坏账风险增大,控制风险的难度增加。

二、政策的大规模推广期(2016 年 3 月—2017 年 7 月)

为有效破解扶贫小额信贷推广困境,切实发挥金融扶贫作用,全面改进和提升扶贫金融服务,增强扶贫金融服务的精准性和有效性。为有效破解扶贫小额信贷落地过程中的群众不知晓、银行不放心、组织不到位"三不"问题。2016 年 3 月,中国人民银行、国家发改委、财政部等七个部门联合印发了《关于金融助推脱贫攻坚的实施意见》(以下简称《意见》),《意见》提出了较为完善的配套措施、强有力的政策支持,有力地破解了扶贫小额信贷发展困局,扶贫小额信贷在各地的试点不断涌现。主要做了以下几个工作。

第一,针对群众不知晓问题,加强农村小额信贷的宣传,增强贫困户的认知水平。大力开展金融扶贫服务政策宣传,增进贫困地区和贫困人口对精准扶贫金融服务政策的了解,增强其运用金融工具的意识和能力。

第二,针对银行不放心问题,通过增加资金投入、降低运行成本、完善风险控制等政策措施,充分发挥各类金融机构助推脱贫攻坚的积极性,有效增加扶贫小额信贷供给。增加对贫困地区的资金投入,通过设立扶贫再贷款、加大贴现力度的货币政策工具,引导贫困地区金融机构扩大涉农信贷投放,增加农村金融机构数量、扩大涉农业务服务范围。鼓励商业银行下沉金融服务重心,完善商业性金融综合服务;强化农村中小金融机构支农市场定位,完善多层次农村金融服务组织体系。完善农村小额信贷风险分担和补偿控制,建立健全贫困地区融资风险分担和补偿机制,支持有条件的地方设立扶贫贷款风险补偿基金和担保基金,专项用于建档立卡贫困户贷款以及带动贫困人口就业的各类扶贫经济组织贷款风险补偿。对不良贷款比率实行差异化考核,适当提高贫困地区不良贷款容忍度。

第三,针对组织不到位问题,加强农村信用体系建设,促进信用与信贷联动,改善农村金融环境。探索农户基础信用信息与建档立卡贫困户信息的共享和对接,完善金融信用信息基础数据库。健全农村基层党组织、驻村第一书记、致富带头人、金融机构等多方参与的贫困农户、新型农业经营主体信用等级评定制度,探索建立针对贫困户的信用评价指标体系,完善电子信用档案。深入推进"信用户""信用村""信用乡镇"评定与创建,鼓励发放无抵押免担保的扶贫贴息贷款和小额信用贷款。

三、推广突破期(2017年7月—2019年5月)

随着各地积极探索、稳步推进扶贫小额信贷和管理工作,在帮助贫困户发展生产、增收脱贫等方面取得了明显的成效的同时,也出现了一些问题,其中较为普遍的问题有:贷款投放把关不严,改变贷款发放对象。一些地方的贫困户和干部将信贷资金和救助资金功能混同,将贴息小额扶贫信贷视为福利,甚至低保兜底户也贷了款。一些地方片面追求贷款投放量和申贷获得率,忽视对贫困户贷款资格审核。改变贷款资金用途。部分地区没有对小额信贷款项的使用做严格要求,农户对于扶贫小额信贷的认识局限于贫困户贷款三年内政府贴息,因而存在将扶贫小额信贷用于建房、治病、子女教育等家庭支出的现象。一些地方出现了贷款"户贷企用"现象,不光违背了扶贫贷款的初衷,更不能用于帮助贫困户发展生产,甚至将客户获得贷款事中事后所伴随的各类金融风险转嫁到贫困户身上来。贫困户和农业生产特点叠加导致扶贫小额信贷风险大,部分贫困户由于缺技术、缺头脑,比普通农户更容易投资决策失误、经营失败。同时,受农产品市场价格波动、自然灾害等因素影响,进一步加大了贫困户经营项目失败、难以偿还银行贷款的风险。

为了有效解决扶贫小额信贷中存在的资金使用不合理、贷款发放不合规、风险管理不到位等苗头性倾向性问题,2017 年 7 月,中国银监会、财政部、中国人民银行、中国保监会和国务院扶贫办等多个国家部委再次联合印发《关于促进扶贫小额信贷健康发展的通知》(以下简称《通知》),进一步明确扶贫小额信贷的政策要点。《通知》强调各地扶贫部门要加强对扶贫小额信贷和贴息对象的审查,在县乡村三级公告公示,防止非建档立卡贫困户"搭便车"。要将信用水平和还款能力作为发放扶贫小额信贷的主要参考标准,发放过程要符合法律法规和信贷管理规定,借款合同要明确贷款资金用途,坚持户借、户还,切实防范冒名借款、违规用款等问题。

四、深化提升期(2019 年 5 月至今)

经过几年的推广,扶贫小额信贷助力脱贫的成效明显,面对新形势新任务新要求,又出现了一些新情况新问题,需要扶贫小额信贷政策不断深化提升。进入脱贫攻坚冲刺期,要进一步发展小额扶贫信贷,抓精准投放,能贷则贷;也要妥善处理由于在探索过程中片面强调获贷率以及操作不规范等问题。随着还贷高峰期的到来,扶贫小额信贷操作不规范以及风险补偿机制不健全的问题可能会集中爆发。部分地区为降低逾期率,出现了"一展了之""一续了之"的现象。因此,2019 年 5 月,中国银保监会、财政部、中国人民银行和国务院扶贫办等多个国家部委联合印发了《关于进一步规范和完善扶贫小额信贷管理的通知》，强调扶贫小额信贷主要支持建档立卡贫困户（含已脱贫贫困户），扶贫小额信贷要坚持户借、户用、户还，精准用于贫困户发展生产，还强调了要稳妥有序地做好风险预警和防范，综合运用、续贷展期、完善风险补偿机制和分类施策等手段化解风险，有条不紊地应对好即将到来的还款高峰期。

2020年初新冠肺炎疫情给扶贫小额信贷工作带来不利影响，可能直接导致扶贫小额信贷的逾期，也影响了新发贷款和续贷。而且疫情对各地扶贫产业产生了不同程度的冲击，尤其是全面禁食野生动物的政策出台以后，对以竹鼠、蛇作为特种养殖扶贫产业较为集中的贫困户冲击尤为明显，不仅导致这类贫困户还款困难，还影响后期恢复生产。为努力化解疫情影响，缓解部分地区扶贫小额信贷面临的困难，促进扶贫小额信贷健康发展，2020年2月，国务院扶贫办和中国银保监会联合印发了《关于积极应对新冠肺炎疫情影响切实做好扶贫小额信贷工作的通知》。要求摸清贫困户生产经营受疫情影响情况，将受疫情影响出现还款困难的贫困户还款期限延至2021年3月底，对新发放贷款、续贷和展期需求要加快审批进度，对符合条件的贫困群众春季生产和后期恢复生产资金需求及时予以支持，充分发挥基层力量做好政策宣传和贷款使用跟踪指导，助力高质量打赢脱贫攻坚战。

随着新冠肺炎疫情影响的持续，在疫情防控常态化背景下，对中国如期完成脱贫攻坚任务又带来新的风险挑战。由于疫情的持续，对扶贫产业的冲击较大，部分地区出现了贫困户还款难问题，进一步加大了扶贫小额信贷风险防控压力，此外，对贫困边缘人口也造成了一定冲击，成为潜在的贫困人口。为确保如期全面完成脱贫攻坚任务目标，必须加大政策支持力度，2020年6月，中国银保监会、财政部、中国人民银行和国务院扶贫办联合印发了《关于进一步完善扶贫小额信贷有关政策的通知》。该通知强调，必须加大扶贫小额信贷的政策支持力度，进一步扩大扶贫小额信贷支持对象，进一步延长受疫情影响还款困难的扶贫小额信贷还款期限，进一步满足扶贫小额信贷需求并做好扶贫小额信贷风险防控工作,确保如期全面完成脱贫攻坚目标任务。

表1-1 扶贫小额信贷主要政策

出台时间	出台部门	文件名称	相关表述
2014年12月	国务院扶贫办、财政部、中国人民银行、中国银监会和中国保监会	《关于创新发展扶贫小额信贷的指导意见》	首次明确提出创新发展扶贫小额信贷,并提出了扶贫小额信贷的扶持对象、扶持重点和扶持方式。
2016年3月	中国人民银行、国家发展改革委、财政部、中国银监会、中国证监会、中国保监会、国务院扶贫办	《关于金融助推脱贫攻坚的实施意见》	探索农户基础信用信息与建档立卡贫困户信息的共享和对接,完善金融信用信息基础数据库;设立扶贫再贷款,发挥多种货币政策工具引导作用;加大再贴现支持力度,引导贫困地区金融机构扩大涉农、小微企业信贷投放。
2017年7月	中国银监会、财政部、中国人民银行、中国保监会和国务院扶贫办	《关于促进扶贫小额信贷健康发展的通知》	加强对扶贫小额信贷和贴息对象的审查;要将信用水平和还款能力作为发放扶贫小额信贷的主要参考标准,借款合同要明确贷款资金用途;坚持户借、户还,切实防范冒名借款、违规用款等问题。
2019年5月	中国银保监会、财政部、中国人民银行和国务院扶贫办	《关于进一步规范和完善扶贫小额信贷管理的通知》	要充分满足建档立卡贫困户(含已脱贫的贫困户)的扶贫小额信贷资金需求;坚持户借、户用、户还,精准用于贫困户发展生产。
2020年2月	国务院扶贫办、中国银保监会	《关于积极应对新冠肺炎疫情影响切实做好扶贫小额信贷工作的通知》	适当延长还款期限;简化业务流程手续;切实满足有效需求。
2020年6月	中国银保监会、财政部、中国人民银行和国务院扶贫办	《关于进一步完善扶贫小额信贷有关政策的通知》	将返贫监测对象中具备产业发展条件和有劳动能力的边缘人口纳入扶贫小额信贷支持范围;进一步延长受新冠肺炎疫情影响还款困难的扶贫小额信贷还款期限。

第二章 中国扶贫小额信贷发展现状与取得成效

　　是非经过不知难，风吹雨打方能成。随着扶贫小额信贷的推广实施，大大降低了贫困农户贷款门槛和贷款成本，提升了贫困户获贷便利性。经过6年多的发展，总的来看，扶贫小额信贷工作基本做到了"有规模、有效果、有质量"，基本实现了"贷得到，用得好，还得上"的目标，已经成为贫困群众最称心、金融机构最放心、政府部门最省心的金融扶贫产品。同时，金融扶贫的放大作用日益凸显，乘数效应日益迸发，正向激励明显强化，有效地将扶贫小额信贷的资金优势转变为资本优势、产业优势和治理优势，实现了经济效应和社会效应"多赢"的局面。

第一节 全国及典型地区扶贫小额信贷发展现状

　　本部分在对全国扶贫小额信贷总体发展状况进行概括的基础上，对宁夏盐池县、河南卢氏县、安徽灵璧县、湖北郧阳区这四个各具特色的典型地区的扶贫小额信贷开展情况进行总结，以期从宏观、中观、微观的层面，呈现出扶贫小额信贷全景式、立体式的发展现状。

一、全国扶贫小额信贷总体概括

　　贫困户贷款难、贷款贵问题,一直是制约"三农"发展和金融扶贫的主要瓶颈,如何用得好、收得回,一直是金融部门面临的难题。在扶贫小额信贷政策刚出台时,绝大部分贫困户的信贷需求得不到满足。据统计,2014 年建档立卡贫困户中有信贷需求的约 1000 万户,信贷需求规模约 3000 亿元,而 2014 年扶贫小额信贷实际覆盖了 62 万户,只占有信贷需求贫困户的 6.2%,贫困户获贷率仅为 2%。[①]

　　但是,随着扶贫小额信贷工作的全面推开,贫困户贷款难、贷款贵、难获得等一系列顽疾问题得到有效解决。从 2015 年到 2020 年 9 月,全国 28 个省区市累计发放扶贫小额信贷 6854 亿元,惠及贫困农户 1731.4 万户(次)。贫困户获贷率由 2014 年的 2% 提高到 2020 年 8 月的 63.1%。扶贫小额信贷基本做到了"有规模、有效果、有质量",具体体现在以下几个方面:一是从投入力度上看,全国一半多建档立卡贫困户使用了扶贫小额信贷,平均每年有 1000 多亿元的小额信贷资金投入到脱贫攻坚中,扶贫小额信贷是支持产业扶贫发展、贫困户脱贫增收的生力军。二是从放贷主体上看,农信社和农商行承担了全国小额信贷发放的主要部分,农信社和农商行发放贷款占比达到 78.56%,是放贷的主力军,其中,农业银行占比 12.16%,邮储银行占比 3.73%,村镇银行占比 1.66%,其他银行占比 3.88%。三是从贷款用途来看,扶贫小额信贷用于第一产业的比重高达 92.9%,用于第二产业的占比为 2.6%,用于第三产业的占比为 4.5%,第一产业是扶贫小额信贷投入的主要方向。四是从还款情况和贷款风险来看,目前扶贫小额信贷已累计还款 5000 多亿元,目前贷款余额为 1747.3 亿元,扶贫小额信贷逾期金额 10.1 亿元,逾期率仅为 0.58%,不良贷款率只有 0.41%,低于一般商业贷款的逾期水平和不良贷款率。全国有

[①] 《全国 1420 万贫困户享受扶贫小额信贷》,2019 年 5 月 24 日,见 http://www.gov.cn/guowuyuan/2019-05/24/content_5394561.htm。

400 多亿元的风险补偿金,仅用了 3.95 亿元。可以说,扶贫小额信贷覆盖率高,逾期率低。

扶贫小额信贷的实践证明,只要政策设计得好、落实得好,贫困户融资难、融资贵的问题不仅可以得到有效解决,贫困户还可以成为金融机构的优质客户来源。

二、典型省份扶贫小额信贷开展现状

(一)宁夏回族自治区

2014 年下半年以来,宁夏回族自治区积极探索创新金融扶贫机制,以"金扶工程"为抓手,推进扶贫小额信贷政策落地。一是从贷款发放总体情况看,2015 年至 2020 年 9 月末,宁夏回族自治区累计向 61.34 万建档立卡贫困户发放扶贫小额信贷 277.67 亿元,贫困户贷款覆盖率为 73.5%,户均贷款 4.94 万元,贷款覆盖率高于全国平均水平,基本做到了应贷尽贷(如表 2-1 所示)。二是从贫困县贷款发放情况看,宁夏回族自治区 9 个贫困县累计向 14.01 万贫困户发放扶贫小额贷款 204.46 亿元,约占全区扶贫小额贷款发放总金额的 88.6%,各贫困县的贷款逾期率均低于 1%。三是从贷款发放主体看,黄河农村商业银行是主力军,截至 2020 年 9 月底,黄河农村商业银行银行累计发放扶贫小额信贷 171.9 亿元,累计支持建档立卡贫困户 37.94 万户,累计发放金额和户数占全区各金融机构总量的 66.8% 和 67.1%,年均投放金额达到 34.4 亿元,年均获贷贫困户达 7.59 万户,贫困户贷款覆盖面提高到 53%。

表 2-1　四省(区)扶贫小额信贷发放情况表(2015 年—2020 年 9 月底累计)

	宁夏	河南	湖北	安徽
投放资金(亿元)	277.67	571.37	318.08	355
服务贫困户(万户)	61.34	132.01	40.57	94.6

续表

	宁夏	河南	湖北	安徽
贷款覆盖率(%)	73.5	74.16	72.37	60
户均贷款(万元)	4.94	4.3	4.27	4.3
贷款余额(亿元)	69.32	144.53	97.45	45.3
逾期率(%)	0.47	0.1	0.1	0.25

注:数据来源于各省(自治区)扶贫开发办公室。

(二)河南省

扶贫小额信贷政策出台的前两年,在河南省的实施情况并不理想,2016年河南省小额信贷扶贫获贷率仅为4.55%。直到2017年初,河南省以金融试验区建设为契机,快马加鞭推进扶贫小额信贷政策落地,后来居上,在三年多的实践中,给贫困户交出了一张满意的答卷。一是扶贫小额信贷快速投放。截至2020年9月底,河南省累计发放扶贫小额信贷571.37亿元,为132.01万户贫困群众发展产业、增收脱贫提供了强有力的金融支撑,贷款余额144.53亿元,逾期1503.61万元,逾期率0.1%,金融助力脱贫攻坚的作用日益显现。二是典型案例快速在全省推广。河南省将"卢氏实践"的四大体系在全省进行全面推广。在金融服务体系建设方面,全省包括53个贫困县在内共建立了152个县金融扶贫服务中心,2012个乡金融服务站,4.26万个村金融服务部,形成了覆盖全省农村地区的三级金融服务网络。在信用评价体系建设方面,已对1502万农户采集了信息,其中采集贫困户信息173.3万户,占全省建档立卡贫困户的97.3%。并按照采集的信息进行了评定等级,分别给予贫困户3万元至20万元的授信。在风险防控体系建设方面,充分发挥财政资金的杠杆撬动作用和风险缓释作用,推动设立扶贫贷款风险补偿基金,各地区风险补偿基金累计到位44.2亿元。在产业支撑体系建设方面,河南省坚持扶贫小额信贷与产业发展双向促进、互融共生的工作思路,目前共有对接带贫企业 4932 家、带贫合作社 1.02 万个,带贫车间 3812 个,共带动 116.08 万户贫困群众发展生产,增收脱贫。

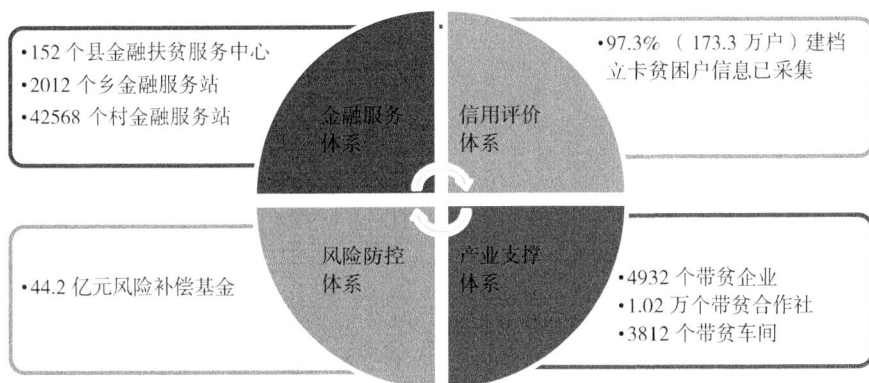

- •152 个县金融扶贫服务中心
- •2012 个乡金融服务站
- •42568 个村金融服务站

金融服务体系

信用评价体系

- •97.3%（173.3 万户）建档立卡贫困户信息已采集

风险防控体系

产业支撑体系

- •44.2 亿元风险补偿基金

- •4932 个带贫企业
- •1.02 万个带贫合作社
- •3812 个带贫车间

图 2-1　河南省扶贫小额信贷四大体系建设情况

（三）湖北省

坚持"聚焦精准、聚焦产业、聚焦可持续,突出信息、突出信用、突出信贷,体现"讲政治、讲担当、讲实效"的工作思路,湖北省创新扶贫小额信贷工作方式。一是贷款发放有规模。2015 年以来,湖北省累计向 40.57 万建档立卡贫困户发放扶贫小额信贷 318.08 亿元。截至 2020 年 9 月底,贫困户贷款覆盖率为 72.37%,人均贷款 4.27 万元。逾期贷款方面,扶贫小额信贷贷款逾期率仅为 0.1%,低于金融机构一般商业贷款逾期水平。对符合贷款条件且有贷款意愿的贫困户实现应贷尽贷,为贫困户发展生产提供了充足的资金保障。二是扶贫小额信贷有效。坚持以金融服务"小网格",助力精准扶贫"大战略"。全省金融网格覆盖建档立卡 150 余万户,创新扶贫金融产品 60 多个,为近 120 万户农户提供金融服务。有劳动能力的贫困户通过扶贫小额信贷,积极参与到扶贫产业建设中来,不仅增加了收入,还提升了能力,有效激发了脱贫内生动力。三是扶贫小额信贷有质量。全省金融精准扶贫工作站实现 4821 个贫困村全覆盖,实现"场地窗口、人员分工、标牌配备、风险防控、信息公示、宣传渠道"等"六个到位"。全省有扶贫任务的 96 个县(市、区)设立扶贫小额信贷风险补偿金余额 20 亿元,实现县建风险补偿金全覆盖。截至 2020 年 8 月 31 日,全省扶贫小额信贷贷款逾期 638.56 万元,逾期率 0.07%;全省户贷企用贷款余额 6.10 亿元,没有发生逾期。扶贫小额信贷实现用得好、有效益,做到有借有还,有效防控化解风险,确保持续稳定发展。

(四)安徽省

安徽省在推动扶贫小额信贷政策落地的前期,出现了"户贷企用""分贷统还"等情况,滋生出"入股分红""简单吃利差"和"养懒汉"等问题。随着 2017 年 12 月国家全面叫停"户贷企用",2018 年初,安徽省根据精准扶贫政策新形势,将"分贷统还""户贷企用"等高风险操作方法废止,实行"户贷户用"信贷扶贫方式。并创新提出了扶贫小额信贷的"一自三合"方式。一是从贷款发放总体情况看,截至 2020 年 9 月底,安徽省累计发放扶贫小额信贷 355 亿元,位居全国前列,支持建档立卡贫困户 94.6 万户,贷款覆盖率达 60%,扶贫小额贷款余额为 45.3 亿元,逾期贷款为 1140 万元,逾期率为 0.25%,小额信贷风险情况总体稳定,风险可控。二是从贷款发放的产业项目储备看,2020 年脱贫攻坚项目库中列入年度计划的财政专项扶贫资金和涉农整合资金扶贫项目共 27345 个、投资总额 196.7 亿元,目前已开工 27000 个、开工率 98.74%,确保了扶贫小额信贷投入有项目、有产业。三是从财政支持的投入看,省财政加大财政投入,通过盘活存量资金,目前已累计下拨扶贫小额信贷贴息补助资金 24.5 亿元多,建立风险补偿金 21 亿元左右。四是从清收"户贷企用"贷款看,逐户检查"户贷企用"实际用款企业的生产经营情况及风险状况,建立完善诚信台账和还款计划。2020 年 1—9 月,全省已清收存量"户贷企用"贷款 74.97 亿元。截至 2020 年 9 月底,全省 8 个市尚有存量"户贷企用"贷款余额 0.52 亿元。

三、典型县（区）扶贫小额信贷开展现状

（一）宁夏盐池县——扶贫小额信贷先行者

"南有麻阳,北有盐池",2015 年盐池县抢抓扶贫小额信贷政策推行的契机,是全国较早也是目前北方开展扶贫小额信贷最具代表性的地区。这得益于盐池县多年培育的良好农村信用环境。鉴于此,国务院扶贫办在 2015 年和 2016 年连续两年选择在宁夏盐池县召开全国金融扶贫小额信贷研讨会。2015 年,其创新发展的"631"评级授信方式,在大会总结时被确定为金融扶贫"盐池经验",受到国务院高度肯定。2016 年,国务院对盐池县扶贫小额信贷工作给予督查表扬,并享受"免督查"和六项激励措施。同时将"盐池经验"总结升级为"盐池做法"推广到全国,其实践效果多次入选全国典型案例,成为其他地区借鉴、学习的对象。

从贷款发放总体情况看,自 2015 年开展扶贫小额信贷以来,截至 2020 年 9 月底,盐池县累计向 4.46 万建档立卡贫困户发放扶贫小额信贷 27.97 亿元,贫困户贷款覆盖率为 61%,人均贷款 6.27 万元,扶贫小额信贷贷款余额为 7808 户 5.03 亿元。有贷款意愿、符合贷款条件的贫困群众发展产业资金需求实现了"应贷尽贷"。从扶贫保险看,盐池县扶贫保险工作开展卓有成效,走在了全国前列。2016 年,盐池县实现了包括扶贫小额信贷户在内的全县 74 个贫困村 11228 户 34046 人"扶贫保"全覆盖,践行了习近平总书记关于全面小康路上决不漏掉一户、决不落下一人的要求。据统计,当年全县各类理赔金额即达到 2024.4 万元,占投保额的 91.3%,其中家庭成员意外伤害险赔付率达到 179.56%、家庭成员大病补充险为 57.47%、老年人意外伤害险为 67.97%、互助社成员险为 95.24%。

表2-2　四县(区)扶贫小额信贷累计发放情况表(2015年—2020年9月底)

	盐池县	卢氏县	郧阳区	灵璧县
投放资金(亿元)	27.97	9.49	8.3	8.51
服务贫困户(万户)	4.46	0.99	3.6	1.85
户贷率(%)	86.5	43.21	84.5	54.66
户均贷款(万元)	6.27	4.83	5	4.6
贷款余额(亿元)	5.03	1.9	——	1.32
逾期率(%)	0.00%	0.24%	0.00%	——

注:盐池县户贷率为截至2019年2月的数据;灵璧县贷款发放数据为截至2020年10月的数据;盐池县户均贷款之所以超过5万元,是因为在前期,该县把由宁夏回族自治区进行贴息的小额信贷也统计到扶贫小额信贷中。数据来源于各县(区)政府。

(二)河南卢氏县——快马加鞭,后来居上

自2017年河南省高位推动"卢氏做法"以来,"卢氏做法"迅速发展完善。依次得到了时任国务院副总理汪洋、马凯同志的批示肯定,以及习近平总书记的重要批示。2017年、2018年连续两年的全国扶贫小额信贷工作座谈会,卢氏县都是现场观摩点,得到全国的肯定。"卢氏做法"在"全球减贫案例有奖征集活动"中荣获最佳减贫案例,在国务院第五次大督查中,作为全国唯一的金融扶贫典型案例受到国务院扶贫开发领导小组办公室通报表扬,被国务院扶贫办列入全国金融扶贫十大典型案例。

在贷款发放上,截至2020年9月底,卢氏县累计投放扶贫小额信贷总金额共计9.49亿元,惠及贫困农户9937户。全县扶贫小额信贷按期偿还率为99.91%,贷款逾期12笔48万元,逾期率为0.24%;形成不良贷款39万元,不良贷款率仅为0.19%,显著低于同期商业贷款。

在四大体系建设上,金融服务体系方面,形成了"牵头推进有机构、办理服务有人员、贷款发放有流程"的工作格局。全县共建成县中心1个、乡站19个,村部277个。农村金融服务人员由原来的118人增加到近2000人,增长

了近 17 倍。信用评价体系方面,采集了 8.9 万农户信息,采集率 96.7%,其中,贫困户 2.36 万户,采集率达 97%。全县有信户 7.6 万户,有信率 85.4%,其中,贫困户 2 万户,有信率 85%。产业支撑体系方面,积极培育了以菌、药、果为重点的绿色农业,以农副产品、中药材深加工等为重点的特色工业,以生态旅游和电子商务为重点的现代服务业。全县共有 378 个产业扶贫基地、1570 家合作社、2589 个产业扶贫大棚。风险分担体系方面,全县设立了 5000万元的风险补偿金。

在贷款主体及创新产品上,卢氏农商行承担了全县扶贫小额信贷发放的主要部分。2016 年至今,卢氏农商行累计投放扶贫小额贷款 71129.17 万元,支持贫困户 15028 户,占全县金融机构投放扶贫小额贷款总额的 75%。农商行围绕贫困户融资需求研发推出的扶贫信贷产品"金燕扶贫小额贷",成为农信标准化的扶贫小额贷款"拳头"产品,在规定额度和期限内,贫困户可以"一次核定、周转循环"使用贷款,如同"金燕"飞入了万千贫困百姓家。

(三)湖北郧阳区——连续四年在全国金融扶贫现场会上交流

长期以来,郧阳区农村金融发展一直面临"六个不"的难题,贫困户受传统不欠账思想影响"不愿贷",银行贷款手续多、审批程序严"不便贷",贫困户名下资产差、产业弱、收入低"不能贷",贫困户平时不与银行打交道怕银行不给贷,贫困户担心发展产业失败还不起款"不敢贷",银行乡镇网点少、一线服务人员少担心"不好收贷"。为破解上述难题,郧阳区政府 2017 年牵头银行、保险公司创建了"13514"扶贫小额信贷服务体系。具体来说,由区政府出台"一个实施方案"打消群众顾虑,建立覆盖全区的"三级金融服务体系"精准对接贫困户实际需求,创新"五步工作法"优化贷款办理流程,与中国人民财产保险股份有限公司合作,签订"全国第一张扶贫小额信贷综合性大保单"筑牢风控体系,建立"四个一批"清收工作机制确保贷款应收尽收。

在扶贫小额信贷政策体系的引领下,郧阳区扶贫小额信贷取得长足发展。

首先,贷款人数多。截止到 2020 年 9 月底,郧阳区累计发放扶贫小额信贷 3.6 万户(次)共计 8.3 亿元,户贷率 84.5%,位居全国前列。其次,贷款增长快。郧阳区扶贫小额信贷由 2015 年的户贷率不足 0.01%,增加到 2020 年的 84.5%,贷款速度增加。第三,贷款无逾期。在"四位一体"的风险防控体系下,郧阳区贷款风险防控十分突出,截至目前,贷款逾期率为零,到期还款率达 100%。由于金融扶贫的强力支撑,贫困人口全部达到脱贫标准,全区累计减贫 48875 户 161865 人。

(四)安徽灵璧县——首届全球减贫案例最佳案例获得者

灵璧县在认真学习研究国务院和安徽省政府在扶贫小额信贷方面出台的若干政策和指导意见的基础上,以扶贫小额信贷资金撬动产业发展,以"户贷户用"为基本原则,探索推广了"户贷户用"自我发展、"户贷户用"合伙发展和"户贷社管"合作发展暨"一自两合"金融扶贫做法。2018 年结合安徽省其他地区金融扶贫实践的另一合做法,形成了目前的"一自三合"做法。

在贷款发放情况上,从 2018 年到 2020 年 10 月 20 日,灵璧县累计发放扶贫小额信贷 18516 户 8.51 亿元,累计还款 7.19 亿元,落实扶贫小额信贷贴息 5396.63 万元。截至 2020 年 9 月底,扶贫小额信贷存量 13199 万元,户均贷款 4.6 万元,户贷率为 54.66%,为灵璧县脱贫攻坚注入了金融活水。

在小额信贷资金的投入模式及用途上,一是"自我发展"做法。是扶贫小额信贷最主要的投入方式,共投入 3.11 亿元,占到了总资金的 61.8%,涉及贫困户 7132 户。其中,发展产业类 4977 户,占比 70%;创业经营类 1559 户,占比 22%;家庭手工作坊类 596 户,占比 8%。二是"合伙发展"做法。引导和帮助贫困户与贫困户、贫困户与一般农户、贫困户与能人大户进行合伙发展,共投入扶贫小额信贷 1.28 亿元,占总资金的 25.21%,涉及贫困户 2909 户。其中,贫困户与贫困户、贫困户与一般农户合伙发展类 1963 户,占比 67%;与农民合作社、致富带头人等新型农业经营主体开展代种代养、租赁、托管、订单生产等合伙经营类 946 户,占比 33%。三是"合作发展"做法。鼓励贫困户以扶贫小额信贷资金加入或成立农业合作社,通过"户贷社管"合作发展方式投入资金共 0.45 亿元,占比 8.85%,涉及农户 1022 户、合作社 27 个。四是"合营发展"做法。贷款贫困户加入或抱团成立农民合作社,与龙头企业等新型经营主体协作合营,成立新的经营主体,通过"合营发展"方法投入的资金占比4.12%,共 0.21 亿元,涉及 472 户贫困户。

表 2-3　安徽省灵璧县"一自三合"扶贫小额信贷投入资金情况(2018 年以来)

	涉及贫困户(户)	资金总额(亿元)	资金占比(%)
"自我发展"做法	7132	3.11	61.8
"合伙发展"做法	2909	1.28	25.2
"合作发展"做法	1022	0.45	8.9
"合营发展"做法	472	0.21	4.1
合计	11535	5.05	100

第二节　扶贫小额信贷政策成效

扶贫小额信贷的放大作用日益凸显,乘数效应日益迸发,正向激励明显强化,有效满足了贫困群众和产业发展的资金需求,形成了一花开来百花香的可喜局面。扶贫小额信贷的成效,主要体现在将资金优势转变为了资本优势、产业优势和治理优势,实现了经济、社会多重效应。

一、发挥扶贫小额信贷"四两拨千斤"效应,破解了贫困户贷款难问题,促进了投资的有效增加

第一,扶贫小额信贷为贫困户脱贫增收提供了"启动金",有效破解了贫困户贷款难的问题。过去,贫困户穷的叮当响,没有财产、没有抵押、没有担

保,即使有好的产业发展项目,也很难获得贷款。扶贫小额信贷的"3年期以内5万元以下"的贷款期限和贷款额度设计既符合贫困农户当前农业生产阶段和生产周期下的实际生产资金需求,又充分考虑了贫困农户的"惧贷"心理,避免农户因贷款周期太短、贷款额度过大产生沉重心理负担。"两免一贴"政策精准打击贫困户抵押担保能力低痛点,真正意义上消除了贫困农户贷款获得门槛,把贫困农户纳入银行信贷服务范围。

第二,通过杠杆效应,起到"四两拨千斤"作用,撬动了大量金融资金投入扶贫事业。"基准利率放贷"和"财政贴息"政策既激发了贫困群众的贷款积极性,又保证了银行能够实现保本微利,产生一种鲶鱼效应,调动银行对贫困地区的放贷积极性,发挥金融扶贫的扩大贷款投放效应,贷款快速增加,投资有效增加。以河南卢氏县为例,2016年,全县新增扶贫贷款仅为8818万元,而到2020年8月底,新增扶贫贷款突破20亿元,增长23.2倍,其中:9748户建档立卡贫困户贷款9.24亿元,220家合作社贷款5.9亿元,44家龙头企业贷款5.3亿元,精准扶贫企业贷30笔共计1.53亿元,撬动作用显著。

二、发挥"金融活水"精准滴灌产业良田效应,促进了农村产业转型升级,实现了贫困户收入增长

第一,借助扶贫小额信贷支持,实现了当地特色优势产业的"裂变式"发展。持续稳定的小额信贷资金投入,使贫困户受益的同时,也促进了大量新型经营主体的发展,进而促进了当地产业的转型升级。宁夏盐池引导扶贫小额信贷与发展县域特色产业相结合,扩大对特色产业及各类带贫新型经营主体的扶贫小额信贷支持,促进了草畜、冷凉蔬菜、小杂粮、滩羊、肉羊等特色种养业的标准化、适度规模化生产。其中,滩羊产业甚至撑起了全县农业总产值的半壁江山。河南卢氏县在扶贫小额信贷的支持下,特色产业蓬勃发展,食用菌由2016年的不足1亿棒增加到2020年10月的2.4亿棒,优质核桃、连翘分别由40万亩发展到超百万亩。农业龙头企业由2016年的17家增加到2020

年10月的52家,农民专业合作社由300余家增加到1569家,产业基地从30余个发展到近400个,产业增收大棚由不足百座发展到3000余座。截至2020年,三门峡市从事特色产业生产的贫困户共61067户,占建档立卡贫困户总数的91.85%,平均每户贫困户有两项以上特色产业支撑。

第二,通过扶贫小额信贷的产业带动效应,实现了贫困户收入增加。建立"龙头企业带动、新型经营主体、贫困户亲身参与、多方共同受益"的金融支持产业发展与带动贫困户脱贫的利益联结机制。通过合作经营、订单农业、劳务增收等多种合作模式,让贫困群众提升用好扶贫小额信贷资金的能力,融入到产业链中,对接大市场,实现发展和收益的可持续。国务院扶贫办委托的第三方机构的调查显示,扶贫小额信贷对贫困户增收的贡献率达12.4%,接近八分之一。使用扶贫小额信贷的贫困户人均可支配收入增长速度明显高于一般农户,是所有农户人均可支配收入的2.5倍。与此同时,有扶贫小额信贷支持的种植、养殖等生产经营活动的效益明显,收益率超过了20%。四川省旺苍县大垭村,全村67户贫困户中,有49户通过扶贫小额信贷贷款102万元,发展金银花种植和牛、羊、鸡养殖,户均年增收8000元以上。

引入金融活水,滋育产业良田

盐池县是中国滩羊之乡,80%的贫困户都在从事滩羊养殖相关产业,群众收入一半以上来自该产业。群众发展滩羊产业的意愿非常强,为了使盐池滩羊产业可持续稳定发展,盐池县出台了"1+4+X"特色产业扶持政策,发展以滩羊为主导,黄花菜、小杂粮、牧草、中药材为辅助,乡镇多种经营产业为补充的特色产业。组建滩羊产业发展集团和县乡村三级滩羊协会,制定了滩羊饲喂、屠宰、加工等27项标准,开发了盐池滩羊基因鉴定技术。

2015年以前,贫困群众发展产业主要依靠民间借贷,金融机构主要向产业基础好、有担保有抵押的群众发放贷款,贫困户贷款难、贷款少、贷款贵的问题较为突出。2015 年国家推行扶贫小额信贷政策后,盐池县在解决建档立卡贫困户贷款难、贷款贵等方面取得显著成效,探索出一条"依托金融创新推动产业发展、依靠产业发展带动贫困群众增收"的发展之路,农户贷款一半以上用于滩羊产业发展。2016 年、2017 年重点扶持群众建设标准化圈棚,扩大滩羊养殖的规模;2017 年、2018 年主要对群众牧草种植、饲料统一配送、示范户带动进行扶持,提升养殖效益,户均增收 1700 元;2019 年投入资金 3420 万元,扶持增强以滩羊集团公司为主的龙头企业带动能力,稳定增加农民收入,持续发挥脱贫致富作用。

盐池滩羊产业发展以全县 74 个贫困村为重点,采取整村推进的方式,由滩羊集团公司与 6157 户养殖户(建档立卡贫困户 2939 户)签订滩羊订单养殖协议,每年签订订单收购盐池滩羊 60 万只,每只屠宰补助 30 元,养殖户人均纯收入增加 120 元以上。鑫海公司以每公斤高于市场价 1—2 元的价格订单收购联合体内的 300 户养羊专业大户的滩羊,并为养殖会员提供兽药服务,并供应统一饲草料 1000 吨。以滩羊为主导的特色产业有效带动 5000 余户建档立卡户脱贫增收,对群众增收贡献率达 80%以上。2019 年底,全县滩羊饲养量达到 320 万只,产业产值达到 10 亿元,撑起全县农业总产值的半壁江山。

三、发挥扶贫小额信贷社会效应,增强了贫困群众内生动力,改善了金融生态,巩固了基层战斗堡垒

第一,发挥扶贫小额信贷促进社会治理效应,激发了群众内生动力。扶贫小额信贷坚持"扶志"与"扶智"相结合,变"要我脱贫"为"我要脱贫"。扶贫小额信贷虽然有财政贴息,但贫困户不贷款就享受不到支持政策,贷了款就有

还款的压力,这种方式促使贫困户树立正确脱贫观念,激发了群众干事创业的积极性,促使其主动干、努力干。"等着扶、躺着要"的懒汉少了,"想着干、争着富"的能人多了。扶贫小额信贷坚持传技与帮扶相结合,变"不会脱贫"为"帮引脱贫"。作为贫困农户产业发展的启动资金,其最终目标在于提高贫困农户的自身生产经营能力,在未来很长一段期间内可以通过自身劳动提高生活水平,变"输血"为"造血"。扶贫小额信贷资金发挥强大杠杆作用,产生源源不断的内生脱贫动能。

以政策激发内生动力,他和"懒"说拜拜

一说起路克君,李庄子村的老少爷们都知道那人是出了名的"懒"人,也是建档立卡贫困户。说他"懒"是有原因的,他是甘肃人,成家时入赘田新庄自然村,初中文化,今年 49 岁,媳妇是一级残疾,还有一个上初中的儿子。当地的庄稼靠天"吃饭",以草原面积大为优势养殖滩羊,乡亲们都是规模化的养殖,而他一年就养十来只羊和十几只鸡,再加上媳妇残疾无劳动能力,全家人均收入低,2014 年被纳入了建档立卡户。路克君是一个思想"懒"惯了的人,上一轮驻村工作队与帮扶责任人也想尽了办法,可他就是光说不干,"等靠要"思想严重,内生动力严重不足,致使好多扶贫政策与他无缘,到 18 年底仍未脱贫。

2020 年 3 月,新的工作队进驻村里,了解政策掌握村情后,制定了帮扶计划,以未脱贫户为工作重点。通过入户和同乡亲们的交谈,了解到路克君的情况后非常重视,把该户列为贫困户里的"钉子户"。工作队耐心和他谈心,向他宣传了国家针对贫困户的小额信贷政策,帮他憧憬着美好的生活和未来,他都应承着。当工作队第二次上门入户时,已经过去快一个月了,路克君仍然是老样子,工作队这才知道乡亲们说他"懒"是有缘由的。面对这样的情况,工作队也是看在眼里急在心里,驻村第一书记几次调研工作时都特意带着米、面、油到他家慰问。

俗话说:"铁再硬也能熔化,就看火候到不到。"也许是"火候"到了,路克君总算有所行动。他买了一些羊,养殖规模扩大到 60 只。在工作队的帮助下,他又向县农商行申请扶贫小额贷款,将得到的 2 万元贷款购买了 2 头猪、30 只鸡,只这 2 项就享受到了政策补助 2000 元。为了增加他的收入,村里还为他安排了公益性岗位。工作队再次走访时,他非常高兴,脸上洋溢着政策给他带来的喜悦,向驻村工作队打听残疾人妇女贷款的事准备再扩大养殖。2019 年,路克君一家三口退出了建档立卡贫困户花名册。扶贫政策的优越性激发了曾经贫困"钉子户"发展的内生动力,他和"懒"也无缘了。

第二,发挥扶贫小额信贷促进社会信用建设的效应,优化了贫困地区金融环境。多年来贫困地区缺乏金融服务,金融生态环境不佳。扶贫小额信贷是信用贷款,贫困户信用与贷款资格、贷款规模挂钩。在政府增信的基础上,充分发挥农村基层组织、"熟人社会"和道德约束的作用,通过守信激励和失信惩戒,树立了正面导向,匡正了不良行为,贫困地区金融生态环境大为改善。卢氏县通过把"农村文明诚信家庭"评选与金融扶贫评级授信有机结合,对评选出的 2486 户"标兵户"和 21313 户"文明户",优先配置各种资源和支持政策,授信额度分别提高 10 万元、5 万元,并在医疗、教育、保险、旅游等多个方面享受优惠政策,推动向上向善讲文明的社会风尚的形成。卢氏县朱阳关镇在 2017 年以前因历史遗留逾期贷款较多,致使群众授信率低,整村农户贷款受到限制。当地镇政府和金融机构在开展旧账清收工作的同时,通过整治金融环境、增强群众诚信观念,对农户重新评级授信,共清收逾期贷款 2444 笔,共计 1423 万元,金融生态环境得到明显改善,有效化解了金融风险,取得了群众的信任。

诚信当家脱贫有道

"在俺家,俺不当家,她也不当家,诚信最当家。要不是诚实守信给俺当家,哪有今天的好日子!"河南省三门峡市卢氏县东明镇当家村,村民张玉方、吴玉华夫妇这样说道。

在调研中许多村民反映,银行给农户批贷款时,有的给 1 万元,有的却一次性给 10 万元,甚至更多,这其中难道有什么亲疏远近的奥妙吗? 有! 其中的奥妙就是县里推进的社会信用评价体系建设。县里按照"三好三强"(遵纪守法好、家庭和睦好、邻里团结好,责任意识强、信用观念强、履约保障强),"三有三无"(有劳动能力、有致富愿望、有致富项目;无赌博、吸毒等不良习气,无拖欠贷款本息、被列入贷款黑名单的记录,无游手好闲、好吃懒做行为)的标准,在全县开展社会信用评价。对照农户房产、银行贷款等 140 余项具体指标,进行量化打分,根据不同的分值将农户分为 A 级、AA 级、AAA 级和 AAA+级等信用等级,A 级最高可以贷 5 万元,AAA+级最高可以贷 20 万元。

由于信用历史记录优良,卢氏县东明镇当家村村民张玉方被评定为 AAA+级,获得了 20 万元的最高授信额度。"俺第一次用贷款时批了 1 万元,第二次 3 万元,第三次 5 万元,然后是 10 万元、15 万元,一直到 20 万元。"张玉方现身说法,"为啥银行给俺越贷越多呢? 就是俺守信用呗! 比如下个月 1 日是还款日期,俺提前一个月就开始琢磨着还款了,从来不拖欠。每一次及时还贷,都让俺的信用度提高,银行对俺的授信额度也在不断增加。资金充裕了,俺养鸡的规模越来越大,收入也是年年看涨呢!"

当家村人在依靠诚信、依靠金融扶贫摆脱贫困的同时,村风民风也越发文明淳厚了。过去在家务农的群众,农闲时大多无事可干,聚众赌博、滋事斗殴时有发生，多数贫困户"等靠要"思想严重，即使想发展也难以贷款。现在通过信用等级评定，贫困户参与产业发展的热情极大地得到调动。良好的村风民风也为当家村赢得了不少投资企业的青睐。投资 1.5 亿元的三阳畜牧生态养殖项目，投资 280 万元的大红袍无刺花椒示范园项目等，当家村如今成为卢氏的一块投资热土。

大力加强农村信用体系建设，不仅对优化农村金融生态、防控金融风险作用非凡，而且对弘扬社会主义核心价值观、倡导社会文明新风，对加强农村社会治理和社会创新，都有着不可替代的作用。随着农民信用评定体系建设的不断深入进行，必将对农村各项改革发展产生深远影响，发挥出更大的综合效应。

第三，发挥扶贫小额信贷助推农村党建效应，巩固了基层战斗堡垒。近年来，随着我国城市化进程的加快，大量农村劳动力进城务工，农村人口流动在一定程度上使我国乡村文明转型陷入一种"治理性困境"，乡村内部原有的"约定俗成"难以支撑现代农村社区正常运转，加强农村社区党建工作，提高农村党建工作质量，是实现乡村振兴的基础和基本前提。在开展扶贫小额信贷工作过程中，基层党组织和党员参与到农户信息采集、评级授信、信息更新和贷前把关、贷中服务、贷后监管，实现了基层党建与金融扶贫、政治功能与服务功能的深度融合。一方面，通过将党员联系群众制度化，明确党员联系群众的责任，激活党员的身份意识，提高党员对自我的要求，扎实推进基层党组织人才队伍建设。另一方面，扶贫小额信贷为村党支部服务联系群众提供了载体、搭建了平台，基层党组织和党员参与到群众经济活动中，既让群众的意见能够"上得来"，也让干部能够"下得去"，在党员联系群众、了解群众、回应群众需求的过程中树立基层党组织的威信，充分发挥了基层党组织的政治领导力、组织覆盖力、带头人影响力、党员队伍战斗力，基层党组织的战斗堡垒作用得到加强，村级组织吸引力明显提升。

第三章 中国扶贫小额信贷典型案例运作机制及做法比较

在扶贫小额信贷实践过程中,各地区因地制宜发展出行之有效、特征鲜明的金融扶贫创新做法。然而,不同做法在实施主体、工作机制、风险防控、产业支撑以及工作激励等方面也呈现出共性的运行机制与亮点。

第一节 扶贫小额信贷运作机制

扶贫小额信贷是一项系统工程,在党中央的统筹领导下,不仅需要政府、金融机构、贫困人口、产业主体以及村"两委"与驻村工作队等多部门或主体密切配合,也要构建信用体系、财政贴息、金融服务、产业支撑、风险防控、贷款审批、工作激励等一系列配套工作机制,形成有序、有效运转的扶贫小额信贷政策体系。

一、扶贫小额信贷参与主体

政府部门是扶贫小额信贷的领航员。扶贫小额信贷的成功离不开政府各相关部门的强力领导和通力协作。中央政府顶层谋划扶贫小额信贷政策总体设计,高位推动各地区贯彻落实,有效协调各部门密切协作;各地方政府因地制宜,制定切实可行的实施方案及其细则,为扶贫小额信贷落地见效提供重要保障;中央到地方各级扶贫办、银保监、财政、农业农村、人民银行等职能部门各司其职,针对扶贫小额信贷实施前后过程中存在的问题、面临的困境,积极协调配合,出台详细的政策方案,推动了扶贫小额信贷政策体系的完善。

金融机构是扶贫小额信贷的主力军。金融机构不仅负责提供小额信贷资金,也要参与评级授信和信用体系建设,是扶贫小额信贷的重要参与者。一方面,银行等金融机构需要精准掌握贫困人口贷款需求,有效发放资金,缓解资金瓶颈;另一方面,金融机构也需要构建信用评价体系,将扶贫贷款资金精准投放到有资金需求、信用基础、产业支撑、还款能力的贫困人口中去,确保扶贫资金贷得出、收得回、见成效。

贫困户是扶贫小额信贷的核心目标。扶贫小额信贷政策专为解决贫困户融资难、融资贵这一世界性难题设计。贫困户参与信贷政策的程度及其收入增加效应是衡量小额信贷政策成效的关键指标。因此,在实践过程中,围绕贫困户的资金需求、贷款瓶颈,扶贫小额信贷政策得以逐渐完善,并将贫困户作为政策覆盖的核心目标群体,有效破解脱贫攻坚中的资金困境,帮助贫困户发展产业和提升收入水平。

产业主体是扶贫小额信贷的有力支撑。产业发展是脱贫攻坚的根本之策,同时也是金融资金的主要发力点。由于发展基础薄弱、能力不强,如果没有产业带动,贫困户可能缺乏获取足够收益的能力,不仅无法顺利实现脱贫致富,也有可能进一步恶化家庭经济状况,导致本金损失,难以偿还贷款而形成银行坏账。因此,开展扶贫小额信贷,离不开农村信用社、龙头企业、家庭农场等产业主体的积极带动,引进相关产业,以原材料加工、车间承包、订单销售等多种形式深化合作,强化产业链利益联结机制。

驻村工作队和村"两委"是扶贫小额信贷的基础力量。扶贫小额信贷落地见效离不开基层力量的支持。在各地的扶贫实践中,均通过建立基层金融服务体系,负责贫困人口信息资料搜集、审核、评定、受理、信息更新等基础、繁重、冗杂的一线工作。驻村工作队和村"两委"作为脱贫攻坚的基层战斗堡垒,是村级金融服务体系的核心力量,坚持户户走到,事事落实,件件核实,为扶贫小额信贷的顺利开展和脱贫攻坚站的彻底胜利做出了巨大的贡献。

二、扶贫小额信贷实施机制

扶贫小额信贷政策作为一项系统架构,在贷款前、贷款中、贷款后各个环节均建立了较为完善的工作机制,确保了扶贫小额贷款资金实现授信、审批、发放、监督、收回等各个环节顺利运转,确保银行贷款资金投放精准、落地见效、持续发展、多方共赢。

(一)信用体系建设机制

诚信是推进金融扶贫小额信贷健康发展的基础。长期以来,金融机构与农村居民,尤其是贫困人口的业务往来记录较少,缺乏相关基本信息;且由于较为严重的信息不对称,无法根据家庭经济和资产状况,评定其基本信用状况,难以开展信贷业务。因此,长期以来,贫困人口长期被排斥在正规借贷之外。这意味着,尽快完善贫困人口信用数据,是发展扶贫小额信贷政策第一步重要举措。

一是全面清理历史欠账。鉴于开展扶贫小额信贷前,部分贫困人口由于产业失败、家庭破产等非主观因素引起贷款逾期未还,产生坏账,导致个人信用记录不良,不仅无法继续在正规渠道借贷,也给金融机构带来一定的经济损失,降低其在农村开展信贷业务的积极性。为解决这一问题,各地政府联合金融机构、村委会等力量,开展集中清理历史欠账工作,加大催收力度,采取利息优惠、限时减免等政策鼓励积极还款。同时也根据贫困家庭贫困状况确定优惠和减免力度,以确保全面收回逾期贷款。逾期贷款和坏账全部清理后,贫困人口个人不良信用记录也将全部清除,以免影响后续贷款。如宁夏回族自治区盐池县规定非恶意"黑名单"建档立卡贫困户,只要已经全部偿还逾期贷款,也可被纳入评级授信范围。

二是建立信用评价体系。历史不良记录清理完成后,针对金融机构现有个人信用评价体系不适用贫困人口的问题,各地也着手开始建立最新的信用评价系统。由于贫困人口普遍缺乏固定资产和产业基础,无法获取足够的抵押物与担保人。然而,当前金融机构的信用评价体系普遍重资产、轻信用,天然地将贫困人口拒之于信贷资金之外。为了解决这个问题,各地区普遍联合金融机构,重新构建扶贫小额信贷的信用评价指标体系,将更多权重赋予农户信用,降低家庭资产比重,提高贫困人口信用等级。

(二)贷款审批机制

一般而言,银行正规贷款从申请到发放需要复杂的流程与审核,手续繁多,耗费时间长,贷款工作效率低,也间接增加了农户贷款成本。特别是贫困人口文化水平相对较低,难以理解全部贷款手续;资金到账时间长,难以解产业项目燃眉之急;加之农村金融机构网点少,往返办理手续交通成本高,都严重降低了贫困户申请贷款的积极性,阻碍了扶贫小额信贷的发展。为解决贷款流程烦琐、金融机构网点少,各地采取了下沉金融服务网点、简化申请流程、压缩审批周期等措施,极大地优化了贷款审批机制。

一是下沉服务网点。为建立符合农村贫困人口特征与需求的贷款服务机制,各地通过联合村支部、金融机构、信贷员等建立村级金融服务站,下沉服务网点,确保贷款申请、审核、资料搜集等环节在村内完成,群众只跑一次路、贷款不出村,在方便贫困户办理贷款的同时,也提升贷款工作效率。

二是简化申请流程。由村级金融扶贫工作站受理贫困户的贷款申请,对贷款项目可行性和资金需求量进行摸底调查,同时负责指导借款人填写相关表格,以解决贫困人口文化程度不高,无法理解政策和相关材料的问题。由于设立了村级工作站,贫困户申请贷款仅需要到工作站申请一次,其余信息和相关材料由工作人员负责搜集与审核,大大提高了贷款效率。

三是压缩审批时间。村级工作站收到贷款申请后,工作人员负责进行调查、审核和上报审批,全部流程一般需要在5日内办理完毕。第一步是进行贷款初审和推荐,对建档立卡贫困户,由主办银行、村支部工作人员组成的村评贷委员开会审核,对符合条件的由村金融工作站向主办银行推荐;第二步是开展入户调查,由主办银行收到贷款申请后,及时进行自主审查和实地调查;第三步是贷款审批,由县级主办银行和相关部门负责审批;第四步是发放贷款。各主办银行根据审查和调查情况,经区扶贫部门审核后,按有关贷款程序及时对符合条件的申请人发放贷款。按照"一次核定、随用随贷、余额控制、周转使用、利率优惠"的方式,对扶贫小额贷款简化手续,真正提供免抵押、免担保的信用贷款。

（三）财政贴息机制

为了降低贫困户资金使用成本、提高贷款积极性,扶贫小额信贷建立了财政贴息机制。针对贫困户和带贫企业或合作社实行财政贴息,具体贴息方法为:一是贫困户贷款,按照5万元以内,免抵押、免担保、基准利率4.35%财政全贴息,超过5万元的那部分贷款只享受免抵押、免担保,不享受财政贴息,利息按银行同期正常利率计算。贫困户利息实行先付后贴,农户按季付息、财政按季贴息。二是凡企业、合作社贷款,只要项目发展前景好、履行带贫义务的,按照每30万元贷款带贫1户贫困户的标准,贷款利率按基准利率上浮10%也就是4.75%执行,企业实行先付后贴、按月付息,财政按年贴息,在贷款满半年,经组织验收,项目效益好、达到带贫效果的给予3%财政贴息。

（四）金融服务机制

第一,充分利用熟人社会优势,构建农村金融服务体系。由于农村人口众多,农户经营方式、产业、地点多样,金融机构难以详细搜集和确定每个农户的家庭与生产信息,无法持续开展信用评价。因此,在扶贫小额信贷政策发展过程中,各地普遍充分利用农村熟人社会的优势,调动村委会和驻村工作队的积极性,一方面能够及时、准确了解到农户基本信息、产业项目运行以及家庭经济状况,确保信息的真实性;另一方面降低信用评级成本,减少金融机构工作压力,提高信用评级工作效率。此外,开展信用评级,也显著增强了贫困群众的诚信意识,优化信用环境,为扶贫小额信贷的顺利开展和高效运行奠定了坚实的基础。

第二,打破信息流动障碍,建立构建信用数据共享平台。一般而言,各金融机构均有独立的信用评价标准和数据,开展农村信贷业务时,也大多以各自的评级结果确定每户贷款额度。然而,各自为政的评级授信机制导致同一农户多次重复被评级授信。在农村地区开展信贷业务时,出现了大量的"一个银行授信、其他银行不认"的问题,不仅造成数据信息资源浪费,也增加了评级授信成本,严重阻碍了扶贫小额信贷政策。为解决这一问题,各地在推进扶贫小额信贷时,按照"全面、准确、动态、共享"的理念,由政府牵头主导,制作统一的贫困人口信用评级指标和评分标准,打造农村贫困人口信用数据共享平台。区域内的金融机构均依据系统评级信息发放扶贫小额信贷。

第三,强化信息动态管理,及时构建贷款信息更新机制。基层定期更新和全面更新信贷信息,及时更新方面:户主和家庭成员信息中的身故、失联状况由村部负责收集上报;婚姻状况信息由民政部门负责更新;涉及治安、刑事案件信息由公安机关负责更新;逾期不良贷款或家庭财产抵押信息由金融机构负责更新;被申请执行、财产冻结等信息由法院负责更新。更新时间要求在信息变更后2日内。定期更新方面:农户经营实体、创业、权属、生产运输设备、私家车、房产、保险、护林防火等信息于每季度末次月5日前更新。全面更新方面:除及时更新、定期更新外,农户其他信息变更项于次年元宵节前一周内完成更新。通过更新使信贷信息准确可信。

(五)风险防控机制

由于农村贫困人口发展能力弱、违约风险大,针对贫困人群的信贷面临逾期率高的严重挑战而难以持续发展。因此,建立完善的风险防控体系是确保扶贫小额信贷政策成功的关键,也是保障农村金融信贷健康可持续发展的重要机制。

各地为了推动扶贫小额信贷政策落地,在顶层设计之初,均探索建立了由政府风险补偿金、保险以及互助资金在内的风险防控体系,确保扶贫小额信贷"收得回"。

第一,政府风险补偿金。2014 年国务院扶贫办、财政部、中国人民银行、原银监会和原保监会等多个部门联合印发的《关于创新发展扶贫小额信贷的指导意见》,明确提出鼓励有条件的地区建立扶贫小额信贷坏账风险补偿金。各地在推动扶贫小额信贷的过程中,县级财政出资,设立政府风险补偿金,针对扶贫小额信贷无法还本付息部分进行补偿,给银行吃下"定心丸",敢于发放贷款。部分地区为了完善风险补偿金,发挥政府资金的撬动作用,统筹银行、农信社、担保公司等,共同出资设立风险补偿金,进一步分散信贷风险。

第二,完善农业保险,分散贫困户生产与人身风险。贫困人口生产与生计较为脆弱,应对风险能力不强,一旦产业失败或者遭遇人身意外,可能导致家庭破产,从而丧失还款能力。因此,各地针对贫困人口生产特征,开发"一揽子"综合保险产品,分散贫困户家庭生计风险,确保小额贷款"还得上"。其中,包括针对产业发展的农产品收入保险、针对贫困家庭人口的人身意外伤害险和大病医疗保险、针对小额信贷的贷款保证保险以及针对特色产业的价格指数保险。

第三,互助资金"过桥"处理。由于农业生产周期长,贷款期限相对较短,部分贷款贫困户由于产业未见效益,暂时尚不能偿还贷款,或者因生产经营亏损暂无力偿还,对于讲诚信的农户,部分地区采取村级合作社提供过桥资金,帮助贫困户解决临时还款难题。

第四,建立逾期风险预警机制。对即将到期的扶贫小额信贷,提前 3 个月向乡镇发出预警,及时提醒贫困户准备还款资金,逾期的由镇村负责在 1 周内清收到位,最大程度降低贷款风险。

（六）产业支撑机制

产业发展是脱贫攻坚的根本之策，也是用好金融活水的重要基础。确保扶贫产业的健康发展，是增强扶贫小额信贷发展活力和可持续性的核心。因此，扶贫小额信贷政策体系的设计离不开产业支撑机制的建立与完善。

第一，因地制宜审慎评估，选择扶贫主导产业。各贫困地区因地制宜，积极落实新发展理念，因地制宜确立扶贫主导产业，以增强发展韧性。从各地的脱贫实践来看，普遍以脱贫攻坚为重要契机，统揽经济社会发展全局，重点发展以菌、药、果为重点的绿色农业，以农副产品、中药材精深加工为重点的特色工业，积极推动一二三产业融合，发展以生态旅游和电子商务为重点的现代服务业，打造特色产业品牌，提升农产品附加值和贫困户收入。特别是围绕主导产业和特色产业，以信贷投向促进产业链条延长，突出种植、养殖、加工、运输、劳务输出、农家乐、乡村旅游、电商等生产经营活动，拓展增收创收项目，切实增强其还款能力。

第二，积极引进龙头企业，发挥示范带动作用。产业的持续发展离不开龙头企业的示范与引领。各贫困地区在发展扶贫产业的过程中，坚持把扶持龙头企业作为金融扶贫的重点，以龙头引领产业发展，形成产业优势，提升发展水平，增强带动能力。一方面，向贫困户示范推广新技术、新品种，提高种植和养殖效益；另一方面，延长扶贫产业链条，提升产业发展水平和带动能力，促进区域产业发展。

第三，强化利益联结机制，有效提升带贫效果。探索扶贫小额信贷与特色优势产业联动互动带贫减贫机制，培育新型农业经营主体提供产前培育、产中指导、产后销售"一条龙"服务，健全完善"龙头企业带动、合作社组织、农户参与、基地承载"的利益联结机制，不断拓展订单农业、合作经营、劳务增收、"产权+劳务"等多种带贫模式，将贫困群众融入产业基地、嵌入产业链，实行"自我发展"加"带动发展"，激发内生动力，增强发展后劲。部分地区开发了"合作社"+"托管""租赁""承包""寄养""领养"等形式,确保扶贫小额信贷投入有项目、有产业,变"输血"为"造血",形成脱贫致富长效机制。

（七）工作激励机制

扶贫小额信贷的顺利实施,不仅需要政府和金融机构等部门的有力推动,也需要贫困人口和基层工作的密切配合。如何调动村委会和支部工作人员的积极性,激发贫困人口内生动力,提升基层人员信用意识,打造诚实守信环境,均扶贫小额具体实施机制的重要内容。因此,各地在开展扶贫小额信贷时,均完善了相关工作激励机制,以切实调动相关主体的积极性,保障扶贫小额信贷工作的顺利开展。

第一,依托评级授信体系信用评级,完善奖惩机制。基于建立起来的评级授信体系,为每个农户建立信用档案,授予信用等级。同时也将信用评级推广到村级层面,开展信用村评级机制。在健全征信系统的基础上,各地实施了与信用等级挂钩的奖惩制度。在农户层面,建立公示制度,积极开展星级信用村、信用户评定,基于信用等级确定授信额度,降低逾期农户的信用等级和授信额度,对于优先评为星级文明的农户,则发放相应物质激励,并可提高授信额度。在村级层面,开展信用村评比,对小额信贷发展较好的村评以信用村,等级越高,整村授信额度越高,同时村支部和工作站工作人员获得相应奖励;而如果村内出现信息不真实、逾期率过高等情况时,则予以惩罚,着力营造"有信走遍天下、无信寸步难行"的社会氛围。

第二,强化加强政策引导,提高诚信意识。在评级授信、政策宣传的过程中,各地也不断强化诚信意识,防范道德风险。通过手机短信、微信微博、电视飞字和入户走访等方式,大力加强诚信教育,让"有借有还"的意识深入人心;把按时还款纳入十星级文明农户的重点评选内容,对按期还款的信用户,当年可在超市、酒店、医院、学校、交通等指定地点消费享受相应优惠。

第三,加强法制假设建设,依法强制清收。对恶意拖欠的农户,抓典型人典型事,采取强制措施,依法打击到位,确保应收尽收、应还尽还。同时,部分地区探索推行获贷贫困户公开承诺制,确保信贷资金精准用于脱贫方向,对于违反承诺用于非生产性开支或资金闲置的,自愿放弃财政补贴并按市场利率付息,确保信贷资金专款专用,避免"贷而不用、贷而他用"导致的逾期无法偿还风险。

第二节　典型案例主要做法

在扶贫小额信贷政策落地过程中,全国各地瞄准难点,积极创新,涌现出了一批各具特色的实践做法,形成了百花齐放的繁荣景象。本书重点对宁夏盐池、河南卢氏、安徽灵璧、湖北郧阳这 4 个发展历史早、实施效果好、政策机制优的地区的主要做法和特色亮点进行总结。

一、盐池案例——评级授信之花

(一)找准贷款瓶颈,创新评级授信体系

盐池县创新了建档立卡贫困户评级授信系统,将建档立卡贫困户诚信度占比提高到 60%、家庭收入占比 30%、基本情况占比 10%(简称"631"评级授信),解决了贫困户缺乏抵质押品和担保人难题,消除了贫困户获得贷款门槛。同时,把对建档立卡贫困户评级授信的成功做法运用到所有农户,又创新建立了乡村组户"四信"的"1531"评定系统(即精神文明 10%、信用情况 50%、家庭资产 30%、基本情况 10%)。根据评级结果、确定授信额度,农户一次授信,3 年内随用随取。

(二)深化产融结合,因地制宜选准产业

盐池县充分利用"滩羊之乡"的产业品牌,扶持滩羊养殖龙头企业,引导龙头企业与贫困村建立"养+销"产业链利益共享、风险共担联结机制,形成了

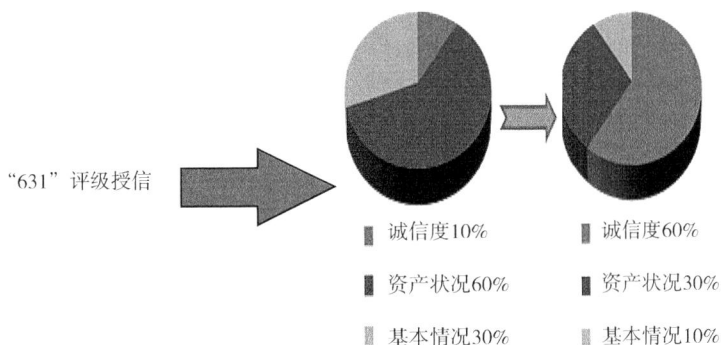

"631"评级授信

诚信度10%
资产状况60%
基本情况30%

诚信度60%
资产状况30%
基本情况10%

图 3-1　盐池"631"评级授信模式及其变化

"资金跟着穷人走、穷人跟着产业走"的产融扶贫新模式。以滩羊为主导的特色产业对群众增收贡献率达到 80%以上。此外,发展出了黄花菜、小杂粮、牧草、中药材为辅,乡镇特色产业为补充的"1+4+X"特色产业发展格局,促进了产业与金融的良性循环。

（三）严抓风险防控,开发菜单式扶贫保

一方面,建立政府风险补偿基金。与涉农银行建立风险补偿合作机制,向各银行整合注入 8000 万元特色优势产业贷款风险补偿金、扶贫小额信贷风险担保基金和扶贫产业助贷金。另一方面,为全县所有农户量身打造"2+X"菜单式扶贫保。其中"2"属于基础险,包括家庭综合意外伤害保险和大病补充医疗保险,"X"属于选择性险种,包括肉羊收益保险、黄花菜价格指数保险等12 种特色产业保险。

二、卢氏案例——体系创新之花

（一）着眼于破解贷款服务保障难问题,建设县、乡、村三级金融服务体系

县中心是"大脑",负责统筹指挥、协调推动;乡站是"身子",负责上下衔

接、组织执行;村部是"手脚",扎根农户、服务群众。三级体系联动灵活服务,全力保障扶贫小额信贷顺利运转。

（二）着眼于破解信用评定精度低问题,深化信用评价体系

依据"三好三强、三有三无"定性标准和 13 类 144 项定量指标,建立覆盖全县农户的信用信息大数据库。采用"政府主导、人行推动、多方参与、信息共享"方式,研发集贷款审批、分析统计、成效展示、预警熔断等功能为一体的金融扶贫科技系统,同信用信息大数据联网对接。采取及时更新、定期更新、全面更新和申贷更新相结合方式,确保准确可信。

（三）围绕产业发展效果差问题,深化产业支撑体系

突出自身优势选择主导产业,确立了以菌、药、果为重点的绿色农业,以农副产品、中药材精深加工为重点的特色工业,以生态旅游和电子商务为重点的现代服务业。突出龙头培育带动产业升级,提升发展水平,增强带动能力。健全完善"龙头企业带动、合作社组织、农户参与、基地承载"的利益联结机制,探索订单农业、合作经营、劳务增收、"产权+劳务"四种带贫模式,增强发展后劲。

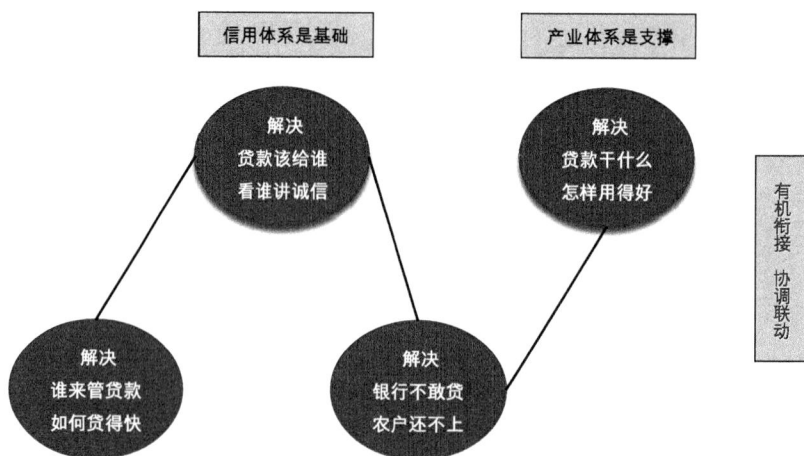

图3-2　卢氏案例四大体系关系

（四）围绕贷款逾期风险大问题，深化风险防控体系

建立风险分担缓释机制，设立 5000 万元风险补偿金，采取政银担保"四位一体"共担做法。建立风险预警机制，贷款到期前 60 天进行预警提示，到期前一周内督导清收。加强资金监管，压实三级服务体系在贷前信用审核、贷中用途管理和贷后违约追责中的职责，并通过月例会、季督查、年考核和随机明察暗访等方式及时掌握发现问题并整改落实。

三、郧阳案例——优化流程之花

（一）健全"三员三长"精准机制，建立"1351"贷款服务体系

"1"即《郧阳区开展扶贫小额信贷业务实施方案》；"3"即建立三级金融服务体系；"5"即贷款流程的"申请受理、资料收集、入户调查、集中会签、发放贷款"的 5 步；"1"即涵盖种植业养殖业保险、价格指数保险、借款人意外保险、贷款信用保证保险等的"一揽子"保险产品。

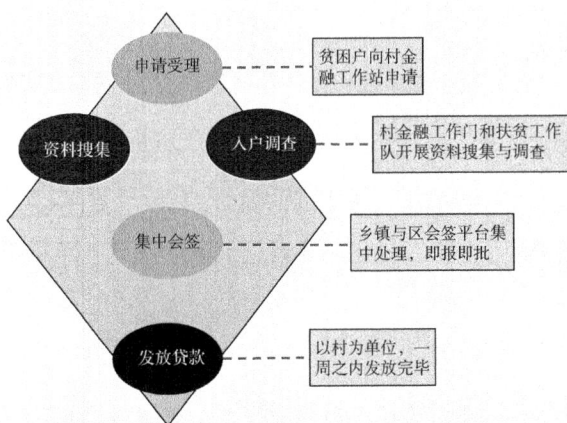

图 3-3　湖北郧阳"五步工作法"

（二）围绕"三链三转"精准投放，建立"1+2+N"产业扶贫体系

组织扶贫工作队、党员干部户户走到，摸清需求，建立产业发展和资金需求台账。分类施策，针对发展种养业缺起步资金贫困户，推出种养小微贷；针对超龄户，推出产业互助贷以及委托人父母小额贷；针对易地扶贫搬迁集中安置户，推出"三定扶持贷"。精准投放，引导留守妇女、老人等发展小种养、小作坊、小庭院、小买卖"四小产业"并培育扶贫作坊。

（三）持"分层分类"精准防控，建立"四位一体"风险防控体系

依托公检法，对发展产业成功、有能力还款、恶意欠贷农户，依法请收。依托风险分担机制，政府、银行、保险按照1∶2∶7的比例承担风险。依托村合作社与互助组织，引导贫困户入社入股，建立生产互助组，抱团发展。依托大数据开展风险预警，建立提醒告知机制，及时解决困难，排除潜在风险。

四、灵璧案例——产融结合之花

（一）坚持户贷户用，创新"一自三合"，升级产融结合

"一自三合"是灵璧县破解户贷企用，创新发展扶贫小额信贷的核心。"一自"，指有自主发展能力和发展条件的贫困户户贷户用自我发展；"三合"，指自主发展能力弱和发展条件欠缺的贫困户一家一户贷款后"抱团发展"，通过合伙、合作、合营、穷帮穷、富帮穷，或通过加入农民合作社带动发展。

（二）坚持基础服务，整合"三方力量"，升级服务体系

整合行政力量，制定灵璧县金融精准扶贫系列文件，打好政策基础。整合基层力量，设立村级金融扶贫服务室，驻村帮助贫困户申请小额扶贫贷款，打好服务基础。整合社会力量，充分发挥村级合作社、能人大户、龙头企业带动

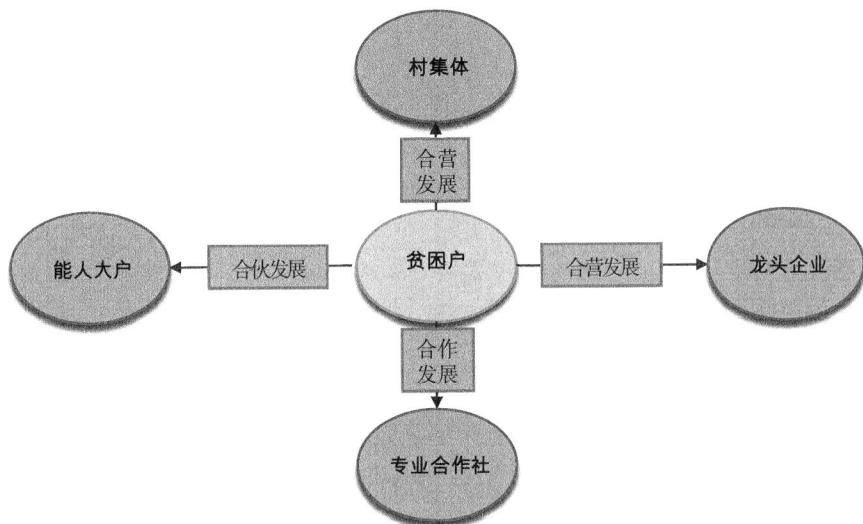

图 3-4　安徽灵璧"一自三合"产融结合

作用,及时解决产业发展问题和困难,打好发展基础。

(三)坚持风险意识,强化"三项机制",升级风险防控

强化激励机制,坚持月考核、月调度,明确各方参与主体责任,加强考核。强化数据管理机制,建立金融服务、征信评价、风险控制、产业支撑"四位一体"金融扶贫电子管理系统。强化综合保险机制,县财政出资为获贷贫困户购买人身意外伤害险,同时探索建立包括农产品收入险、第三方责任险和贷款保证保险等于一体的综合保险机制。

第三节　国内国际典型案例比较

扶贫小额信贷是精准扶贫战略实施过程中,有效化解贫困户发展资金瓶颈的伟大实践。在积极创新应对各种挑战和困难的过程中,各地区不仅形成了各具特色的新做法,也探索出了与传统金融扶贫和国际金融扶贫截然不同

的成功道路。

一、四个典型案例对比

从上述四个典型案例所在地区,因地制宜,创新评级授信、风险防控、产业支撑和金融服务等机制,全面落实了中央关于小额信贷政策的要点,为贫困户提供5万元以下、3年以内、免担保免抵押的贷款,按照基准利率放贷、财政贴息,并在县级建立风险补偿金,取得了显著的效果。但在具体推行过程中,各地也呈现出不同的典型特色与创新做法,对于提炼我国扶贫小额信贷的典型做法、经验和机制,并明确推广其他地区具有重要的参考价值。

第一,在评级授信方面,宁夏盐池县创新"631"评级授信体系,解决贫困户"贷款难"问题。宁夏盐池县改变了原有重资产、重抵押的评级授信标准,针对贫困人口缺乏抵押和担保的特点,将更多授信权重赋予农户信用,即建档立卡贫困户的诚信度占比提高到60%,家庭收入30%,基本情况10%,根据评级结果确定授信额度,有效化解了贫困人口"贷款难"问题。

第二,在风险防控方面,湖北郧阳"一张大保单"保全程,解决贷款风险高问题。贫困人口脆弱程度高,针对贫困人口免抵押担保的免息贷款,金融机构承担风险大,运行成本高。为了妥善解决这一问题,除了构建政府风险补偿金外,湖北郧阳区建立综合保险机制,施行综合性"一张大保单"保全程,保障内容涵盖了种植业、养殖业、借款人意外保险、贷款信用保证保险等,对贫困群众贷款综合保障率达到90%以上,对银行放贷综合保障率达到70%以上,免除了金融机构的后顾之忧。

第三,在产业支撑方面,安徽灵璧创新"一自三合"做法,深化产融结合,解决产融结合不紧密的问题。信贷资金如何用是贫困人口面临的首要问题。由于贫困人口能力相对不足,难以有效发挥信贷资金的作用,一旦发展失败,不仅造成脱贫难度加大,也明显提升贷款逾期风险。为解决这一问题,安徽灵璧县创新"一自三合"做法,鼓励贫困人口户贷户用自我发展、户贷户用合伙发展、户贷社管合作发展、户贷社管合营发展,走出了一条"金融+产业"融合发展、带贫减贫之路。

第四,在服务体系方面,河南卢氏县"三级金融服务体系",构建扶贫小额信贷的长效发展机制。为解决农村信贷运行成本高、服务保障难度大的问题,河南卢氏县创建"三级金融服务体系",通过下沉金融服务网点,降低工作成本;依托三级金融服务体系,协调联动,及时解决金融难题,构建了扶贫小额信贷的长效发展机制。

表 3-1　四个典型案例的特点比较

	河南卢氏	湖北郧阳	宁夏盐池	安徽灵璧
评级授信	"三好三强、三有三无"信用指标	村级调查,银行审核	"631"评级授信	"三级公示"制度
风险防控	"政银担"风险缓释机制	"一张大保单"保全程	菜单式"扶贫保"保险产品	综合保险和预警机制
产业支撑	项目带动,龙头引领	"1+2+N"扶贫产业体系	"滩羊+黄花菜"产业带动	"一自三合"促产融结合
服务体系	三级金融服务体系	"1351"服务体系	村级金融服务站	"回访+技术"全程服务

二、扶贫小额信贷与传统小额信贷比较

从时间上来看,精准扶贫战略下的扶贫小额信贷是对传统农村金融扶贫与小额信贷的延续与创新。两者均为解决农村贫困人口"贷款难""贷款贵"目的而设立,但在本质上有着显著的区别。作为金融扶贫的重大创新模式,扶贫小额信贷极大满足了贫困户的资金需求,与传统小额信贷相比,使用精准度更高、办理程序更便捷、贷款利率更低、使用期限更长。两者主要区别体现在以下四个方面:

第一,在贷款对象方面,扶贫小额信贷更加明确。不同于其他可能为低收

入者和中小企业服务的小额贷款,扶贫小额信贷只针对于建档立卡的贫困户。不仅如此,贫困户有贷款意愿、有发展能力,有发展项目也是必不可少的一个条件。

第二,在办理程序方面,扶贫小额信贷更加简单。贫困户在申请贷款时只需要证明自己是建档立卡贫困户就可以免除任何抵押和担保,从最大程度上为贫困人口提供便利。

第三,在贷款利率方面,扶贫小额信贷相对较低。扶贫小额信贷是政府主导的金融扶持产品,因此对其有较好的政策支持。一方面,扶贫小额信贷按照基准利率放款,因而利率较低;另一方面,政府对扶贫小额信贷采取贴息政策,贫困人口享受事实上的免息政策,大大降低了贷款成本,这是其他类型的贷款所不能比拟的。

第四,在使用期限方面,扶贫小额信贷的相对较长。为了切实帮助贫困户发展项目,满足贫困户对资金的需求,扶贫小额信贷放贷期限可长达三年。

三、国内与国际小额信贷比较

如何借助金融手段解决贫困问题是一个世界性的难题。长期以来,全世界减贫事业面临的最大问题为金融资金不足。贫困人口由于缺乏实物资产抵押和担保人(物),长期被排斥在正规金融门槛之外,无法利用信贷市场资金发展生产,提升可持续发展能力,更无法摆脱贫困。

国内外均对如何为贫困人口提供期限合理、额度适中、价格优惠、方便快捷的小额贷款做出了大量实践,帮助贫困户解决发展资金短缺问题。其中,最为著名的是孟加拉国的穆罕默德·尤努斯于1976年开展的小额信贷试验。该试验成立了格莱珉银行,专门为农村贫困人口提供信贷资金,自成立以来,截止到2019年底,格莱珉银行累计发放贷款295亿美元,还款率达99%。[1]

---

[1]　第一财经:《从格莱珉银行到金融消费者保护,亚洲国家普惠金融五个典型案例》,2020年7月5日,见 https://www.sohu.com/a/405887387_114986。

穆罕默德·尤努斯和格莱珉银行也因此在2006年被共同授予诺贝尔和平奖,以表彰他们从社会底层推动经济和社会发展的努力。

2014年,我国为解决贫困人口资金短缺问题,推出了扶贫小额信贷政策,为贫困人口发展产业提供支持,激发内生发展动力,改善贫困地区金融环境、提升社会治理水平。但这一政策与国际扶贫小额信贷有着本质的区别。具体表现在以下几个方面:

在贷款用途方面,国际小额信贷更多用于生活和消费,主要应对短期灾害带来的资金短缺问题;而我国的扶贫小额信贷被严格限定于生产领域,确保产业支撑,提高贫困人口的可持续发展能力。

在贷款利率方面,国际小额信贷利率普遍较高,年化利率达到20%以上;而我国扶贫小额信贷按照基准利率放贷、政府贴息的方式,贫困人口实际上以免息方式获得贷款资金,贷款使用成本更低。

在贷款期限方面,国际小额信贷大多为短期借款,一周至数月不等,仅作短期应急之用;而我国扶贫小额信贷期限最长三年,支持贫困人口长期发展,提高发展能力。

在服务保障方面,国际扶贫小额信贷为主办银行自主提供金融服务,负责贷款人的信息甄别、信用评价、贷款资金的发放、监管与收回;而我国扶贫小额信贷将政府力量和金融机构力量融合在一起,由政府主导,建立了金融服务网络,解决了金融机构基层网点少、人员少、服务保障难等问题,也降低了金融机构服务成本,同时将金融监管的关口前移,降低了金融风险。

在工作机制方面,国际扶贫小额信贷为自发组织开展,由社会力量和非政府组织共同参与;而我国扶贫小额信贷由政府主导推动,财政部、人民银行、银保监会等部门积极支持,各类金融机构共同参与,将政府力量、金融力量和基层干部群众力量融合在一起,形成多部门齐抓共管、多层面共同参与的工作机制。

我国自2014年12月推出扶贫小额信贷的几年时间里,截至2020年8

月,全国累计发放信贷资金 6747.2 亿元,惠及贫困农户 1702.8 万户,基本做到了"有规模、有效果、有质量,贷得到、用得好、还得上"。实践有力地证明,我国扶贫小额信贷有效解决了贫困户发展生产的启动资金问题,提升了贫困户的内生动力和自我发展能力,是用具有中国特色的办法措施破解政策落地难题的特惠金融,真正发挥了我们的政治优势和制度优势。

第四章　扶贫小额信贷典型案例
成功经验与启示

　　扶贫小额信贷是金融精准扶贫的成功实践,在中国脱贫攻坚的伟大成就和艰难历程中,发挥了超常规的作用。国务院扶贫办数据显示,自2014年12月我国推出扶贫小额信贷以来,截至2020年8月,在不到6年的时间里,全国28个省(区、市)扶贫小额信贷累计发放6747.2亿元,惠及贫困农户1702.8万户,对贫困户增收贡献率达12.4%。当前,扶贫小额信贷已经成为对象最精准、覆盖最广泛、政策最优惠、政府最操心、银行最放心、群众最称心的产品,有效解决了贫困户发展生产的启动资金问题,提升了贫困户的内生动力和自我发展能力。同时,为发展产业提供了支持,为改善贫困地区金融环境、提升社会治理水平提供了抓手,也为世界其他国家解决贫困农户贷款难问题贡献了中国方案,其价值和影响将历久而弥新。

　　中国扶贫小额信贷的制度设计是科学的,风险防范是有效的,工作成效是显著的,必将在中国金融扶贫制度创新史上留下浓墨重彩的一笔。其成功的经验启示,主要有三点:一是定位准。扶贫小额信贷政策的定位,切合了理论逻辑和现实需要,具有坚实的理论支撑,更有社会发展需要的必要性,这是实践能取得成功的前提基础。二是站位高。坚持发挥党的领导政治优势和中国特色社会主义的制度优势,立足根本点,强化顶层设计,统筹推进,凝心聚力,上下拧成"一股绳",形成"大合唱"之势,是中国扶贫小额信贷成功的根本保证,更是首要经验。三是措施实。坚持问题导向,坚持持续深化创新,找准关键点、狠抓着力点、严控风险点,构建好扶贫小额信贷政策落实落细的"四梁八柱"之撑,拿出狠劲、韧劲、实劲,下足绣花功夫,持之以恒抓深化提升,是中国扶贫小额信贷成功的关键手段,更是必不可少的条件。

第一节 政策设计切合理论逻辑和现实需要

政策设计契合了理论逻辑和时代需求,是顺应历史潮流和社会发展趋势的必然之举。扶贫小额信贷政策设计定位准,是个好产品。其变革来源于历史,又高于、优于历史,既有制度根源,又有新时代的理论支撑和发展需要。政策设计不是大而化之的,是把各方利益考虑到具体细节上来,既考虑银行利益,还考虑贫困户用款成本和政府责任,是符合实际、各方接受的。既是现在打赢脱贫攻坚战之需,更是未来乡村振兴战略之需。

一、与国家精准扶贫、普惠金融理论相契合,具有坚实的理论支撑

(一)是传统信贷扶贫的优化完善与创新发展

贫困户贷款难是一个世界性难题,在中国减贫道路上,也一直致力于解决这一难题。这一努力可以追溯到1986年开始发放扶贫贴息贷款,支持全国重点贫困县和贫困群体发展生产,解决温饱问题。到2008年国务院同意全面改革扶贫贴息贷款管理体制,一直在努力探索,取得了一些成效。但在长达30年的小额信贷扶贫实践中,在全面解决困难群众很难直接获得扶贫信贷、还贷率不高、贷款贵以及需要政府财政或外部资金补贴才能运行等顽疾上,一度缺乏药到病除的特效良方。为克服传统信贷扶贫中存在的问题,为了满足精准

扶贫背景下的金融扶贫需求,2014年,国务院扶贫办等相关部门,突出问题导向,按照"定向、精准、特惠、创新"原则出台了扶贫小额信贷政策,将"小额信贷"与政治任务的"扶贫"结合在一起,是对历史上传统信贷扶贫的优化、完善与创新,有更好的针对性、系统性和有效性。

（二）是对国家精准扶贫理论和普惠金融理论的具体运用

一方面,扶贫小额信贷政策与国家精准扶贫理论要求相契合。2013年11月,习近平总书记在湖南湘西花垣县十八洞村考察时提出精准扶贫,要求对贫困户实行精准识别、帮扶、管理和考核。相比传统农户小额信贷,扶贫小额信贷在瞄准对象、瞄准工具和方法、制度和规则、外部环境和条件等都进行了重构,瞄准的精准度和绩效明显提升,符合国家精准扶贫的要求。另一方面,扶贫小额信贷政策具有普惠金融理论的坚实支撑。要让社会所有阶层和群体都能获得金融服务,特别是弱势群体,小微企业、低收入阶层和农村贫困群体,这是普惠金融的基本思想。正如习近平总书记所指出,发展普惠金融就是要满足人们群众日益增长的金融需求。扶贫小额信贷政策设计与普惠理论思想高度契合,是要提高金融对农村贫困群体的关注和政策倾斜,利用政策优势和制度优势,推进普惠金融在支持贫困地区和服务贫困人口方面向纵深发展。扶贫小额信贷的制度安排是推动普惠金融在中国贫困地区和贫困人口的落地实践。

二、是打赢脱贫攻坚战,实施乡村振兴战略的现实需要

（一）扶贫小额信贷是金融扶贫的推进者、示范者、引领者

党的十八大以来,以习近平同志为核心的党中央高度重视脱贫攻坚工作,把贫困人口脱贫作为全面建成小康社会的底线任务。脱贫攻坚最大的难题就是增加群众收入,增加贫困群众收入离不开产业发展,但贫困群众要发展产

业,最大的障碍就是缺乏金融资金支持。习近平总书记指出:"要做好金融扶贫这篇文章特别是要重视发挥好政策性金融和开发性金融在脱贫攻坚中的作用。"扶贫小额信贷作为支持建档立卡贫困户发展产业量身定制的金融精准扶贫产品,在中国扶贫攻坚的伟大成就和艰难历程中,发挥了超常规的作用,扶贫小额信贷变"输血式"扶贫为"造血式"扶贫,变"开发式"扶贫为"参与式"扶贫,在支持贫困户提升可持续发展能力、发展特色产业,实现脱贫增收、夯实稳定脱贫基础等方面起到了重要的作用。

（二）扶贫小额信贷植诚信理念、增强基层凝聚力,培育乡村产业,为乡村振兴奠定了坚实基础

首先,扶贫小额信贷是建设文明诚信社会,实现乡村治理现代化的重要引擎。推动社会诚信体系的建立,始终是中国社会现代转型中的一个重大课题。扶贫小额信贷的信用评价体系,通过对农户尤其是贫困户进行信用信息采集和信用评定,晒出了"红黑榜",使广大农户在历史上第一次有了信用等级,让诚实守信的农户得到实惠,树立了诚信光荣、失信可耻的文明理念,净化了农村风气,营造浓郁诚信氛围,为乡村振兴的治理现代化目标实现打下了良好基础。其次,扶贫小额信贷是加强党的建设,增强基层组织凝聚力的有力抓手。通过扶贫小额信贷,扶贫小额信贷为农村党支部服务联系群众提供了载体、搭建了平台,有效解决了农村基层组织服务意识不"强"、服务方式不"活"、服务能力不"足"、服务机制不"实"等问题。也让广大农民看到村党支部帮助大家建立信用、协调贷款、联系项目的实际行动。改善了党群干群关系,农村基层党组织凝聚力和战斗力明显增强,党在农村的执政基础更加巩固。再次,扶贫小额信贷为产业发展插上了金融的翅膀,构筑稳定脱贫和乡村振兴的长效机制。发展乡村产业,既是可持续脱贫的根本之策,又是促进乡村振兴的物质基础,无论是脱贫攻坚,还是乡村振兴,都需要大力培育乡村产业。只有产业发展了,才能夯实贫困群众增收致富基础,助推实现乡村振兴。扶贫小额信贷的

落地实施,打破了农村金融坚冰的"利斧",为产业发展注入了金融活水,滋润了产业良田,撬动了脱贫攻坚和乡村振兴的"杠杆"。

第二节　发挥制度优势,形成"大合唱"之势

发挥制度优势,强化顶层设计,统筹推进三力合一,形成"大合唱"之势。坚持发挥中国的制度优势,强化顶层设计,统筹推进,凝心聚力,将政府力量、金融力量和基层干部力量的三力合一,上下拧成"一股绳",同时发力、同向发力。扶贫小额信贷形式上是扶贫资金与信贷资金的结合,实际上是政府主导和市场作用的结合,着力点是政府部门与银行机构的紧密合作。依托于中国的制度优势,充分发挥了政府"有形之手"的力量,用外在约束激活金融机构服务实体的本质基因,用使命和任务唤醒金融的初心,发挥市场"无形之手"的活力,形成"政银担保"统筹联动的机制,奏响了金融扶贫"大合唱"。

一、高位推动,是扶贫小额信贷落地的前提与保证

（一）发挥制度优势,高度重视金融扶贫

扶贫小额信贷的成功是中国特色社会主义政治优势和制度优势下的产物。党的宗旨、国家的性质,决定了我们一定会解决贫困人口的事,肯为贫困人口办事是我们的政治优势。扶贫小额信贷如果单靠银行来做,成本太高,银行也做不了。此时,充分发挥政府"有形之手"的力量,通过加强党的领导,把基层组织动员起来,让方方面面力量参与进来,集中力量办大事。政府高度重视金融扶贫工作,把金融扶贫作为打赢脱贫攻坚战的重大举措和关键支撑来安排部署。扶贫小额信贷政策不管是从国家制度层级安排上,还是从地方政府落实的安排部署看,对扶贫小额信贷政策的重视程度,在世界上都独树一

帜,这是扶贫小额信贷政策落地的前提。

(二)从顶层设计入手,高位推动扶贫小额信贷

扶贫小额信贷政策的出发点和具体定位由国家扶贫攻坚的顶层设计直接赋予,形成了一套自上而下,依靠制度优势、政策支持和系统力量支撑的体制、机制和模式。国务院扶贫办、财政部等部门共联合发布的 4 个有关扶贫小额信贷政策的纲领性文件,构成了指导扶贫小额信贷健康持续发展的顶层架构。在中央纲领性文件指导下,各地政府以及各参与机构,相继出台扶贫小额信贷政策的工作方案、实施方案、管理办法等,将扶贫小额信贷纳入综合考核,定期召开专题会议,督导工作进度,研究解决重点难点问题。形成了高位统筹、高度协同、高效落实的推进格局。部分县的扶贫小额信贷工作甚至形成了由省层面领导直接抓的高位推动格局。如:河南卢氏扶贫小额信贷方案是由时任省委副书记、省长亲自谋划设计,时任省政府秘书长协调推动,这也是卢氏做法能取得成功的重要原因之一。

二、汇聚各方力量,是扶贫小额信贷良好工作格局形成的关键

(一)银行、保险、担保"三驾马车"积极配合,汇聚金融合力

银行、保险、担保等各类金融机构牢固树立助推脱贫攻坚的政治历史使命,不断强化社会责任担当,强化自身发展与地方经济发展互相依赖、互相促进的关系。金融机构将农村金融市场作为其发展的新蓝海,以金融工具链支持产业链,将金融资源向贫困地区倾斜支持,构建起完善的农村金融服务体系,不断创新丰富金融产品和服务手段,提升金融服务的覆盖率、可得性、满意度。形成多部门齐抓共管、多兵种联合作战、多层面合力攻坚的工作机制,充分发挥了金融的撬动、引领、支撑、放大作用。如:在卢氏县扶贫小额信贷实施中,县农商、邮储银行率先办理扶贫贷款业务,村镇、农行、中原银行踊跃加入,

工行、建行、中行积极跟进。省农信担保公司、中原农险、国开行在卢氏专设办事机构，中农信主动参与大数据平台建设。诸多部门联动，各方参与，共同努力破解金融扶贫政策落地难题，形成了金融合力。

"背包银行"的责任与担当
——卢氏县农商行落实扶贫小额信贷记

以农为本、为农而生、因农而兴的农商银行，始终坚持"服务'三农'、改善民生"的宗旨，坚持做一支懂农业、爱农村、爱农民的金融队伍，全力以赴做好扶贫小额信贷工作，勇当金融扶贫主力军，坚决打赢脱贫攻坚战，充分展现了农商行的历史使命和社会责任担当精神。

创新扶贫机制破"瓶颈"。为了做好金融精准扶贫以及扶贫小额信贷工作，卢氏农商银行于2016年8月专门成立了"金融扶贫部"。面对零起步的各种困难，他们积极与扶贫办、金融办、中国人民银行、银监局等有关部门进行沟通汇报，并到各支行、部分贫困村和贫困户进行调研了解情况。在此基础上，召开了动员大会，统一全员思想，使全体干部职工都充分的认识到，助推脱贫攻坚是必须承担的政治历史使命，是农商行社会责任担当的具体体现，特别是出生于农村、成长于农村、与农民朋友血肉相连的农商行，助推脱贫攻坚更是义不容辞的责任和业务。与此同时，研究制订了一系列制度文件，对扶贫小额信贷工作的目标、规划、重点、措施等以制度规范形式进行明确，并相应的建立了分片包干、定期考核考评、定期沟通协商等工作机制，确保卢氏农商行的扶贫小额信贷工作有计划、有目标的扎实稳步推进，将扶贫小额信贷工作落到实处。

提升信贷服务解"需求"。卢氏农商行全面参与到县扶贫小额信贷的各项机制建设中，并创新建立了"扶贫小额信贷集中办理日"

机制。实现扶贫小额信贷从贫困户到村部申请,到完成投放不超过4个工作日,且其间贫困户只跑农商行网点一次,即柜台支取贷款那一次,其余工作全部由三级服务体系人员完成,使金融服务进一步向下延伸,将"小银行"开到贫困户家门口,有效解决金融服务"最后一公里"问题。"贷款很方便呀,从到农商行申请,到拿到钱,我只用了4天,国家政策太好了!""我贷款买了5头牛,20多箱蜂,今年年底就能脱贫!"卢氏县杜关镇南盘村韩玉占如实说。

强化产业支撑拔"穷根"。如何把信贷投放和产业发展结合起来,建立扶贫长效机制,是从根本上解决贫困问题的最佳路径。卢氏农商行积极探索创新,建立了三种扶贫路径,并研发推出配套的专用扶贫信贷产品。一是自主经营,适用信贷产品"扶贫家庭贷"。截至2020年8月,通过该方式累计发放扶贫小额信贷42877万元,直接支持贫困户10036户。二是"订单农业",适用信贷产品"产业链接贷"。通过该方式累计发放扶贫小额信贷6960万元,支持贫困户1392户。三是劳务增收,适用信贷产品"脱贫助力贷"。通过该方式累计发放带贫合作社贷款96户45880万元、带贫企业贷款40户40640万元。

"不忘初心,方得始终"。卢氏农商行为卢氏做法的形成与发展,为充分发挥扶贫小额信贷在脱贫攻坚中的作用,发挥了不可磨灭的贡献。自2016年精准扶贫攻坚战打响以来,卢氏农商行累计投放扶贫小额贷款71129.17万元,支持贫困户15028户,占全县金融机构投放扶贫小额贷款总额的76%。2020年以来,累计投放扶贫小额贷款2620户11807.45万元,较年初净增640户2861.57万元,占全县金融机构投放总额的85%。截至9月底,扶贫小额贷款2823户,余额12833.08万元,其中边缘户21户90万元。

（二）建强党建"火车头"，坚持基层组织示范引领，发挥组织保障力

党的领导对于扶贫小额信贷的落地，发挥着决定性作用。这既体现在党中央顶层设计上，也体现在基层党组织充分发挥战斗堡垒作用上，更实实在在体现在基层党员干部在扶贫小额信贷工作中的智慧与作为上。在扶贫小额信贷贷款发放阶段，驻村干部、帮扶责任人、村"两委"参与贷款调查、评级授信；在贷款管理阶段，驻村干部、帮扶责任人、村"两委"对贷款资金的使用进行监督，协助开展贷后检查；在贷款回收以及清收处置阶段，驻村干部、帮扶责任人、村"两委"协助农信社进行催收等，可以说，驻村工作队和乡村干部的保障作用贯穿于扶贫小额信贷的整个过程，降低了金融机构的服务成本，同时也降低了扶贫小额信贷的风险。

小额信贷，托起贫困村的致富梦
——曾记畔村党建引领下的扶贫小额信贷成效记

靠天吃饭的贫困村——曾记畔村，位于盐池县城西 25 公里，辖 6 个村民小组 741 户 2146 人，其中建档立卡贫困户 196 户 574 人，占总人口的 26.9%。全村占地面积 45.5 平方公里，其中耕地面积 2.6 万亩，草原面积 4.3 万亩，退耕还林面积 5038 亩。年降水量 200 毫米左右，蒸发量高达 2000 毫米，"贫穷、落后"曾是曾记畔村的代名词。

支部引领、党建为基的工作格局，是扶贫小额信贷最重要的保障力量。在扶贫小额信贷的推进过程中，以抓基层党组织建设为切入点，以党支部为引领，发挥党支部战斗堡垒和党员先锋队作用。驻村工作队带来新思路、新理念，抓班子、带队伍，强化了党支部的战斗堡垒作用。曾记畔村探索建立了党员"1 帮 1"、"支部＋互助社＋贫困户"助贷扶贫模式，近年来村支部委员先后为 26 户贫困户担保贷款

140万元,用于滩羊养殖等产业发展,真正把基层党建与金融扶贫拧成了"一股绳"。建章立制,完善"村规民约",探索出"信用建设+产业基础+金融支撑"三位一体金融扶贫思路。通过扶贫小额信贷,开创性地将信用体系和信贷量化评级相结合,进一步完善诚信贷款信用体系,进一步夯实产业发展金融支持体系。成功解决了贫困户发展产业贷款难、贷款贵,和金融机构信贷资金投放难、回收风险高的问题。

党建引领下的富民之路,是扶贫小额信贷成效的生动实践。曾记畔村通过广泛宣传、规范管理扶贫小额信贷,群众的诚信意识普遍提高,"诚实守信,有借有还",诚信可以积累财富,诚信如山,重若贷宗等已成为老百姓的首要行为规范。截至目前,已评出AAA级信用户226户(40.1%)、AA级319户(56.6%)、A+级15户(2.7%)、A级4户(0.7%)。各种模式的借款、贷款回收率始终保持在100%,无一例逾期发生。在"扶贫小额信贷+产业"新模式的带动下,曾记畔村实现了"五多一少",即:贷款总量从2010年的428万元增长到2019年的4893万元;人均可支配收入从2010年的2400元增长到2019年的10386元;羊只饲养量从2010年的4000只增长到2019年的1.3万只;村集体收入从2010年的零收入增长到2019年的38万元;农业机械数量从2010年的23辆增长到2019年的178辆。全村建档立卡196户570人全部实现了脱贫销号,成为扶贫小额信贷政策的最大受益者。

第三节 聚焦关键点,构建政策落地 "四梁八柱"之撑

以问题为导向,聚焦关键环节的关键点,构建政策落地落细的"四梁八

柱"之撑。坚持以问题为导向,创新为翼,聚焦核心环节,找准关键点,构筑诚信体系,把好"总开关";狠抓着力点,深化产融结合,激活"发动机";找准关键点、狠抓着力点、严控风险点,构筑长效机制,吃下"定心丸",从而构筑起扶贫小额信贷政策落地的"四梁八柱"之撑。在落地的同时,持之以恒抓深化提升,拿出抓这几个具体环节的狠劲,几年抓好一项工作的韧劲,钉钉子一抓到底的实劲,不松劲不停步,下足绣花功夫,久久为功,把扶贫小额信贷这项好政策落细,抓出了好效果。

一、立足问题点,持续深化创新,是持续发展的"动力源"

扶贫小额信贷的工作就是在不断解决问题的过程中逐渐规范发展起来的。其中,创新是持久动力源。扶贫小额信贷政策从无到有,从落地到落细,从不完善到完善并不断深化提升,从来都不是一帆风顺的,是曲折中不断前行的过程,更是一部各类主体充满艰辛的奋斗史。在初期探索中,重点解决政策落地问题,在中期推进中,重点解决"规范"的问题,在当前及未来的发展中,重点解决"持续"的问题。

(一)从中央到地方,各类主体坚持以问题为导向进行创新

针对传统小额信贷扶贫"瞄不准"、金融机构"惜贷",导致贫困户融资难、融资贵等问题,尽管中央扶贫小额信贷政策含金量高,但政策出台后却迟迟落不了地,贫困群众普遍感到可望不可及,好听不好用。金融机构也认为贷款风险大、操作难、成本高、不好办。这时,地方政府开始积极探索,针对这些问题,深入调查分析研究,通过服务创新、组织创新、产品创新、体制机制创新打造典型模式,减少银行放贷成本,增强贷款的时效性和精准度,站在贫困户的角度创新产品设计,找到政府、银行、企业和农户之间发展的最大公约数,解除金融机构的后顾之忧,激发金融机构支农的积极性。实行贷款与带贫相结合,探索出行之有效的贷款路径、带贫模式,找到了破解落地难的钥匙,确保了"借得

来,用得好,管得住,还得起"的良性循环。

(二)强化问题整改,促进良性发展

在政策实施的近 6 年时间里,各地出现了诸如"两免一基"执行不到位、重复授信、多头贷款、户贷企用等问题。针对这些问题,采取"回头看"排查、专项督查巡察等方式发现问题,逐一制定整改措施,跟踪推进落实,完成一项销号一项,点面结合,深入剖析原因,堵塞漏洞。如:政策落实之初,"户贷企用"和"企贷企用"现象在各地都有不同程度的存在。但是,这两种方式却都不利于激发贫困群众内生动力,违背了扶贫小额信贷的初衷。首先叫停了这类做法,严禁"户贷企用",并责令地方进行整改。并在 2019 年,银保监会、财政部、中国人民银行、国务院扶贫办联合发布《关于进一步规范和完善扶贫小额信贷管理的通知》,对扶贫小额贷款用途作了进一步明确,特别强调扶贫小额信贷必须"户借、户用、户还"。目前,扶贫小额信贷户贷企用的问题基本得到解决。

找回扶贫小额信贷的初衷:"户贷企用"问题的解决

在各地落实扶贫小额信贷政策的过程中,有些地方为了片面地提高户贷率,探索了"户贷企用"的方式。如:在 2019 年的第三方评估抽查户中,河南省三门峡市 2016 年以来获得扶贫小额信贷的 245 户,117 户为"户贷企用",占比高达 47.75%。其中,74 户表示自己贷款后入股企业。2018 年之后的贷款户 60 户,43 户表示自己贷款给合作社用。2018 年后贷款的有 39 户。

但是,户贷企用这种方式存在明显的问题,存在向贫困群众转嫁风险的不利因素。有些地方甚至用企贷企用的方式,对贫困群众实施广覆盖,采取分红方式,一贷了之,对大量有劳动能力且能够自我发展的贫困群众也进行了覆盖。有的地方的小额信贷覆盖率利用这种方式达到很高,有的甚至达到百分之百,扭曲了国家所确定的小额贷款政策的本意。户贷企用方式的群众参与度低、带贷的效果没有显现，将扶贫小额信贷"造血式"扶贫的方式逐渐演变为"输血式"扶贫方式，不利于激发贫困群众的内生动力，也不利于提高贫困群众脱贫质量和持续稳定脱贫，违背了扶贫小额信贷的初衷。

于是，国家立即叫停，指出"户贷企用""企贷企用"不再纳入扶贫小额信贷的统计监测范围，不再录入全国扶贫信息系统，并责令进行整改。如：河南省要求对 2020 年 4 月 13 日前发放的要全部整改，并出台了在集中整改期内到期的，可按期还款解除；对未到期的，可通过政府、银行、企业、贫困户等四方协商的方式变更贷款主体。通过整改措施，取得了显著成效，确保了扶贫小额信贷资金的正确使用。

二、找准关键点，构筑诚信体系，是成为燎原之势的基石

诚信体系构建是扶贫小额信贷政策落地的突破口，是金融与产业的"连接桥"，更是乡村发展阶段乡村治理实现跨越提升的重要基础。突出"诚信"这块金字招牌，是扶贫小额信贷能成就燎原之势的重要条件。

（一）优化授信评级系统，打好金融支持基石

将诚信环境的打造，放在心上、扛在肩上、抓在手上、落实在行动上。如：盐池县组织县乡两级党政干部、金融机构从业人员、基层群众召开座谈会、研讨会，反复论证，把脉问诊，建立了适合贫困户的评级授信系统，将贫困户的诚信度占比由原来的 10% 提高到 60%，家庭收入资产占比则由原来的 60% 降到 30%，基本情况为 10% 的"631"评级授信系统。突出将"扶信"放在更加重要的位置，是扶贫小额信贷始终保持低不良率，不良率甚至为零的基石。

（二）对诚信体系建设常抓不懈，打造诚信金字招牌。

无论是金融机构员工、乡村干部还是贫困农户，都不约而同谈到了诚信、

信用的重要性。特别是近年来,各县(区)深入开展信用户、信用村、信用乡(镇)创建活动。有的县还针对信用户出台优惠政策,提出入伍、入党、文明户、劳动模范评优评先优先在信用户中推荐产生,县财政给予信用村村委会和信用乡(镇)政府一定金额的工作费用奖励等政策。农村信用环境发生了重大变化,诚信意识已经在乡村百姓中"入脑入心",形成了"守信处处得利,失信寸步难行"的良好金融生态。

三、狠抓着力点,深化产融结合,是效能实现且长远的根本

产业发展,是扶贫小额信贷之花。只有在产业发展的汪洋里,扶贫小额信贷才不会干涸,永放光彩。产业为基,金融为器,产融结合,找准结合点,用在关键处,培育稳定的产业,是实现扶贫小额信贷政策效应的根本。

(一)扶贫小额信贷必须以产业为依托,才能实现促进贫困户脱贫增收的目的

金融扶贫不是无源之水,无本之木,金融只是手段,不是脱贫攻坚的灵丹妙药。扶贫小额信贷作为国家给予贫困户的一项政策,必须依托相关产业。只有按照"资金跟着穷人走、穷人跟着能人走、能人穷人跟着产业走、产业跟着市场走"的"四跟四走"工作思路,紧紧依托地方资源优势,精准对接扶贫产业,实现精准滴灌,才能推进扶贫小额信贷落地生根、遍地开花,带动贫困户创收增收,变"输血"为"造血",形成脱贫致富长效机制。

(二)产融结合要找准结合点,用在关键处,才能使扶贫小额信贷的资金优势有效转化为脱贫实效

良好的产业规划与培育是金融支持的前提,要立足贫困地区资源禀赋、产业特色,结合贫困地区建档立卡户的具体情况,制定扶贫产业发展计划,建立项目库,便于乡村干部、驻村工作队、第一书记科学指导贫困户选准产业发展

项目。同时,要瞄准产业落实贷款,将扶贫小额信贷资金瞄准贫困群众发展产业资金短缺的薄弱环节,用在特色优势主导产业培育、产业扶贫基地建设、产业扶贫项目实施等产业发展的关键环节,才能将扶贫小额信贷的资金优势转变为资本优势、产业优势,最终实现金融扶贫成果的更巩固、更长远、更见实效。

四、严控风险点,构筑长效机制,是健康发展的保障

（一）风险防控一定要把"防"放在首位,并把"防"的措施贯穿全过程

风险防控要以"防"为主,防控结合,下好先手棋,变"被动"为"主动"出击。必须把"防"的措施贯穿贷前、贷中和贷后各个环节。把好"初审关",重点是看是否贫困户、是否有信户、是否上项目,而且"三看"要透彻。只有严格贷前审核,才能杜绝没有项目盲目借款、骗取借款挪作他用的现象。把好"用途关",定期开展贷款资金用途专项核查,只有抓好贷款项目的跟踪服务,帮助群众解决产业发展难题,才能保证项目有收益,贷款还得快。把好"风险关",只有定期回访、实地查看,抓好贷后监管,才能及时发现风险苗头,有效采取措施化解。通过贷前审核、贷后管理、不良清收、违约追责全程把控,打好"组合拳",严格控风险。

（二）保险要跟进,给贫困户、银行吃下"定心丸",为脱贫筑起防护堤

扶贫保险作为金融扶贫的重要组成部分,对防范和化解脱贫攻坚过程中的风险具有不可替代的作用。在实施综合医疗保险基础上,着力破解贫困群众因病因灾致贫问题,为贫困户构筑健康"防火墙"的基础上,积极探索保险与特色产业发展相结合的模式,根据贫困群众农业生产实际需要,实施养殖

业、种植业保险,着力破解受市场波动、疫病疫情影响大、受自然灾害损失大的问题。既兜住了因病因灾因意外致贫返贫底线,又为贫困户发展产业增收脱贫保驾护航,让贫困户吃上"定心丸"。同时,实施金融信贷保,降低扶贫小额信贷险的费率,降低贫困群众的额借贷负担,实现信贷保购买全覆盖,确保了建档立卡贫困户如期贷上款,让金融机构吃上定心丸。

第五章　2020年后扶贫小额信贷发展思路、路径及对策

　　"脱贫摘帽不是终点,而是新生活、新奋斗的起点"。2020年脱贫攻坚任务完成后,扶贫小额信贷需在双循环新发展格局下,结合巩固拓展脱贫攻坚成果、有效衔接乡村振兴的新要求,提出新的发展思路和路径。受脱贫攻坚全面胜利、农村贫困新格局、乡村振兴战略推进、新一代信息技术以及农村新产业、新业态发展等因素的影响,2020年后的扶贫小额信贷政策在制度安排、投放对象、产品设计等方面需要做出不同程度的调整,以便巩固拓展脱贫攻坚成果,有效衔接乡村振兴。同时,在发展目标、方向和重点方面,也将明显不同于以往。2020年后的扶贫小额信贷要服从、服务于农业农村的重大变化,寻求发力空间。2020年后,扶贫小额信贷要在遵循"四坚持,四突出"的基本原则下推进:坚持政策持续,突出完善创新;坚持政府引导,突出市场主体;坚持产融结合,突出稳步发展;坚持统筹规划,突出因地制宜。通过"三聚焦、三引领、三融合"的路径,推动扶贫小额信贷特惠和普惠的协同发展,强化扶贫小额信贷实施根基与保障,促进"扶贫小额信贷+"多元素的融合,继续发挥好扶贫小额信贷在巩固拓展脱贫成效,助力乡村振兴中的作用。

第一节　扶贫小额信贷发展新问题与新机遇

一、政策延续的必要性

（一）针对低收入农户的金融产品和金融服务供给仍然不足，扶贫小额信贷是农村金融供给强有力的补充

尽管中国农村金融市场在近年有了长足发展，金融服务供给已大为改善，但贫困户及低收入农户仍难以获得正规金融机构服务。有研究表明，私人借款仍是中低收入农户贷款的主要来源，银行对低收入农户的惜贷行为仍是常态。如：2009 年至 2013 年，最低收入农户贷款仅占银行发放的农户贷款中的0.74%—6.76%。即便是主要服务于农村的农信社，其贷款中，最低收入组农户的贷款占比也仅为3.84%—15.90%[①]。因此，保证贫困户和低收入人群的金融供给，仍然需要国家给予必要的政策支持。扶贫小额信贷作为专门为贫困人口及低收入人群服务的产品，是农村金融供给的重要组成部分，需继续发挥对农村金融的支撑作用。

（二）巩固扩展脱贫攻坚成效、防止返贫和新增贫困，离不开扶贫小额信贷的继续支持

扶贫小额信贷是处于贫困线边缘以及刚刚脱贫群体继续发展生产经营活动和改善生存状态的必要支撑。2020 年后，长期困扰中国农村的原发性绝对贫困基本终结，但农村贫困并未终结，相对贫困将更加突出。同时，对于那些处于贫困线边缘、脱贫不久或刚脱贫的贫困群体，生产发展刚刚步入正轨，产

[①]　杜晓山、孙同全:《中国公益小额信贷政策法规与组织制度发展研究》,《农村金融研究》2019 年第 12 期。

业发展和经济的基础仍较为薄弱,公共服务和基础设施条件依然存在不足,抗风险能力较弱,扶贫小额信贷一旦撤出,极有可能让他们再次返贫。因此,如何帮助徘徊在贫困边缘的低收入人口不落入贫困陷阱,防止已经脱贫脆弱群体再次返贫,将是 2020 年后扶贫小额信贷政策关注的重点。

二、面临问题与困难

(一)2020 年后扶贫小额信贷政策如何衔接、延续的顶层设计仍不明朗

扶贫小额信贷是脱贫攻坚中金融精准扶贫的重要抓手,具有一定的阶段性。2020 年 6 月,中国银保监会、财政部、中国人民银行、国务院扶贫办四部门联合发布的《关于进一步完善扶贫小额信贷有关政策的通知》中指出,脱贫攻坚期内(2020 年 12 月 31 日前)签订的扶贫小额信贷合同(含续贷、展期合同),在合同期限内各项政策保持不变,还款困难的延期至 2021 年 3 月末。但对于 2020 年后,扶贫小额信贷政策走向,包括延续时间、投放对象、贴息情况、风险补偿金处置以及如何与乡村振兴有效衔接等问题,截至目前,中央仍未出台相应文件予以明确,给当前地方政策执行带来一定影响。如:河南省已经明确将扶贫小额信贷政策延续至 2023 年 12 月 31 日,但鉴于国家政策延续时间的不确定,在某些方面可能存有冲突。宁夏扶贫办的工作人员明确表示,在国家政策没明确之前,不敢有任何动作,以免后期与国家政策不一致,又要责令整改。

(二)扶贫小额信贷产品设计无法满足新阶段乡村振兴发展需要,亟须调整优化

扶贫小额信贷政策的部分核心要点,随着贫困户的家庭状况、发展水平、生产规模等微观环境及社会经济发展、物价水平等宏观因素的变化,已经不能

满足当前需要。具体体现在以下方面：其一，贷款额度偏少的问题。调研中，相当多的贫困户表示，5万元的贷款额度已经不能满足其产业发展的需求。宁夏盐池花马池镇沙边子村的59户建档立卡贫困户中，除了扶贫小额贷款5万元外，共有30户，也即超过一半的贫困户还贷了5万元的由自治区进行贴息的信任贷，他们的贷款需求普遍都在10万元左右。其二，覆盖范围亟须调整的问题。扶贫小额信贷实施5年以来，对贫困户产生了巨大的正向作用，但由于非贫困户的贷款需求得不到有效满足，产生了贫困户与非贫困户之间的悬崖效应。如：河南卢氏县瓦窑沟乡耿家店村的村支书就表示，该村以前共有125户贫困户，目前有近1/3的贫困户比非贫困户发展还要好。其三，信贷风险缓释能力不足问题。随着特惠金融向普惠金融的转变，信贷资金投放覆盖面不断扩大，原来主要针对贫困户和带贫企业的贷款风险分担机制已难以适应实际需要，特别是保险机构介入不够，县域担保机构实力较弱，风险补偿金规模较小等问题，将使乡村振兴阶段县域信贷风险缓释能力不足问题进一步凸显。

（三）扶贫小额信贷需求与产业发展未有效对接、融合，可持续性需重点关注

扶贫小额信贷政策的意义和根本所在就是要"用金融活水浇灌产业良田"，也只有在产业发展的汪洋里，扶贫小额信贷才能行稳致远。但贫困地区普遍存在产业发展相对传统、单一，申请的扶贫小额信贷主要用于种植农作物或者圈养家禽等。如：宁夏部分重点贫困县主要集中于草畜产业，而且扶贫贷款的70%以上用于养殖业，自然风险和市场风险较为集中。同时，贫困县产业辐射带动力不强，带动贫困户持续稳定增收的能力有限。目前，贫困户获得贷款非常方便，但如何选择、培育可以带动贫困户增收的产业并实现与贫困户的有效对接，成为当前金融扶贫面临的最重要的难题。有的贫困户没有合适的产业，贫困户不愿贷、不敢贷的问题仍然存在。

（四）逾期小额信贷处置压力较大，风险防控压力更加严峻

随着扶贫小额信贷投放规模越来越大，并逐步进入还款阶段，风险防范的问题需要重点关注。其一，扶贫小额信贷逾期率的增长速度加快，未来不良贷款变化的不确定增加。受扶贫小额信贷进入集中还款阶段、部分县（区）未提前做好到期贷款风险预警工作、个别贫困户信用意识差不愿意按期偿还贷款，以及个别扶贫小贷存在贷款资金挪用与家庭婚丧嫁娶、建房装修等消费用途，未用于生产经营，造成还款能力下降，还款来源不稳定等因素影响，要警惕未来不良贷款的增加。截至 2020 年 9 月底，宁夏扶贫小额信贷逾期贷款余额为5350 万元，较年初增加 146.09%；逾期率为 0.81%，较年初上升了 0.52 个百分点。其二，不良扶贫小额贷款政府代偿难度大。扶贫小额信贷仍存在逾期贷款未按协议代偿和风险补偿金基金不足情况。个别县（区）对于已出现扶贫小额信贷不良贷款，政府代偿意愿不强，主要以银行催收为主，大部分仍未按照协议约定代偿。如：截至 2020 年 9 月 30 日，宁夏建设银行扶贫小额信贷逾期贷款共 56 户，贷款余额 230 万元，逾期 90 天以上的不良贷款 141 万元，占逾期扶贫小额贷款的 61.3%，截至目前都没有进行代偿。

三、未来发展机遇

（一）扶贫小额信贷深化发展的基础条件已基本具备

在各地落实扶贫小额信贷的实践中，围绕阻碍扶贫小额信贷政策落地、规范、持续等方面的突出短板问题，积极探索。经过近 6 年的发展，扶贫小额信贷的实施基础和条件发生了显著变化，为 2020 年后扶贫小额政策的深化提升发展打下了坚实基础。其一农村金融基础设施和金融服务条件显著提升。基本实现了乡乡有机构，村村有服务，乡镇一级基本实现了银行物理网点和保险服务全覆盖，助农取款服务村级覆盖网络进一步完善，实现了金融便民服务与

贫困村的"零距离",将大大降低银行后续的贷款成本。其二,"守信者处处受益,失信者寸步难行"的良好金融诚信氛围基本形成。扶贫小额信贷通过优化授信评级系统,让广大贫困户以及农户在历史上第一次有了信用等级。同时,对诚信建设的常抓不懈,在农村树立了诚信光荣、失信可耻的文明理念,农村信用环境发生了重大变化。铺就了扶贫小额信贷发展成燎原之势的基石,更是乡村治理现代化目标实现的重要引擎。其三,贫困人口发展能力明显提高。在脱贫攻坚中,紧抓扶志和扶智相结合,激发了贫困人群主动的脱贫意识,贫困人口通过扶贫小额信贷支持,发展产业或参与到产业项目中,在实现经济效益的同时培养了发展能力和自信心,塑造了有助于贫困人群自力更生的良好发展环境。

(二)实施乡村振兴战略为小额信贷提供了广阔的市场和舞台

第一,扶贫小额信贷完全符合乡村振兴战略的信贷支持政策要求。2019年2月,中共中央办公厅、国务院办公厅印发了《关于促进小农户和现代农业发展有机衔接的意见》,明确提出探索完善无抵押、无担保的小农户小额信用贷款政策,不断扩充小农户贷款覆盖面,切实加大对小农户生产发展的信贷支持,开发专门的信贷产品。扶贫小额信贷政策为贫困户以及低收入农户提供信贷支持,完全符合中央要求,服务中低收入人群的小额信贷更是目前和今后金融组织机构供给侧结构性改革中需要补上的短板。第二,扶贫小额信贷的深化发展是农村普惠金融不可或缺的重要组成部分。普惠金融是当今世界金融领域发展的潮流。普惠金融的基本理念就是使弱势和贫困群体获得与其他社会阶层同等的金融服务机会。而扶贫小额信贷是践行服务普惠金融中农村底端群体的不可多得的重要金融供给形式,是中国特色普惠金融体系的重要组成部分。

(三)新一代信息技术赋能扶贫小额信贷,将创新发展路径

随着移动互联网、物联网、人工智能、大数据、云计算等新一代信息技术与

传统金融的加速融合,农村金融的智能化、智慧化已是不可逆的时代潮流。"扶贫小额信贷+互联网"的方向将更清晰可见。科技赋能,将降低扶贫小额信贷成本、提高服务效率、降低金融风险。大数据作用于信贷全过程的信息采集、信用体系构建、风险管控等各个环节,实现信贷全过程的数据化、可视化,将解决扶贫小额信贷面临的成本高、信息不对称、跟踪监控难等痛点问题,精准对接农户贷款需求,显著提升扶贫小额信贷的利润空间,推动可持续发展。可以预见,未来扶贫小额信贷更大的受益于产业互联网的普及应用的前景可期。

第二节　2020年后小额信贷扶贫发展新思路

一、总体思路

坚持以习近平新时代中国特色社会主义思想为指导,全面贯彻落实党的二十大精神,以新时代金融发展理念为引领,围绕"持续政策、强化提升、防范风险、搞好衔接、常态推进"的要求,以提升服务水平为基础,完善工作机制为手段,以产业发展为依托,以科技为支撑,以服务低收入农户生产经营为目的,逐步将扶贫小额信贷从特惠金融产品过渡为普惠金融产品,促进巩固拓展脱贫成效,有效衔接并助力乡村振兴。

二、基本原则

继续发挥扶贫小额信贷作用,巩固拓展脱贫攻坚成果、有效衔接乡村振兴,须遵循"四坚持,四突出"的基本原则。

——坚持政策延续,突出完善创新。保持扶贫小额政策的连续性、稳定性。在脱贫攻坚期结束后,设立一定的政策过渡期。改革创新扶贫小额信贷的贷款额度、贷款期限、贷款人群、贷款利率、财政贴息等政策要点,更好地服务于乡村振兴。

——坚持政府引导,突出市场运作。发挥政府资金和政策支持的引导作用,推动扶贫小额信贷政策由前期的政府主导向市场化转化。突出市场化运作,按照商业可持续原则,逐渐实现金融机构的保本微利、盈亏持平。

——坚持产融结合,突出稳步发展。立足乡村资源禀赋、产业特色,精心谋划产业项目,找准产融结合点,将资金瞄准低收入人群发展产业资金短缺的薄弱环节,将资金优势有效转化资本优势、产业优势,实现脱贫攻坚成果的更巩固、更长远、更见实效。

——坚持统筹规划,突出因地制宜。从促进我国经济社会发展、城乡和区域平衡出发,加强顶层设计,统筹规划,优先解决农村贫困地区、农业生产薄弱环节和低收入农户的信贷服务问题,鼓励各部门、各地区结合实际,积极探索深化。

三、发展目标

不断扩大扶贫小额信贷的覆盖面,加大贷款额度投放,使贫困户及广大低收入农户在乡村振兴过程中也能充分享受到便捷高效的信贷支持。丰富创新扶贫小额信贷的产品和形式,不断提升农村信贷服务质效,改善农村金融生态环境,提高农户扶贫小额贷款可得性、降低贷款成本。创新建立符合乡村振兴战略和现代化农业产业的小额信贷模式,实现小额信贷与城乡振兴战略无缝对接。

第三节　2020年后扶贫小额信贷深化提升路径

2020年后,扶贫小额信贷政策要紧盯"巩固拓展脱贫攻坚成果、有效衔接并服务乡村振兴战略"的目标,通过"三聚焦、三引领、三融合"路径,推动扶贫小额信贷特惠和普惠的协同发展,强化扶贫小额信贷实施根基与保障,实现

"扶贫小额信贷+"多元素的融合发展。

一、以"三聚焦"为根本方向,推动小额信贷特惠与普惠的协同发展

扶贫小额信贷作为金融精准扶贫的重要手段,是在 2020 年全面打赢脱贫攻坚战的战略要求下的临时性工作部署,具有一定的阶段性和突击性。脱贫摘帽后,长期性的扶贫小额信贷工作力度和成效难以保障,需要对其进行相关调整。要深化特惠金融政策,稳步转型普惠金融,聚焦三个维度,实现三个转变,持续稳步向普惠金融和支持乡村振兴的方向发展。

(一)聚焦"常态化",促进制度安排由"短期性"向"长期性"转变

一是要促使其真正融入到国家金融发展体系中,成为一种长期的制度性安排。积极引导金融扶贫机构根据自身的定位、目标、资源、优势自主选择业务重点和服务人群,持续为弱势、低收入人口提供金融服务。二是推行由"政府兜底"向"市场化运作"转变。在确保贫困户可及时、足额获得贷款,不增加贫困户贷款负担、提高贷款门槛的前提下,推进扶贫小额信贷逐步市场化。多渠道降低扶贫小额信贷成本,实现金融机构保本微利、盈亏持平或较少地依赖补贴,最终实现市场化运作下的可持续发展。

(二)聚焦"广覆盖",促进投放对象由"特惠"向"普惠"转变

其一,由面向贫困户的特惠政策,逐渐向非贫困中的易致贫、边缘户延伸,再到普通农户的推进。坚持扶贫小额信贷向贫困户的投放不放松,做到能贷尽贷的基础上,对有能力、有贷款意愿的边缘户、普通农户,分类提供普惠金融产品,使更多农户享受政策红利。其二,由面向带贫企业的特惠政策,向新型农业经营主体、小微企业的延伸,有效破解中小企业及新型农业经营主体融资

难题,调动各类经营主体积极性。

（三）聚焦"丰富化",促进信贷产品由"单一"向"多元化"转变

根据贷款额度、利率水平、贷款期限、贴息额度等,设计不同的信贷产品,满足不同需求。脱贫攻坚结束后,贫困户产业发展能力有了较大提升,对信贷资金的需求也在不断提高,应赋予各地根据自身产业实际,结合主体对资金需求、产业周期等情况,适当提高信贷额度、灵活安排贷款期限的权利。

二、以"三引领"为核心保障,促进扶贫小额信贷的健康可持续发展

继续发挥扶贫小额信贷在新发展背景和新发展阶段下的作用,要以政策引领为首,以诚信引领为魂,以创新引领为根,设计好政策"牛鼻子",构筑好诚信"信贷魂",发挥好创新"动力源",打好"组合拳",实现扶贫小额信贷在乡村振兴阶段的可持续发展。

（一）政策引领,牵紧"牛鼻子"

中央层面需要结合农业农村发展的新形势、新变化,以及乡村振兴战略和农村普惠金融发展的新要求,进一步加强 2020 年后扶贫小额信贷的顶层规划部署,出台 2020 年后扶贫小额信贷深化发展的指导意见。切实推动扶贫小额信贷财税优惠政策落地、综合运用多种货币政策工具增加金融机构的资金来源,有效激活银行等金融给低收入农户提供信贷的积极性和主动性,有效满足低收入农户的有效信贷需求。

（二）诚信引领,构筑"信贷魂"

把改善农村金融环境、提高群众诚信意识作为基础性工程来抓,全力打造诚信环境。要进一步强化多部门合作,打造低收入农户乃至普通农户、小微企

业和新型农业经营主体的"准确、全面、动态、共享"的信用评价体系。建立健全守信联合激励和失信联合惩戒机制,将信用与信贷相结合,根据农户信用等级确定信贷准入、信贷额度及利率水平。引导金融机构为信用等级高的农户发放小额无担保、无抵押信用贷款,实现有信用就有贷款的正向激励。

(三)创新引领,激发"动力源"

其一,创新贷款路径。发展完善政银担保"四位一体"共担机制,打通贫困户的贷款路径;发展完善"政银担"互惠机制以及"政银保"合作机制,解决好非贫困户、新型农业经营主体贷款需求;推动政府与银行、重点龙头企业的"政银企"互助机制,作为龙头企业的贷款路径。其二,创新带动贫困户和低收入农户的发展模式。按照"小贷跟着穷人走、穷人跟着能人走、能人跟着产业走"的发展思路,建立"小额信贷+产业+低收入农户"联结机制,创新发展"企业+低收入农户+基地""企业+合作社+低收入农户"等多种带动增益模式。

三、以"三融合"为关键抓手,实现扶贫小额信贷的多元素融合发展

加强扶贫小额信贷与产业、互联网和大数据、保险的深度结合,发展好着力点、抓好关键点、用好现代手段,使扶贫小额信贷向纵深推进,实现发展质量和水平由点到面、由面到立体式的提升,绘就乡村振兴中扶贫小额信贷新画卷。

(一)以深化"小额信贷+产业扶贫"为根本着力点,永葆扶贫小额信贷发展活力

产业为基,金融为器,只有产融结合,扶贫小额信贷才能大放光彩。深化产融结合,要将扶贫小额信贷资金投向由在单一的农业种植养殖业向"农业

生产+农产品加工+农家乐旅游+农产品销售"的完整产业链转变;进一步选优、做强、做大主导产业,完善利益联结机制,拓宽农民收入渠道,巩固脱贫成效、减少返贫机率;鼓励金融机构按照"全产业链贷款"的要求,从基础建设、品牌打造、产品加工、市场开发设计出新的不同类型的全产业链贷款路径产品,服务好不同的贷款主体。

（二）以发展"小额信贷＋互联网"为重要手段,促进扶贫小额信贷节本增效

利用互联网和大数据完善农户信用体系、金融机构服务体系,实现申请材料、数据采集、贷款审批向统一、集中转变;促进服务方式由"线下"向"线上"转变,创新推广贷款产品的手机 App,降低农村小额信贷成本。优化升级金融扶贫科技系统,实现信息的互联互通、共建共享,增强信息的科学管理、随时的信息更新、以及数据的精准监测与预警熔断。通过互联网对农户进行金融知识普及和生产技能培训,实现小额信贷活动全程监控汇报。

（三）以完善"小额信贷＋担保"制度为保障,筑牢扶贫小额信贷风险"防火墙"

一是促进担保主体多元化。整合县级担保,扩大县中小企业担保公司经营范围,由小微企业担保扩大到农户、小微企业、合作社;做强县中小企业投资担保平台,扩大企业资本金规模,提高担保能力。借力社会担保,扩大社会资本担保领域,减轻政府担保压力。二是促进保险稳定器作用的发挥。引入借款人意外伤害保险、贷款保证保险、优势特色产业保险等产品组合灵活、缴费低、运作成本低的保险产品。完善风险补偿机制,将来自于自然或意外的风险转移到保险机构,有效降低贷款可能存在的风险,在发生其他风险时也逐渐纳入风险补偿体系。

第四节　2020 年后扶贫小额信贷发展政策建议

一、调整完善扶贫小额信贷政策,有效衔接乡村振兴新需求

在脱贫攻坚巩固期内,在延续免抵押、免担保的信用贷款方式的基础上,要以分类施策为指引,调整优化扶贫小额信贷政策要点,更好地服务于乡村振兴。

(一)扩大覆盖人群,延伸至所有低收入农户

从贫困户逐渐拓宽至非贫困中的易致贫、脱贫不稳定户、边缘户以及低收入农户。适当放宽申贷年龄限制,将有劳动能力、有发展意愿、参加保险的申贷对象的年龄放宽至 65 岁,甚至可以突破放宽至 70 岁。另外,可比照扶贫小额信贷,出台支持新兴农业经营主体发展的信贷优惠政策和财政贴息政策,支持贫困地区新兴农业经营主体发展,为贫困地区产业培育和贫困户稳定脱贫提供保障。

(二)给予地方一定权限,允许适当提高贷款额度

我国地域辽阔、经济发展水平差异悬殊,以及发展不同产业所需资金也有别,可以考虑准许各省区单笔贷款额度的限额有所差别。可参考国际主流的观点,将单笔贷款额度设置为不超过本国或本地区人均国内生产总值 GDP 的 2.5 倍。

(三)结合产业发展周期确定贷款期限,逐年降低财政贴息

鼓励各金融机构结合本区域经济特点开发相应产品,增加扶贫小额信贷的适应性和针对性。结合农户产业发展周期,科学合理确定贷款期限,比如:将种植业贷款期限放宽至 2—3 年,养殖业贷款期限放宽至 3—5 年。贷款利

率上,考虑和贷款市场报价利率(LRP)挂钩,并允许银行根据农户实际情况适当上下有所浮动。在财政贴息方面,考虑逐年下调财政贴息比例,提高贫困户贷款利息承担比例。

二、充分调动各金融机构积极性,共谱"组合拳"效应新篇章

要使扶贫小额信贷从脱贫攻坚时期的星星之火形成乡村振兴阶段的燎原之势,需要进一步发挥好各金融机构优势,把农村市场作为拓展新发展空间的"蓝海市场",打好组合拳。

(一)多渠道降低扶贫小额信贷成本,提高银行业放贷积极性

脱贫攻坚期内,银行业开展扶贫小额信贷具有社会责任因素。全面乡村振兴阶段,要实现市场化运行,降低成本,确保放贷银行合理利润空间至关重要。要巩固农村中小银行支农主力军地位,坚守定位、聚焦"三农"。要降低发放扶贫小额信贷资金成本,为开展扶贫小额信贷工作的银行在减免税费方面给予适当优惠,适当扩大人民银行支农再贷款和扶贫再贷款支持范围,促进再贷款申请和使用更加便利和符合实际。同时,要降低开展扶贫小额信贷的信息、时间、交通等交易成本,进一步提高银行放贷积极性。

(二)创新推行"一张大保单",充分发挥保险业稳定器作用

提高保险公司承保积极性,县级财政可根据其扶贫小额信贷保证保险业务承保情况,分配盈利政策性保险市场份额。建立风险保证基金,可将地方特色优势产业纳入地方政策性农业保险范围,加大对保费补贴力度。创新保险产品,制定既包括大病医疗补充保险和家庭综合意外伤害保险的基础险,也包括特色农产品价格保险、产值保险、"保险+期货"等选择性保险的"一张大保单"计划,提高保险额度、降低保险费率、拓宽保障范围,实现低收入弱势农户致贫防贫险全覆盖。

（三）引入担保机制，提高县域信贷风险缓释能力

针对县域担保机构实力较弱，风险补偿金规模较小，信贷风险缓释能力不足等问题，可以考虑在风险补偿金外，通过政府购买服务引入担保分担风险。在推进提高现有担保公司担保能力的同时，积极推进村级担保机构建设。加大村级担保机构建设力度，鼓励由村级政府设立担保机构，对普通农户的贷款担保起到有益的补充。村级担保机构由上级财政、村集体或社会捐赠共同出资，为农户贷款提供担保服务。

三、探索创新产融结合机制，助力小额信贷再上新台阶

扶贫小额信贷必须依托产业，精准对接产业，实现精准滴灌，才能推进扶贫小额信贷落地生根、遍地开花。稳步推进乡村产业转型升级并与扶贫小额信贷深度融合，才能实现扶贫小额信贷的可持续发展。

（一）推动乡村特色主导产业提档升级，增强产业支撑

突出自身优势选择主导产业，积极培育本土龙头企业、农民专业合作社等新型经营主体，打造乡村特色产业集群。以龙头企业为主导，推进乡村特色产业生产、加工、物流、销售、品牌推广等产业链关键环节进行整合创新。完善特色产品产销对接，深入推进品牌强农工程，鼓励贫困地区新型经营主体积极参与各种形式的产销对接活动，开拓线上线下产销对接渠道，坚持"以销促产"，推动产销双方形成利益共同体，建立稳定的产销衔接机制。

（二）创新产融结合机制，促进扶贫小额信贷与产业发展的深度融合

持续推进"金融+特色产业""金融+产业扶贫基地""金融+龙头企业""金融+产业项目"的产融结合机制，将金融扶贫资金重点投向特色产业发展、产

业扶贫基地、贷贫龙头企业培育和到户产业项目上,为贫困群众和贫困地区发展产业提供有力支撑。

(三)探索新的利益联结机制,提升扶贫小额信贷实施效果

用足用活金融扶贫政策,加大对带贫载体的信贷支持力度。健全完善"龙头企业带动、合作社组织、农户参与、基地承载"的利益联结机制,探索订单农业、合作经营、劳务增收、"产权+劳务"等带贫模式,将贫困群众融入产业基地、嵌入产业链,实行"自我发展"加"带动发展",激发内生动力,增强发展后劲,确保稳定脱贫。

四、持续优化农村征信体系建设,营造良好农村金融新生态

诚信信用生态是推进扶贫小额信贷可持续发展的基础所在,要将农村金融诚信体系作为推进扶贫小额信贷的"总开关",把提高群众诚信意识作为基础性工程来抓,全力塑造良好的信用生态。

(一)以现有贫困户信用评级为基础,深入推进整村授信

把对建档立卡户评级授信的成功做法拓展到所有农户,通过整村逐户采集信用信息,评定信用等级、评定信用农户、信用村组、信用乡镇,全面推进"整村授信",形成乡、村、组、户四级信用评定系统,建立农村"信用共同体"。同时,加强对中小微企业、个体工商户、新型经营主体等的评级授信。

(二)持续完善更新信用评价系统,确保信息准确、可信

组织各金融机构全程深度参与信息采集、信用评级工作,根据授信要件,优化完善采集指标,提高信用评级精准性、审贷可用性。对农户家庭在人员增减、资产及人品表现等变化信息及时补录、公示,做到及时更新、定期更新、全面更新和申贷更新多管齐下。利用大数据,对农户信用信息实时监测,并经常

性下乡抽户核查,保障信息精准。

（三）优化诚信激励机制,将诚信教育贯穿始终

将信用评级与享受信贷优惠政策和国家各项惠民政策挂钩,对信用等级高的农户,享受提高授信额度、降低贷款利率、放宽贷款期限等优惠政策。引导低收入农户树立诚信意识,形成"守信走遍天下,失信寸步难行"的信用氛围。建立农户金融知识教育和培训机制,不断培育和改善农村金融信用环境。

五、完善提升农村金融基础设施,打造"互联网+"服务新常态

基于互联网的大数据、云计算、物联网等,有效降低信息整合成本,打破传统金融模式时间、空间与成本约束,全面提升农村普惠金融服务的覆盖能力、可得性和客户满意度。

（一）加强农村金融基础设施建设,打通金融服务"最后一公里"

引导金融机构加快在偏远地区使用新的电子信息技术并逐步建立多种形式的助农取款服务点或村级金融服务站,提高金融服务的触达程度。配足配强农村金融服务人员,实施农村金融服务联络员机制,引导客户经理下沉下乡。加大农村对移动互联网等科技创新应用,开发手机银行、微信平台APP,实现业务全流程的线上化,提高服务效率,实现农户"贷款申请不出户,存取款不出村,结算不出乡镇",将金融扶贫"最后一公里"延伸至"最后一步路"。

（二）加强政策性银行与互联网银行的深度合作

互联网银行积累了大数据风控、线上运营等经验,政策性银行在资金成本、线下网点等方面优势明显。通过合作,实现传统银行的线上化战略,实现网上银行获得的低成本资金,实现农户的精准滴灌。

（三）促进信用信息整合、共用共享，建立金融大数据平台

推动各地借鉴现有比较成熟的软件系统，逐步形成县域大数据金融服务平台，推动扶贫小额信贷各项流程由线下转线上。特别是发挥现代信息技术优势，采用电子签名、视频签约、人脸识别等合法形式，推动线上普惠授信落地。打破信息壁垒，整合农业农村、市场监管、税务、国土等部门和金融机构的涉农信用信息，发挥各级政府作用，实现行政资源和金融资源共享。

下 篇

地方实践

第六章 扶贫小额信贷的河南卢氏实践

河南省三门峡市卢氏县地处河南省西部深山区,县域面积4004平方公里,全县地貌特征可以概括为"三山三河两流域、八山一水一分田",被称为"卢邑四塞之地,严险甲于诸邑",是河南省面积最大、人口密度最小、平均海拔最高的深山区县。现辖19个乡镇1个街道办、275个行政村、39个居委会,总人口38.2万,是国家级贫困县、秦巴山集中连片特困地区扶贫开发工作重点县,也是河南省四个深度贫困县之一。

2016年初,通过精准识别,卢氏县有贫困村158个(其中,深度贫困村118个),有建档立卡贫困户19645户63134人,贫困发生率高达18.9%,居河南省之首,高出当时全省平均水平13.7个百分点、高出三门峡市10个百分点。到2019年底,累计共有156个贫困村退出,退出率98.7%;累计共有24744户91671人脱贫,已经于2020年2月28日,宣布正式脱贫摘帽。到2020年10月仍有未脱贫1542户3255人,贫困发生率0.98%。

2017年,在时任河南省省长陈润儿和省财政厅、金融办等相关业务部门的推动下,卢氏县积极创建"金融扶贫试验区",本着"政银联动、风险共担、多方参与、合作共赢"的理念,破解了政策落地的"五大障碍",建设了金融服务、信用评价、风险防控、产业支撑"四大体系",探索形成了金融扶贫"卢氏做法",有效解决了贫困户发展生产缺资金难题,提升了贫困户的内生动力和自我发展能力,并带动了农业等特色产业发展。卢氏金融扶贫工作先后得到了习近平总书记和汪洋同志、马凯同志的批示肯定,金融扶贫也被国务院扶贫办和河南省委、省政府在全国推广、全省复制。

第一节 政策背景与发展历程

为了破解扶贫小额信贷"政策好看不好用"的落地难题,时任河南省省长陈润儿亲自带领省市县同志调查研究。2017年初,陈润儿同志到卢氏县调研,随后河南省委、省政府于2017年2月,安排省财政厅、金融办、扶贫办、中国人民银行郑州中心支行、银监局和保监局进行针对性研究,并先后多次到卢氏县进行实地调研。经过省、市、县各级多个部门连续一个多月密集而深入的调研,找准了扶贫小额信贷政策落地难的"五大障碍",即"风险怎么防控、信用怎么评定、服务怎么保障、项目怎么选择、成本怎么降低"。2月底,卢氏县正式创建省级金融扶贫试验区,围绕破除这五大障碍,省扶贫办、金融办、财政厅、银监局、中国人民银行郑州中心支行等联合在卢氏县开展了金融扶贫试点探索。通过四个多月的工作,到2017年6月,基本建立了金融服务体系、信用评价体系、风险防控体系、产业支撑的"四大体系",形成了"政银联动、风险共担、多方参与、合作共赢"的金融扶贫"卢氏做法",有效破解了扶贫小额信贷政策落地难题,取得了明显成效。

一、省级层面政策设计和部署

围绕着扶贫小额信贷政策落地,推进金融扶贫工作,河南省通过优化顶层政策设计,问题导向,积极探索,促成了金融扶贫卢氏模式的诞生,并以"卢氏做法"点燃河南省金融扶贫创新之火。2015年以来,河南省先后出台了一系列政策文件,为金融助推精准扶贫精准脱贫提供了有力的制度保障;在试点先行探索形成卢氏经验的基础上,迅速在全省示范推广;多部门齐心协力,合力推进扶贫小额信贷工作。

（一）出台政策，强化制度支撑

2014 年 12 月，扶贫小额信贷政策实施以来，为切实发挥金融助推精准扶贫精准脱贫的重要作用，河南省组织省金融局、财政厅、扶贫办等有关部门制定出台了一系列政策措施，形成了围绕扶贫小额信贷落地落实的政策体系，从制度层面强化金融扶贫。

2015 年 2 月，河南省扶贫办会同财政厅等五部门联合印发了《关于深入推进扶贫小额信贷的实施意见》；2016 年 6 月，河南省银监局、扶贫办联合印发了《关于在全省银行业实行精准扶贫小额信贷分片包干责任制的通知》；2017 年 7 月，河南省人民政府办公厅印发《关于加强扶贫小额信贷统计监测工作的通知》；2017 年 8 月，河南省人民政府办公厅印发《河南省扶贫小额信贷助推脱贫攻坚实施方案》（暂行）、《河南省扶贫小额信贷服务体系建设工作方案》（暂行）、《河南省扶贫小额信贷信用体系建设工作方案》（暂行）、《河南省扶贫小额信贷风险防控体系工作方案》（暂行）、《河南省银行业扶贫小额信贷工作考评办法》（暂行）、《央企河南扶贫基金助推脱贫攻坚实施方案》（暂行）等六个方案；2017 年 12 月，河南省人民政府办公厅印发《关于进一步规范扶贫小额信贷工作的通知》；2018 年 6 月，印发《关于省级扶贫龙头企业认定和管理的实施意见》；2018 年 7 月，印发《河南省带贫企业认定管理办法（暂行）》；2018 年 9 月，河南省人民政府办公厅印发《关于加强扶贫小额信贷工作的通知》；2019 年 12 月，河南省脱贫攻坚领导小组办公室印发《关于规范扶贫小额信贷"企贷企用"贷款的通知》；针对新冠肺炎疫情带来的不利影响，2020 年 5 月，印发《关于金融进一步支持脱贫攻坚工作的通知》，并明确河南省扶贫小额信贷三年过渡期。上述一系列政策文件的出台，顺应了形势变化和贫困群众的期盼，确保了河南省扶贫小额信贷健康发展，实现了贫困群众贷得到、用得好、还得上、逐步富的目标。

（二）试点先行，示范引领

为有效破解扶贫小额信贷推进中遇到的矛盾和问题，2017 年 3 月，河南省启动实施了卢氏县金融扶贫试验区建设，以构建信用评价体系、金融服务体系、风险防控体系、产业支撑体系为主要内容，以县服务中心、乡服务站、村服务部建设为载体，形成了"政银联动，风险共担，多方参与，合作共赢"金融扶贫"卢氏做法"，有效破解了扶贫小额信贷政策落地难题。

在试点取得成功的基础上，河南省政府将金融扶贫"卢氏做法"在全省进行推广复制。2017 年 8 月，河南省政府办公厅印发了《河南省扶贫小额信贷助推脱贫攻坚实施方案（暂行）》等六个方案，对推广"卢氏做法"的工作目标、重点投向、操作流程、支持政策、体系建设、组织保障等方面进行了明确。按月组织金融扶贫工作调度，分析金融扶贫形势，坚持问题导向，确定工作重点。连续三年河南省政府组织在卢氏县召开全省金融扶贫工作推进会议，对复制推广"卢氏做法"再安排再部署。截至 2020 年，"卢氏做法"已基本复制推广到全省。

（三）部门联动，合力推进

一是成立金融扶贫硬仗指挥部。明确省政府领导为指挥长，15 个省直单位为指挥部成员，全面负责河南省的金融扶贫工作。二是明确省直相关职能部门的具体责任。省扶贫办负责扶贫小额信贷的牵头协调工作；省金融办负责组织金融机构不断总结完善信用评价、信贷投放、贷后管理、风险防控机制；省财政厅负责指导贫困县建立风险分担政策性担保机构风险补偿和贴息机制；中国人民银行郑州中心支行负责争取扶贫再贷款规模，引导信贷资源向贫困县倾斜；省银监局负责对各银行业金融机构扶贫小额信贷的考核；农业银行（以下简称"农行"）河南省分行、邮政储蓄银行（以下简称"邮储银行"）郑州分行、省农信联社为全省扶贫小额信贷的主办机构，分别建立"省行统筹、市行推进、县域支行抓落实"的管理体系。三是建立部门联席会议制度。由省金融扶贫硬仗指挥部、省扶贫办适时组织召开联席会议,对相关问题进行梳理分析,逐问题研究解决办法;各县(市、区)也相继成立了由脱贫攻坚领导小组负责同志参加,相关金融机构共同参与的联席会议,随时研究解决扶贫小额信贷推进工作中存在的具体问题,形成了合力推进扶贫小额信贷的工作格局。

2017 年 7 月,"卢氏做法"试点成功之后,部门合力推广卢氏经验。一是省直相关部门把复制推广"卢氏做法"作为金融扶贫工作的重中之重,通过会议部署、文件指导、实地督导等措施,层层压实责任,推动金融扶贫持续深入开展。二是各主要责任银行强化系统内力量调度整合,综合采取倾斜资源、单列计划、签订目标责任书等方式,加大工作推进力度。三是各市县把复制推广"卢氏做法"摆在脱贫攻坚的重要位置,加强工作谋划,明确时间表、路线图、任务书,确保"卢氏做法"落地见效。

(四)通报约谈,夯实责任

金融扶贫"四个体系"的建立极大地调动了基层政府、金融机构、贫困户及带贫合作社(带贫企业)四个方面的积极性,有效推动了扶贫小额信贷的投放,但信贷进展不平衡的问题仍然存在,对此,河南省参照国务院扶贫办的做法,实行扶贫小额信贷"月通报制度",将通报发给省辖市党政主要领导、分管领导、市扶贫办主要领导,有针对性地分析当月存在的问题及原因,对工作不力,问题较重的市、县提出批评并责成其迅速整改。从 2017 年 9 月开始,河南省扶贫办对户贷率低和逾期较多的省辖市实行常态化提醒谈话,并将相关责任单位工作开展情况纳入脱贫攻坚成效考核,有效地促进了金融扶贫工作。

(五)督查巡查,强化督导

一是将扶贫小额信贷工作纳入脱贫攻坚督查巡查内容,适时组织人员对扶贫小额信贷进展情况和"卢氏做法"推广复制情况进行专项督查巡查和暗访,对发现的问题要求各市、县(区)及金融单位及时整改到位。二是适时组织扶贫小额信贷专项调研,对全省的扶贫小额信贷工作进行摸底,为下一步做好扶贫小额信贷工作提供依据。三是压实银行业金融机构主体责任。综合运用统计监测、走访调研、现场座谈、督导检查、实行通报等方式,全面掌握各银行业金融机构扶贫小额信贷工作推进情况,作为评定履职尽责和工作成效的主要依据。

(六)广泛宣传,提高知晓度

一是入户宣传。各地组织开展"金融扶贫政策进村入户宣讲服务"活动,发挥乡村两级干部、驻村第一书记、驻村工作队、包户帮扶责任人的作用,实现政策宣传入户到人,面对面向贫困户讲解扶贫小额信贷的优惠政策、适用条件和贷款流程,对贫困户金融扶贫政策宣传全覆盖,确保了扶贫小额信贷政策家喻户晓、学懂用好。二是组织金融扶贫培训。利用组织召开金融扶贫工作推进会、座谈会、培训班等方式,为市县分管负责人、省督查巡查组、业务人员、驻村第一村支书等系统讲解小额扶贫信贷政策,强化金融扶贫责任意识。三是广泛宣传。组织《河南日报》等省级新闻媒体,深入基层开展系列宣传报道,为金融扶贫深入有效开展创造良好环境。

二、市级层面政策设计和部署

在河南省委、省政府的指导下,2017年,三门峡市以卢氏县为试点,着力从金融扶贫政策的供给方和需求方双侧发力,通过建设"四大体系"形成了"卢氏做法",并将其在全市推广和持续深化。

(一)完善制度,常态推进

2017年8—9月,三门峡市出台了《三门峡市三级金融扶贫服务体系机构设置及工作职责》《三门峡市非贫困户县金融扶贫工作实施方案》《金融扶贫服务体系经费保障机制》《三门峡市金融扶贫工作日常考核方案》《全市中小企业(新型农业经营主体及双床主体)授信评级管理实施方案》《关于在全市推广陕州区金融扶贫非贫困户带贫困户"1+1"做法的通知》等一系列文件,以制度的形式将金融扶贫工作固化、推进,将"卢氏做法"在三门峡全市其他县(市、区)全面推开。

(二)问题导向,持续创新

三门峡市以"卢氏做法"作为金融扶贫的四梁八柱,形成扶贫小额信贷政策落地的基础,并以此为基础在推广过程中进行深化和提升,形成新的经验和典型。"卢氏做法"在全市推行后,初步解决了政策落地障碍,尤其是很好解决了"贷得到"问题,但是随着放贷量不断增加,部分贫困群众由于没有好的产业项目作基础,加之单打独斗发展能力弱,贷款还不上的风险增大。

为此,三门峡市重点完善了产融结合机制、风险防控机制和带贫减贫机制。通过大力培育特色优势主导产业,加强产业扶贫基地建设,实施产业扶贫项目,夯实产业扶贫基础,持续完善产融结合机制。在风险防控方面,通过设立银行和保证保险"两个风险补偿资金池",进一步完善"政银保"风险分担方式,同时,将农业保险、贫困户人身意外伤害保险、大病兜底医疗保险和扶贫小额信贷保证保险打包整合实行一张大保单,分散信贷风险,提高保险公司承保积极性。在带贫减贫机制上,三门峡市大力实施"1+1"带贫机制,一手抓支持贫困户自我发展,一手抓能人大户和新型农业经营主体帮扶贫困户发展;坚持贫困户发展生产使用扶贫小额信贷资金,能人大户和新型农业经营主体生产经营使用其他金融产品,形成合作共赢新机制。在深化"卢氏做法"的过程中,三门峡市形成的以"政银保"方式和以"1+1"带贫机制为核心的"陕州经验",自2017年9月河南省金融扶贫现场观摩会在陕州区召开后,"政银保"方式和"陕州经验"在河南省的所有非贫困县推广。

第二节　现状与成效

一、发展现状

（一）扶贫小额信贷快速投放

扶贫小额信贷政策自实施以来,截至 2020 年 9 月底,河南省累计发放扶贫小额信贷 571.37 亿元,为 132 万户贫困群众发展产业、增收脱贫提供了强有力的金融支撑;贷款余额 144.53 亿元,贷款逾期 1503.61 万元,逾期率 0.1%。金融助力脱贫攻坚的作用日益显现,扶贫小额信贷带动脱贫人数 391 万余人。

2015 年以来,尤其是 2017 年形成卢氏金融扶贫经验之后,河南省的扶贫小额信贷发展迅速。2015 年底,全省扶贫小额信贷贷款总额为 4.84 亿元,到 2020 年 9 月底,贷款量扩大了 117 倍;2017 年底,扶贫小额信贷服务户数为 57.3 万户,服务贫困户在数量上扩大了 1.3 倍;扶贫对象获贷率从 2017 年末的 35.6% 提高到 2020 年 9 月末的 82.0%,提高了 46.4 个百分点。

（二）主要银行机构扶贫小额信贷投放情况

1. 农村信用社扶贫小额信贷投放

河南农村信用社(以下简称"农信社")系统现有 138 家市县行社,5100 多个营业网点,是河南省业务规模最大、人员网点最多、服务范围最广的地方性金融机构。脱贫攻坚战打响以来,河南农信社按照省委、省政府有关工作要求,坚决扛稳金融扶贫政治责任,积极担当、主动作为,充分发挥"三农"金融主力军作用,以扶贫小额信贷为业务抓手,因地制宜、多措并举,推动金融扶贫各项工作扎实开展,为河南省全面打赢脱贫攻坚战做出了积极贡献。截至 2020 年 9 月末,涉农贷款余额 8602 亿元,占各项贷款总额的 84%,占全省银行业涉农贷款总额的 40% 左右。

截至 2020 年 9 月底,河南省农村信用社已累计投放各类扶贫贷款 720 亿元,余额 221 亿元,累计帮扶贫困人口约 368 万人次。其中,累计投放扶贫小额贷款 213 亿元,帮扶贫困人口 174 万人次;累放额占省内三家扶贫小额信贷主责任行(农村信用社、邮政储蓄银行、农业银行)投放总额的 78.23%。截至 2020 年 9 月底,河南省农信社扶贫小额贷款存量 22 万户、余额 65 亿元,较年初净增 5.71 亿元,保持稳定持续增长。

2. 农业银行扶贫小额信贷投放

截至 2020 年 9 月底,根据全国扶贫开发信息系统显示,河南农行累计投放扶贫小额信贷 19.67 亿元、余额 9.73 亿元,其中:发放给边缘户的扶贫小额信贷余额 1076.69 万元。2020 年累计投放 6.72 亿元,余额较年初增加 3.17 亿元。在全面落实扶贫小额信贷续贷、展期等政策要求的基础上,河南农行在"四位一体"方式下仍有逾期贷款 393 笔、余额 1725.52 万元,其中:不良贷款 147 笔、433.23 万元,不良率为 4.45%。

3. 邮政储蓄银行扶贫小额信贷投放

邮政储蓄银行(以下简称"邮储银行")河南分行高度重视金融扶贫工作,积极履行国有大行担当,充分发挥自身优势,推动金融扶贫工作取得实效。通过积极下沉骨干力量、下沉金融服务、下沉服务机构"三个下沉",在省市县三级"三农"金融事业部扶贫专营体系基础上,建立 258 个农村信贷服务中心,直接服务半径拓展至乡镇,实现贫困村金融服务全覆盖。提升金融扶贫服务能力。邮储银行郑州分行积极助推金融扶贫"卢氏做法"落地,加大精准扶贫贷款产品"惠农易贷"投放力度,保持扶贫小贷连续多年稳步增长,截至 2020 年 9 月,累计投放扶贫小额信贷 21.25 亿元,支持 6.22 万户贫困户脱贫致富。

(三)主要金融机构为扶贫小额信贷提供担保情况

担保机构在扶贫小额信贷"卢氏做法"政策体系中处于核心的位置,是关键环节。一方面,担保机构为贫困户提供担保增信且不收取担保费,解决了信用等级低、缺乏抵押物问题,是提高贫困户贷款获贷率的有效途径。另一方面,担保机构分担了60%的贷款风险,银行的风险大为降低,银行和担保机构通过项目审批防控风险,又过滤了风险,提高了项目的质量。再一方面,河南农业信贷担保有限责任公司(以下简称"河南农担")集中托管了县级风险补偿金,规避了合作银行在发生风险项目时担心与县级政府的合作关系而不敢扣除的后顾之忧。最后,对贫困县来说,通过担保增信,大幅提高风险补偿金的放大倍数,通过银行、担保的把关也大幅降低了项目投资风险,放大政策支持效果,大幅提高了财政资金的使用效益。通过担保功能的发挥,银行占领农村市场,贫困人口获得扶持资金,贫困县政府达到脱贫攻坚战略目标,实现三方共赢。

1. 河南农业信贷担保有限责任公司

河南农担于2016年3月注册成立,由省财政厅代表省政府履行出资人职责,为省管骨干企业,是国有独资政策性担保机构,2020年资本金50亿元。为做好扶贫小额信贷业务,公司设立的14个区域办事处中有9个是设在贫困县。农担公司起草并与县级政府、合作银行和中原再担保集团公司签署四方业务合作协议,并通过印发政策问答、操作细则、业务宣介等办法,规范担保业务操作,协助各参与方开展工作。

对符合条件的建档立卡贫困户和边缘户做到了"应保快保""应保尽保",截至2020年10月18日,公司与全省53个贫困县中的51个县签订了扶贫小额信贷业务合作协议,共托管河南省49个贫困县扶贫小额信贷业务风险金6.39亿元,累计实现担保业务规模70.94亿元,对风险金平均放大11.1倍,在保余额10.11万笔、35.1亿元。

2. 中原再担保集团公司

截至2020年9月底,中原再担保集团股份有限公司(以下简称"中原再担保")与河南省内53个贫困县已全部签订《河南省扶贫小额信贷助推××县脱贫攻坚合作协议(涉农类)》(四方合作协议)。中原再担保与河南省农担合作开展的小额信贷扶贫业务在保户数 98422 户,在保余额 34.85 亿元;2020 年新增放款 59758 户、18.54 亿元。累计为 53 个贫困县 171600 户、70 亿元扶贫小额信贷业务提供再担保,有效带动建档立卡贫困户增加收入。

(四)快速推广金融扶贫"卢氏做法"至全省

金融扶贫"卢氏做法"已在河南省全面开花结果。在金融服务体系建设方面,河南省包括 53 个贫困县在内建立 152 个县金融扶贫服务中心,建成 2012 个乡金融服务站和 42568 个村金融服务部,形成了覆盖全省农村地区的三级金融服务网络。在信用评价体系建设方面,河南全省已有 1502 万农户采集了信息,其中采集贫困户信息 173.3 万户,占全省建档立卡贫困户的 97.3%。按照采集的信息进行了评定等级,分别给予贫困户 3 万元至 20 万元的授信。在风险防控体系建设方面,充分发挥财政资金的杠杆撬动作用和风险缓释作用,推动设立扶贫贷款风险补偿基金,建立"四位一体"风险分担机制和风险熔断机制,各地区风险补偿基金累计到位 44.2 亿元。在产业支撑体系建设方面,各地坚持扶贫小额信贷与产业发展双向促进,互融共生的工作思路,结合当地资源禀赋,建立了一批产业扶贫基地,催生了一批新型农业经营主体,扶持了一批产业带贫项目,储备了一批带贫企业、专业合作社和扶贫车间,为金融扶贫实施提供了有力的产业支撑。截至 2020 年,河南全省共梳理对接带贫企业 4932 个、带贫合作社 1.02 万个,带贫车间 3812 个,共带动 116.08 万户贫困群众发展生产,实现增收脱贫。

(五)基于"卢氏做法"的金融扶贫再创新

河南省在总结推广"卢氏做法"经验做法的同时,勇于尝试,以问题为导向,在金融服务模式上、防控风险上、信贷产品上积极创新。

1. 因人施策,创新做法

一是自我发展、跟踪服务做法。该做法主要是对有产业项目、有创业潜质、有经营能力、有贷款意愿、有较强信用意识的贫困户,提供5万元以下、3年期以内小额贷款,享受银行基准利率和"两免一贴"优惠政策,贫困户贷款后,帮扶责任人及时跟进服务。二是"1+1手拉手"做法。发挥致富能手、能人大户的作用,与贫困户结成帮扶对子,让他们提供技术指导和经营服务,带动贫困户一起发展。三是"双轮"驱动、企业带贫做法。精准扶贫企业贷和扶贫小额信贷共同使用、互相促进,实现企业和贫困户双赢。四是多元主体、合作发展做法。"集体经济+专业合作社+贫困户"合作发展。对于部分贫困户自身符合贷款条件,由于缺技术、劳动能力差、自我贷款发展意识不强,在贫困户自愿参与基础上,充分发挥当地村集体经济、农民合作社、新型农业主体带贫的积极性,带动贫困户发展,使更多的贫困户可以享受到扶贫小额信贷政策,为贫困户脱贫提供源源不断的动力。

2. 多方参与,共防风险

一是"四位一体"做法。全省贫困县户贷户用,采取"政府+银行+担保公司+再担保""四位一体"风险分担做法。对建档立卡贫困户的贷后风险,由政府、银行、河南农担、中原再担保,按照20%、10%、50%、20%的比例分担,对带贫农业经营主体贷后风险,则分别按照20%、20%、40%、20%的比例分担,有效降低银行贷款成本和风险,提高银行放贷积极性。二是"三位一体"做法。非贫困县扶贫小额贷款,主要采用"政府+银行+保险公司""三位一体"风险分担机制。对贫困户的贷款,政府、银行、保险按照35%、15%、50%的比例分担风险,保险费率1%,由县级财政承担;对经营主体扶贫贷款实际发生的风险,按照30%、20%、50%的比例分担风险,保险费率不高于2%,由贷款人承担。把银行风险分担控制在20%以下,充分调动金融行业的贷款积极性,解决了非贫困县扶贫贷款风险担保问题。三是"政银企"互助做法。对龙头企业带贫,采取"政府+银行+企业"的做法,由政府出资30%设立风险补偿基金,企业出资 70%设立互助担保基金,建立资金池,由银行按不超过 10 倍的比例放大投放贷款,解决龙头企业产业项目大额融资需求。

3. 创新产品,"双轮"驱动

为了更好强化企业带贫意识,有效避免贫困户单打独斗所带来的风险,2019 年 7 月,河南省创新出台了"精准扶贫企业贷款"。按政策要求,企业每使用 10 万元精准扶贫企业贷款,要以统一供种、产品保底价回购、吸纳就业等方式带动一户贫困户。对带贫企业实行名单制管理,实行不高于基准利率放贷。截止到 2020 年 9 月底,全省累计发放精准扶贫企业贷款 115.39 亿元,支持带贫企业 1540 家,带动贫困户 176175 户。通过企业带贫,切实解决了贫困户在产业发展中"不会干、风险大"的问题,进一步释放了贫困群众贷款需求,使扶贫小额信贷与精准扶贫企业贷互相促进、相辅相成,实现了"双轮"驱动,有效支撑了河南省扶贫产业发展。

(六)扶贫小额信贷的社会效益

1. 贫困人口内生动力得到增强

对于想脱贫但缺乏资金的贫困户来说,"两免一贴"的扶贫小额信贷无异于久旱逢甘霖,三级服务体系的建立使群众享受到了高效便捷的金融服务,自我发展,靠劳动脱贫致富的内生动力得以释放,贫困群众实现稳定脱贫有了原动力。

2. 金融环境得到优化

信用评级带来的不仅是信用等级和授信额度的认定,也显现出了明显的"溢出效应"。广大群众以有信用为荣,以无信用为耻,争当"有信户"的意识空前增强,河南省各地出现了主动借钱归还逾期贷款,以争取评级授信的可喜现象。

二、实践成效

在金融扶贫的助推之下,2019 年底卢氏县的贫困发生率降至 0.98%,2020

年2月,河南省宣布卢氏县正式退出国家级贫困县序列。随着扶贫小额信贷政策的落地,贫困户踊跃贷款发展产业,获贷率从2016年的4.6%提高到2020年的43.2%。而且,"四大体系"的建设,也解决了非贫困户、新型经营主体、企业等的融资需求。"卢氏做法"不仅解决了贫困地区、贫困群众发展中的扶贫资金投入问题,而且增强了基层组织的凝聚力,促进了乡村治理水平的提升。

（一）经济效益显著

1. 贷款快速增长

截止到2020年9月底,卢氏全县存款余额167.51亿元,贷款余额94.01亿元,存贷比56.12%,存款同比增长16.68%,贷款同比增长15.35%。其中,卢氏县累计投放金融扶贫贷款21.46亿元,其中扶贫小额贷款9916户、2.01万笔、9.49亿元,是2016年8818万元的10.76倍,户贷率也从4.62%提高到43.21%。发放农民合作社232家6.4亿元,企业46家5.57亿元,合作社、企业共带贫7600余户。全县贷款余额6.59亿元,其中扶贫小额信贷1.9亿元。

从2018年5月扶贫小额信贷开始,至今累计总逾期340笔、1551.59万元,经过三级服务体系清收,共收回187笔、860.2万元;通过周转金续贷114笔、525万元;通过"四位一体"代偿19笔、79.6万元。全县扶贫小额信贷余额为1.9亿元,其中逾期16笔、65.64万元,逾期率0.34%(其中:不良13笔、52.83万元,不良率0.3%),远低于商业贷款不良率和银保监会3%的监管红线,信贷风险可防可控,实现了"贷得出、用得好、收得回、可持续"。

2. 投资有效增加

经过几年的实践,金融扶贫"卢氏做法"成果破解了小额信贷扶贫政策落地障碍,找到金融扶贫供给侧结构性改革的一条具体路径,金融扶贫呈现出强劲的撬动、放大、外溢与聚合效应,形成了一花开来百花香的可喜局面,带动社会资本230余亿元投向卢氏县,一大批项目在卢氏县落地。四年来,完成招商引资 200 多亿元,投资建设金海生物科技有限公司、信念集团菌棒加工养菌基地、河南圣玛斯科技等 69 个项目。投资 20 亿元的 55 个易地扶贫搬迁安置点全部建成,3.38 万贫困群众全部搬迁入住,占河南省八分之一多的易地扶贫搬迁任务提前一年完成,全国、全省易地扶贫搬迁现场会先后到卢氏县观摩。投资 16.2 亿元,建成 2015 公里乡村道路,河南省交通扶贫现场会在卢氏县召开。投资 10.39 亿元,新建或改扩建的 60 所中小学校建成投用,顺利通过全国义务教育基本均衡县验收。投资 10.25 亿元,3 个县级医院实施改扩建,6 个乡镇卫生院、248 个村级卫生室全部建成。

3. 产业发展水平明显提升

金融扶贫与促进产业转型升级相结合,有效推动卢氏县特殊产业的发展水平。绿色农业蓬勃发展,卢氏县食用菌由 2016 年的不足 1 亿棒增加到 2.4 亿棒,高效连翘和优质核桃面积分别由 40 万亩、42 万亩发展到 100 万亩、110 万亩,烟叶面积稳定在 7 万亩,产值 2.6 亿元。农业龙头企业由 17 家增加到 52 家,农民专业合作社由 300 个增加到 1569 个,产业基地从 30 余个发展到近 400 个,产业增收大棚由 85 座发展到 3290 座。特色工业提质增效,圣玛斯科技有限公司、林海兴华、金海生物、润奇食品等已投产;浩洋服饰、鑫兆丰电子科技、善都生物等项目正紧张推进,建成后可新增就业岗位 3000 个以上。生态旅游、电子商务井喷式增长,依托双龙湾、豫西大峡谷、豫西百草园 3 个 4A 级景区,打造旅游精品线路 10 条,荣获百佳深呼吸小城十佳示范城市、"中国天然氧吧"创建地区等称号,游客接待量、旅游总收入连年翻番,直接带动 20 多户贫困户稳定增收;电商企业由 25 家增加到 80 家。创业就业局面喜人,通过金融支持、产业发展、龙头培育,卢氏县 4 万余名有就业能力和意愿的贫困家庭劳动力实现了就业,年人均收入超过 2 万元。2019 年脱贫的 8461 户 2.91 万人中,人均纯收入达到 5000 元以上的超过八成,6000 元以上的近六成,7000 元以上的占四成多。

金融扶贫助力食用菌产业升级贫困群众增收

——"卢氏做法"支撑特色产业发展

卢氏县发展食用菌产业已有 30 余年历史,但农户按照传统种植模式,每年只能种植 1 季,每棒成本 3.5 元,每棒产鲜菇 1.5 斤,每斤鲜菇 4 元左右,平均每棒收入 6 元,大多数农户种植在 1 万棒左右,年收益为 2.5 万元,属于一个小规模、大群体的农业产业,农民赚取的也仅仅是一点辛苦钱。

2018 年以来,卢氏县利用金融扶贫试验区建设的优惠政策,先后引进培育了金海、信念两家食用菌龙头企业,建成国内生产工艺最先进、自动化程度最高、单场生产规模最大的菌棒加工车间,年可产菌棒 7500 万棒。

以信念集团为例,信念集团采取"政银企"贷款方案,县政府出资 900 万元(占 30%)设立"风险补偿基金",企业出资 2100 万元(占 70%)建立"互助担保基金",共同组成"企业贷款风险补偿担保金",由县农商行放大 7 倍,提供贷款 1.89 亿元。到 2020 年,信念集团已投资 6 亿多元,流转土地近 5000 亩,建成 3 个生态养猪场、353 个蔬菜大棚和 3 个现代化香菇菌棒厂、9 个出菇基地、539 个香菇控温大棚。2020 年,实现年产菌棒 3 千万棒,其中 80% 卖给农户,企业基地回收成品菇。企业通过合作经营、订单农业、务工等方式带动 1030 户贫困户。其中,400 多户贫困户在企业的食用菌基地种植香菇,平均每户种植 2 万—3 万棒,每年收入 4 万—5 万元;500 余户贫困户自建香菇大棚,购买企业的成熟菌棒,按每年 3 万棒算,年均此项收入可达 5 万—6 万元;此外,企业的食用菌基地还为 59 个贫困劳动力提供了稳定就业,月工资 5 千—6 千元。

食用菌龙头企业的引进加快了卢氏县食用菌产业全面转型升

级,产业带动群众增收致富的能力大幅提升。卢氏县实现了从食用菌生产"只种一季、靠天吃饭、单打独斗、收益不稳"的传统模式向"按需生产、干鲜交替、全年有菇、四季上市"新模式的转变,产业效益大幅提升。从 2016 年发展食用菌 1.03 亿棒,产值 7.28 亿元;2017 年,发展食用菌 1.26 亿棒,产值 9.77 亿元;2018 年发展食用菌 1.8 亿棒,产值 14 亿元;2019 年食用菌生产 2.2 亿棒,产值 17 亿元;到 2020 年食用菌生产可达 2.5 亿棒,产值预计超过 20 亿元。

4. 加速了脱贫进程

"卢氏做法"根据信用评级结果、农户资金需求、产业发展项目、因户制宜,保了贷款投放精准、资金使用精准,实现了金融与扶贫的有机结合,"金融活水"打通了贫困户脱贫的资金瓶颈,激活了贫困户自身造血功能,夯实了长期稳定脱贫的基础。

2016 年初,卢氏县有贫困村 158 个,有建档立卡贫困户 19645 户 63134人,贫困发生率高达 18.9%,居河南省之首。随着"卢氏做法"的形成和实践,金融活水的涌入有力促进了产业就业和创业,加速了贫困群众增收减贫的步伐。扶贫小额信贷已经成为许多贫困户脱贫致富的"金钥匙"。"免抵押、免担保、基准利率、财政全额贴息"的政策优惠,吸引了越来越多的贫困户搭上金融扶贫的"快车"。2016 年以来,卢氏县农民人均纯收入增长年均超过10%,到 2019 年底,累计共有 156 个贫困村退出,退出率 98.7%;累计共有24744 户 91671 人脱贫,已经于 2020 年 2 月宣布正式脱贫摘帽。2020 年,贫困群众年纯收入均已经超过 5 千元。

(二)社会效益凸显

1. 与加强农村社会治理相结合,激发了群众的内生动力

金融扶贫真正把"扶穷不扶懒,帮穷不帮懒"的政策落到了实处,激发了贫困地区和贫困户发展的内生动力。一大批贫困群众通过金融扶贫贷款,实施了项目、发展了产业、增加了收入、改变了面貌、坚定了信心,实现了"要我脱贫"向"我要脱贫"的转变。贫困群众"比学赶超"的发展意识越来越强,申请金融扶贫贷款的积极性越来越高,发展致富产业的群众越来越多。三年来,卢氏县建成产业扶贫就业基地 400 个、扶贫增收大棚 3290 个,带动农户 3.2 万户,7488 户贫困户实现就近就业,产业扶贫措施落实到位率 100%,产业叠加度由 2016 年的不足 1.5 提升到 2020 年的 3.16。实现了有劳动能力的搬迁户至少有一人稳定就业,贫困群众每户有 3 条以上增收渠道。

扶贫小额信贷激发贫困群众干劲足

扶贫小额信贷解决了发展生产的启动资金问题,贫困群众找到了自身价值,通过辛勤劳动,增加了收入,改变了面貌,"等着扶、躺着要"的懒汉少了,"想着干、争着富"的能人多了,"拉一把站起来"的卢氏扶贫精神深入人心,用双手创造美好生活的劲头越来越足。

1. 储成理,现年 61 岁,初中文化,瓦窑沟乡古寨村人。家里 2 口人,妻子常年患病,2016 年被识别为建档立卡贫困户,在扶贫小额贷款的支持下,通过发展多种特色产业增收,于 2018 年脱贫。

2016 年识别为贫困户以来,每年都得到了扶贫小额信贷的支持。储成理利用金融扶贫贷款 5 万元,先是扩大了食用菌种植规模,从年种植传统菌棒 6 千袋,到目前每年发展新式食用菌棒 1.3 万袋以上,年收入 2 万余元。有了扶贫小额信贷的支持,储成理在本村吉祥兰花合作社的带动下,学习兰花管理种植技术,开始发展兰花种植,从 20 盆起步,获得了较好收益后的,在 2019 年新建了一个 40 余平米钢架结构兰花大棚,扩大兰花种植规模,到 2020 年已达到 280 余盆,年收入可达 4 万—5 万元。有了资金之后,闲不住的储成理又依托本村蜜源植物的资源,从 20 箱起步发展养蜂,到 2020 年蜂群规模已达 60 余箱,年产蜂蜜 400 余斤,收入 3 万余元。2020 年,他又开始着手尝试大鲵养殖,目前达到近 200 尾。经过几年的发展,储成理家不仅脱了贫,而且他也越干越有劲,不仅自己致富了,还带领村里的一些贫困户发展兰花致富。

2. 刘云超,现年 43 岁,官道口镇新坪村易地扶贫搬迁贫困户,家有 5 口人,以前居住在交通不便的深山中,生产条件差,也缺乏致富门路,生活贫困。

搬迁出来后,2019 年 11 月,他申请到 5 万元扶贫小额贷款,流转了 10 亩土地种植烟叶,购买了起垄机、三轮车、修建了 1 个烤烟房,在技术人员的指导下,经过精心管理,每亩地可获得 5 千元纯收入;而且烟叶公司给烟叶种植提供保险,在遇到灾害的情况下,每亩可获赔 800 元;农闲时间,他还到附近的景区打零工,一年也有 2 万元的务工收入。2020 年 11 月,贷款马上要到期了,他表示一定能按时还款。体验到扶贫小额贷款好处的刘云超,计划 2021 年再贷 5 万元,再多流转 10 亩土地,扩大烟叶种植规模,金融扶贫让他对靠产业增收充满了信心,鼓足了干劲,要依靠自己勤劳致富。

3. 任当峰,现年 41 岁,卢氏县沙河乡果角村居民,全家两口人,母亲因病残疾二十余年,任当锋为了照料患病的母亲,不能外出发展,家住山上,土地多为贫瘠坡地,又缺少增收产业。母亲看病以及家庭日常开销都需要钱,而本人不能外出务工,在家发展种养殖业又缺少资金支持,一度陷入困境。然而扶贫小额信贷政策给他带来了希望。他经信用评价为 A 级信用户,2018 年 7 月经到果角村金融服务部申请、乡金融服务站推荐获得贷款 5 万元,买了 38 只养发展养殖业。2020 年,羊群已经扩大 54 只。任当锋一边在家附近山上放着羊,一边照料身残的母亲,干点农活。羊是他的朋友,更是他的希望。他说"靠别人不如靠自己,羊是自己的,虽然累但是有干劲。"

2. 与健全农村社会信用体系结合,淳朴了社会文明风尚

通过把"农村文明诚信家庭"评选与金融扶贫评级授信有机结合,优先向评选出的"标兵户"和"文明户"配置各种资源和支持政策,在"农村信用信息系统"荣誉项中分别给予 3 分和 2 分的加分奖励,授信额度也分别提高 10 万元、5 万元,并在医疗、教育、保险、旅游、交通等多个方面给予优惠政策。通过守信激励、失信惩戒措施的落实,放大了信用评级的效果,促使卢氏县广大农户更加重视文明诚信,向上向善讲文明的社会好风尚正在形成。卢氏县开展了"基层党建、金融扶贫、美丽乡村"标兵村评选活动,每年共评选标兵村 60 个,每评上一类"标兵村",所在村党支部书记、村"两委"成员和村监委会成员工作报酬每月分别上调 500 元、300 元和 150 元,奖励报酬可重复累计。

2019 年卢氏县共评选出"标兵户"2486 户、"文明户"21313 户、"诚信户"37209 户、"守法户"27619 户,占全县农户的 93.54%。其中,"标兵户"、"文明户"、"诚信户"分别较 2018 年增长了 33.4%、33.9% 和 15.8%,"空白户"较去年下降了 54.4%。游手好闲、无事生非的少了,勤俭持家、脱贫致富的多了;搬弄是非、打架斗殴的少了,邻里和睦、互帮互助的多了;缺斤少两、掺杂使假的少了,重信守诺、诚信经营的多了;不孝顺、不文明的行为少了,尊老爱幼、孝老敬亲的多了。

3. 与推动农村基层党建相结合,提高了乡村治理能力

扶贫小额信贷为村党支部服务联系群众提供了载体、搭建了平台。在金融服务体系建设中,村支部书记兼任村金融扶贫服务部主任,使农村党支部深度参与到群众金融活动中来。在信用评价体系建设中,党员参与农户信息采集、评级授信、信息更新,在"争创文明诚信家庭"活动评选中由村支部主导、党员广泛参与。在产业支撑体系建设中,村党支部组织引导权重选准产业发展方向、联系龙头企业、协调利益联结机制,帮助群众选好项目、用好贷款,实现脱贫致富。在风险防控体系建设中,采取党员联系户办法,严格贷前把关、贷中服务、贷后监管,实时跟踪监督服务,降低贷后风险。通过金融扶贫,产业

发展了,群众致富了,党员作用显现了,党支部的凝聚力、号召力、战斗力明显增强,村级组织吸引力明显提升。

2015 年,全县命名了 27 个五星支部,2016 年全县命名了 62 个五星支部,2017—2018 年度全县命名 111 个五星支部,2019 年全县命名 166 个五星支部。在 2018 年的村"两委"换届中,270 余名返乡能人、乡贤、退伍军人、退休干部主动投身到村干部队伍中,一批"80 后"、"90 后"年轻人脱颖而出成为村"两委"干部,村支书和主任平均年龄分别年轻了 2.5 岁和 2.9 岁,高中及以上学历增长近四分之一,致富带头人比例增长了四成多,涌现出了一批苦干实干、"双带"型村支书。

第三节　主要做法

为了推动扶贫小额信贷政策落地,卢氏县整合资源成立卢氏县金融扶贫试验区工作领导小组,由县委书记、县长任组长,县金融办、中国人民银行县支行、扶贫办、农牧局、发改委、财政局和各金融机构主要负责人为成员,负责卢氏县金融扶贫试验区工作的宏观指导、综合协调、总体规划、政策落实等工作。领导小组下设办公室,办公室设在县政府金融办,具体负责试验区建设的组织协调、工作推进、信息收集和工作交流等工作。省、市、县三级政府、金融机构等多个部门联合集中调研,发现扶贫小额信贷政策落地障碍,坚持问题导向,建设"四大体系",逐一破解障碍。同时,政银联合,凝聚多方力量,形成强大合力,确保扶贫小额信贷政策落地生根。

一、深入调查研究,找准政策落地"五大障碍"

国开办发〔2014〕78 号文的核心内容是"对符合贷款条件的建档立卡贫困户提供 5 万元以下、期限 3 年以内的信用贷款"、"免抵押、免担保"、"对符合条件的贷款户给予贴息支持"。一方面,好政策遇到落地难。对中央的这些好政策,贫困群众普遍感到可望不可及、好听不好用。金融机构也普遍认为贷款风险大、操作难、成本高、不好办。结果,中央扶贫小额信贷政策含金量很高,但政策出台后迟迟落不了地。另一方面,基层干部群众着急。群众要脱贫、企业要发展、产业要壮大,没有金融支持,缺资金、难发展的现象普遍存在。打赢脱贫攻坚战时间紧、任务重,产业发展和龙头企业培育资金十分短缺,县乡村干部万分着急。

2015年11月,习近平总书记在中央扶贫开发工作会议上指出,要做好金融扶贫这篇文章,要加快农村金融改革创新步伐。时任河南省省长陈润儿认为,落实好习近平总书记重要指示,发挥金融扶贫作用,关键在于做好政策落地文章。陈润儿省长于2017年2月4日到卢氏县调研时,明确要求卢氏县要先行先试,创建河南的金融扶贫试验区,探索出可复制、可推广的金融扶贫模式。陈润儿省长安排省政府分管领导牵头组织省扶贫办、金融办、财政厅、银监局、中国人民银行郑州中心支行等多次赴卢氏县,会同市县同志进行现场调研。经过连续一个多月深入密集的调研,大家感到要使扶贫小额信贷政策落地,关键是要破除五大障碍。

一是银行网点少了,服务怎么保障? 20世纪90年代我国银行商业化改革后,四大国有商业银行大举撤并其在农村的网点和机构,据中国人民银行发布的《2016年农村地区支付业务发展总体情况》显示,截至2016年底,我国农村地区每万人拥有的银行网点数量为1.39个,县均银行网点57.75个,乡均银行网点3.98个,村均银行网点0.23个。① 卢氏县有31.5万农民,全县6家金融机构中只有农村商业行(以下简称"农商行")1家在乡镇设有服务网点,当时农商行在全县19个乡镇的信贷员只有96名,平均每名信贷员要服务1000余户3000余人。金融服务资源的不足与贫困家庭的点多面广,形成了一个"倒置的漏斗",金融服务的瓶颈导致"金融活水"流不快、流得慢,服务跟

---

① 中国人民银行:《2016年农村地区支付业务发展总体情况》,2017年3月17日,见 http://www.pbc.gov.cn/goutongjiaoliu/113456/113469/3274347/index.html。

不上,群众不满意。如何在银行网点少的现实条件下增强金融服务能力,是扶贫小额信贷政策落地亟待解决的障碍。

二是贷款方式变了,信用怎么评定? 扶贫小额信贷政策的核心是为符合条件的建档立卡贫困户提供"两免一贴"的信用贷款。信用贷款的前提是贷款对象有信用,但当时的河南农村和全国绝大多数农村一样,信用体系建设普遍缺失,缺乏有效的农户信用信息和信用评价机制,这是一个客观存在的现实问题。农村人口众多,农户千差万别,农户没有信用档案,银行为了获取贷款对象的信用信息,需要走村穿巷调查情况,挨门逐户收集信息,难度大、成本高、效率低,既不经济也不现实。因此,如何采集农户的信用信息? 如何评价农户信用? 这些障碍亟待破除。

三是精准要求高了,项目怎么选择? 扶贫小额信贷政策明确提出,扶持重点是支持建档立卡贫困户发展扶贫特色优势产业增收,鼓励采取"以社带户、以企带村"的方式组织贫困户参与扶贫特色优势产业建设。这就要求贫困户贷款产业项目选择务求精准、有实效,然而贫困地区往往是产业发展薄弱的地区,贫困人口往往是缺乏增收项目的人群,即使上了产业项目,也面临着项目选择是否对路、项目经营能否盈利等问题,特别是贫困户一家一户、单打独斗,经营能力弱,这不仅让银行不敢放心贷,贫困户自身也因为看不清项目收益前景而不敢申请贷款。产业项目是扶贫小额贷款发力的载体,能否选择到好的产业项目,直接影响着金融扶贫政策有没有落地点。因此,如何选择贫困户能经营且前景好的产业项目是政策落地亟待破解的一大障碍。

四是资金投向改了,风险怎么防控? 扶贫小额信贷政策的核心是"免抵押、免担保的信用贷款"。原来金融机构扶贫信贷主要投放到有政府背书的基础设施项目或有企业担保抵押的产业项目,风险基本可控。现在扶贫小额信贷却要将贷款直接投向贫困农户,而且又是免抵押、免担保,敞口裸贷,风险难控。贫困户本身由于收入低、就业稳定性差而还款能力较低;而且贫困户贷款主要投向是农村养业,这些产业对自然条件的依赖性比较强,存在着较大的自然灾害风险,一旦遇上,农业的自然风险将直接转化为贷款风险。此外,部分农村金融环境欠佳,一些农户信用观念淡薄,逃贷、赖贷、废贷现象时有发生,银行贷款变呆账、债主变苦主。如果不建立有效的风险防范机制对信贷风险进行防控,将很难调动金融机构开展扶贫小额信贷的积极性。

五是利率差额小了,成本怎么降低? 能否让银行有钱可赚,直接影响其放贷积极性。关于小额信贷扶贫的利率标准,国开办发〔2014〕78 号文中"鼓励金融机构参照贷款基础利率,合理确定贷款利率水平",但是银监会与财政部、中国人民银行、保监会和国务院扶贫办联合印发的《关于促进扶贫小额信贷健康发展的通知》(银监发〔2017〕42 号)中则明确规定执行基准利率。过去农业贷款的主渠道是农村商业银行,利率可在基准利率上浮动,而农户贷款笔数多、数额小,与其他种类的大额贷款相比,同样数额的贷款银行投入的人力、物力、耗费的时间成本都大大增加,尤其是一些贫困地区交通闭塞、山高路远,放款成本更大。调查中了解到,邮政储蓄银行卢氏县支行发放农户小额贷款的人工成本高达 3%,扶贫小额信贷如果执行 4.35% 的基准贷款利率,银行利润空间将被大幅压缩。怎么来降低成本,能让银行在执行基准利率发贷的情况下仍有利可赚,直接影响着银行投放小额扶贫贷款的积极性。这也是影响扶贫小额信贷政策落地的一大障碍。

二、坚持问题导向,构建政策落地"四大体系"

围绕破除这五大障碍,卢氏县通过创建省级金融扶贫试验区,积极开展扶贫小额信贷试点探索。2017 年 2 月 27 日,卢氏县召开上千人动员大会,标志着全县正式开始创建省级金融扶贫试验区。2017 年 3 月 10 日,时任河南省政府朱焕然秘书长再次到卢氏,指导服务体系、信用体系建设。通过建立金融服务体系、信用评价体系、风险防控体系、产业支撑体系,着力解决风险怎么防控、信用怎么评定、服务怎么保障、项目怎么选择、成本怎么降低的问题,形成了"政银联动、风险共担、多方参与、合作共赢"的扶贫小额贷款"卢氏做法"。

总体方案设计参与者、推进者和再贷款资金的提供者
——中国人民银行参与打造"卢氏做法"

中国人民银行三门峡中心支行及卢氏县支行,紧紧围绕贯彻落实中国人民银行与六部委联合出台的《关于金融助推脱贫攻坚的实施意见》等一系列金融扶贫方针政策,充分发挥"金融扶贫工作的牵头者、总体方案设计的主要参与者、金融扶贫机制的组织推进者、再贷款资金的提供者"的角色作用,凝聚多方力量,推动辖区探索出一条以"卢氏做法"为主的可复制、可推广的金融精准扶贫新路子,真正让金融扶贫政策落地生根见效。

一、提高政治站位,发挥牵头作用

中国人民银行作为金融扶贫的牵头单位,紧紧围绕提高扶贫贷款和金融服务的可获得性这一目标,结合三门峡市、卢氏县实际,在充分调研试点的基础上,精准对接辖区内贫困地区和贫困户的金融需求,在方案制订、机制建立、政策落地、协调督导、考核评价等方面充分发挥了牵头作用。牵头制订了金融助推脱贫攻坚实施方案,找准金融支持的着力点;牵头建立了与市扶贫办、县政府和有关部门的工作联动机制,促进金融政策与扶贫政策的有效融合;牵头建立了银行、证券、保险协同机制和金融扶贫督导评价办法,突出政策导向,推动各类金融机构形成共同参与、优势互补的金融扶贫工作新格局;牵头建立并推进农村信用体系建设,为金融扶贫奠定良好的信用基础;牵头建立了金融扶贫专项统计监测和评估制度,充分运用窗口指导和货币信贷政策工具,引导金融资源向辖区内贫困地区和贫困人口聚集。

二、深化信用体系建设,改善金融生态

针对贫困户缺乏信用支撑问题,人行三门峡市中心支行以人行

郑州中心支行搭建的河南省农村信用信息系统为依托,建立信息采集和信用评分体系,着力解决贫困户少资产、无信用等级、难以满足授信条件的问题。在评价标准方面,遵循"弱化资产类指标、强化人品及还款意愿类指标"的思路,按照"三好三强"(遵纪守法好、家庭和睦好、邻里团结好、责任意识强、信用观念强、履约保障强)、"三有三无"(有劳动能力、有致富愿望、有致富项目,无赌博、吸毒等不良习气,无拖欠贷款本息、被列入贷款黑名单的记录,无游手好闲、好吃懒做行为)的定性标准,对原有指标权重进行了调整,适当降低贫困户资产类指标分值,调整了邻里和睦、遵纪守法等社会管理类指标分值,明确了140多项定量和定性指标。在评价方式方面,以系统评分为基础、人工评价为补充、等级公示为手段,确保信用评定结果公平、公正、准确。信用评级过程中,辖区所有涉农金融机构全部参与信息的采集,在系统自动生成评分的基础上,由乡包村领导、村组干部、村民代表等人员组成信用等级评定小组,结合农户初评情况再次评定,最终评定结果以村为单位进行公示。公示结束后,对无异议的评定结果录入河南省农村信用信息系统,并授予不同的信用等级。最终的评价结果得到所有参与扶贫金融机构的认可,使贫困户变成了"有信户",获得了金融机构的授信,实现了农村信用体系与金融扶贫工作的精准对接,解决了"扶持谁"的问题。

三、用好政策工具,撬动金融资源

资金成本高、收益低是制约金融机构发放扶贫小额信用贷款的重要因素。充分发挥中国人民银行在金融扶贫中的再贷款资金提供者的角色,人行三门峡市中心支行积极运用再贷款政策工具,以低成本的再贷款资金引导金融机构提高放贷积极性,加大扶贫贷款投放。2017年以来,人行三门峡市中心支行依托卢氏县"四位一体"扶贫贷款模式,累计向卢氏县法人机构发放扶贫再贷款13.77亿元;向辖区内非贫困县其他法人机构累计发放支农再贷款、支小再贷款 26.53 亿元。低成本再贷款的投入，一方面促使小额扶贫贷款政策落地，贫困户享受到免抵押免担保、财政全额贴息、基准利率的优惠扶持，另一方面，撬动了金融机构自有资金的投入，放大了金融扶贫效应。

四、凝聚多方力量，推动机制建设

金融扶贫是一项系统工程，不仅需要金融部门自身的努力，更需要地方政府的强力推动。在金融扶贫工作推进过程中，人行三门峡市中心支行建立了五种工作落实机制，凝聚多方力量，形成金融扶贫合力，确保金融扶贫政策落地生根。

一是建立省、市、县人民银行联动机制，发挥系统合力，促使政策上下贯通。形成了"郑州中支指导、市中支组织、县支行落实"的工作格局，使各项金融扶贫政策得到了有效落实。二是与三门峡市扶贫办建立金融扶贫联合办公机制，制订工作方案，促使工作推进落实。人行三门峡市中心支行与市扶贫办共同制定了《三门峡市三级金融扶贫服务体系机构设置及工作职责》《金融扶贫服务体系经费保障机制》《三门峡市金融扶贫工作日常考核方案》《全市中小企业（新型农业经营主体及双创主体）授信评级管理实施方案》等制度文件，形成了金融扶贫的长效机制。三是与卢氏县政府建立了市县两级联合办公机制，及时沟通情况，解决实际问题。采取每周沟通、定期会商、联合调研等方式，重点解决政策贯通、问题会诊、寻求对策、合力推动，实现市县两级直接联动、减少中间环节，有效解决了服务体系职责不清、信用评价指标不匹配、风险管控措施不到位等问题，提升金融扶贫工作效率。四是成立中心支行机关卢氏县金融扶贫试验区创建工作领导小组，集中全行力量，探索可复制、能推广的金融扶贫新模式。人行三门峡市中心支行整合货币信贷、调查统计、支付结算、国库、货币发行、征信管理、金融消费者保护等职能部门力量，形成与卢氏县支行的上下贯通机制,倾注全行之力,在创建方案设计、信用体系建设、普惠金融服务、扶贫再贷款运用等方面提供业务指导和政策倾斜,促使各项金融普惠政策在卢氏落地,不断创新金融扶贫体制机制和方式方法,推动试验区建设逐步深化。

(一)建设金融服务体系,让金融活水畅流起来

1. 金融服务体系构架

建设金融服务体系着眼于破解"银行网点少了,服务怎么保障"障碍。卢氏县探索创建了县、乡、村三级金融服务体系,其核心是"政银融合、三级联动",实行"村部初审、乡站审核、中心推荐(农信担核保)、银行放款"的贷款流程,形成了"牵头推进有机构、办理服务有人员、贷款发放有流程"的工作格局,实现了金融服务从"没人管"到"管到底"的转变。全县共建成县中心1个、乡站19个、村部277个,农村金融服务人员有原先的118人增加到近2千人,农户贷款实现了"只跑一次路"、"4天拿到手"。

其中,所谓"政银融合",就是把行政力量、金融力量整合到三级金融服务网络,县、乡级金融服务机构由政府、邮政储蓄银行、农村商业银行三方人员组成,村服务部由村支书和信贷员组成,明确农商行、邮储银行作为扶贫小额贷款主办银行。所谓"三级联动",就是着眼于弥补农村金融服务短板,整合组织力量,成立县金融服务中心、乡金融服务站、村金融服务部三级金融服务网络,明确了各司其职、衔接有序的制度和流程,其中村金融服务部负责贫困户贷款的受理初审,乡金融服务站负责审核把关,县金融服务中心负责推荐担保,县合作银行接到担保通知后放款。

县中心是"大脑",负责统筹指挥、协调推动,由县政府金融办、县扶贫办、中国人民银行卢氏县支行、金融机构及有关部门人员组成,全部脱离原岗,集中到设在县为民服务中心的金融扶贫服务中心办公。内设综合服务部、信用

信息部、信贷受理部、风险防控部、保险证券部 5 个部门。主要职责是:政策宣传、信用评级、申贷督办、风险防控、贴息拨付、不良处置、业务督导、投诉受理。

乡站是"身子",负责上下衔接、组织执行。由乡镇主管扶贫领导、驻乡镇合作金融机构全部客户经理和乡镇扶贫办全体人员组成。设主任 1 名,由乡镇主管扶贫领导担任,副主任 2—3 人,由乡镇扶贫办主任和驻乡镇合作金融机构负责人担任,办公地点设在乡镇扶贫办或驻乡镇合作金融机构,联合办公,专人专职。主要职责:政策宣传、信息管理、申贷审核、管理监督、投诉办理、产权盘活、不良处置。按照"六有一簿一上墙一公示"("六有",即有固定办公地点、有办公设施、有固定人员、有工作制度、有档案资料、有信用公示牌;"一簿",即工作记录簿;"一上墙",即 6 块版面上墙;"一公示",即工作人员、办理时间公示栏)的标准进行规范化建设。到 2020 年,已经建成高标准乡站 19 个,一类村 181 个。

村部是"手脚",扎根农户、服务群众。由村干部、包村合作银行客户经理、村金融扶贫信息员组成。主任由村支部书记担任;定期办公,原则上每周固定 2 天集中受理贷款申请。主要职责:普惠金融、申贷受理、不良处置、产权盘活、信用户命名授牌。

2. 有人员有经费,灵活服务

通过加大经费投入、综合施策、灵活服务,实现了三级金融服务体系办事有人、办事有钱、办事用心,解决"谁来管贷款,如何贷得快"的问题。

一是三级联动灵活服务。针对县域山大沟深、居住分散,各村审贷人员少且零散的实际,实行县乡村三级联动。在业务受理上,采取县中心、乡站天天受理,村部每周两天集中受理,农商行包村受理,其他合作银行预约受理。在工作规范上,采取"三统一",即人员组成、办公地点、受理时间统一;政策标准、宣传口径统一;贷款流程、申贷资料统一。在政策宣传上,利用广播、电视、微信等媒介和集市、庙会、节庆、民俗活动等时机强化宣传,让广大群众熟知申贷政策和流程。从而使县中心这个"大脑"更灵,乡站这个"身子"更活,村部这个"手脚"更巧,有效巩固了"牵头推进有机构、办理服务有人员"的工作格局。农户贷款从"群众跑断腿"到现在的"只跑一次路",贷款实际也有过去的"少则半个月,多则无限期"到现在的"4 天拿到手"。

二是建好队伍凝聚合力。针对行政村合并(行政村由 352 个合并为 277 个)及村级组织换届的实际,及时调整充实村部工作人员,开展业务培训。目前,全县乡村两级金融服务人员共有 1522 人,其中乡站 164 人,村部 1358 人。举办金融扶贫培训班 20 余期、培训 4200 余人次,实现了全覆盖。同时,建立村级信息员 AB 角(村"两委"干部、驻村第一书记)岗位互补制度,确保业务办理有人干、干得好、不间断。

三是加大投入强化保障。根据工作需要适时调整经费投入,激励服务人员和服务机构。卢氏县财政为每个村每年提供 2000—5000 元、每个乡镇每年提供 1 万—2 万元的金融扶贫专项工作经费,对于乡村两级金融服务机构发放的扶贫小额信贷实行千分之五的贷款奖励。支书月生活补贴由 2016 年的 600 元提高到 2020 年的 2000 元,其他村组干部同步上调;村级经费由 1 万元提高到 4 万元;县派第一书记工作经费增加至 1 万元;驻村干部生活补贴由每月 500 元调整为每天 50 元。开展"基层党建、金融扶贫、美丽乡村"标兵村评选活动,每评上一项,所在村支书、村"两委"成员和监委成员每月补助分别上调 500 元、300 元和 150 元,奖励报酬可重复累加。

(二)建设信用评价体系,让金融活水"浇"对人

1. 细化信用评价标准

建设农村信用评价体系,着眼于破解"贷款方式变了,信用怎么评定"障碍,其核心是"全面、准确、动态、共享"。针对出现的"一个银行授信、其他银行不认、授信比例太低、贫困户大多无'信'"的问题,卢氏县采用"政府主导、人行推动、多方参与、信息共享"的方式,适当弱化资产类指标、强化社会管理类指标,设计了"三好三强、三有三无"(遵纪守法好、家庭和睦好、邻里团结好,责任意识强、信用观念强、履约保障强,有劳动能力、有致富愿望、有致富项

目,无赌博、吸毒、嫖娼等不良习气,无拖欠贷款本息、被列入贷款黑名单的记录,无游手好闲、好吃懒做)的定性标准和 13 类 144 项定量指标,形成了可信、可行、可操作的信用评价指标体系。

2. 评级授信

卢氏县根据信用评价指标体系对农户进行全方位信用信息采集,建立覆盖全县的信用信息大数据库。按照自愿申请的原则,采集了 8.87 万户信息,采集率 96.5%;其中,贫困户 2.36 万户,采集率达 96.8%。系统评级为 A 级及以上农户 75129 户,有信率达 85.2%;其中,贫困户授信 20506 户,有信率为86.65%。根据不同的分值划分为 A、AA、AAA、AAA+4 个等级,分别给予 5万—20 万元的纯信用额度。

3. 动态更新、资源共享

一是坚持动态更新,力求信息精准。采取及时更新、定期更新、全面更新和申贷更新等多种方式相结合的做法,使信用评价体系的评价结果准确可信,提高了体系的服务能力。其中,及时更新主要指,户主和家庭成员信息中的身故、失联状况由村部负责收集上报;婚姻状况信息由民政部门负责更新;涉及治安、刑事案件信息由公安机关负责更新;逾期不良贷款或家庭财产抵押信息由金融机构负责更新;被申请执行、财产冻结等信息由法院负责更新;及时更新的时间要求在信息变更后 2 个工作日内。定期更新主要指,农户经营实体、创业、权属、生产运输设备、私家车、房产、保险、护林防火等信息于每季度末次月 5 日前更新。全面更新主要指,除及时更新、定期更新外,农户其他信息变更项于次年元宵节前一周内完成更新。同时,卢氏县把信息更新与“党员活动日”“争创文明诚信家庭”等活动相结合,每月 5 日为信息更新日,一月一更新一报告。2020 年,共更新农户信息 25302 户,802 户信用等级下调,3427 户信用等级提升,其中 695 户无信变更有信,80 户有信变更无信,全县有信率比上年提高了 2.2 个百分点。

二是强化科技支撑,推动资源共享。卢氏县与深圳中农信联合研发了集贷款审批、分析统计、成效展示、预警熔断等功能为一体的金融扶贫科技系统，与信用信息大数据联网对接，授权使用、分级开放，实现了信息互联互通、共建共享。同时，将深圳中农信的大数据、云计算与卢氏县的信用信息系统相融合，提供信息查询、"一站式"网上贷款服务，通过信用信息与金融服务网有效联接，共建共享，解决"贷款该给谁，看谁讲诚信"的问题。

（三）建设产业支撑体系，让金融活水精准滴灌

着眼于破解"精准要求高了，项目怎么选择"障碍，其核心是立足卢氏实际，精选主导产业，通过"龙头企业+合作社+农户"等模式实施项目带动，改变农户"单打独斗"发展产业散的局面，推动当地产业从"小散弱"向"专精深"转变，解决"贷款干什么，怎样用得好"的问题。

一是突出自身优势选择主导产业，围绕主导产业选项目。卢氏县积极落实新发展理念，因地制宜确立了以菌、药、果为重点的绿色农业，以农副产品、中药材精深加工为重点的特色工业，以生态旅游和电子商务为重点的现代服务业，引导贫困户围绕主导产业上项目，对符合主导产业发展方向的项目进行贷款。

二是突出龙头培育带动产业升级。围绕确定的主导产业，卢氏县全力推动一个产业培育2家以上龙头企业、发展百家合作社，建成百个产业扶贫基地，打造1个特色产业品牌，全力实施"四个一百"工程（核桃超百万亩、连翘超百万亩、规模以上企业超百家、旅游年接待游客超百万量级）。坚持把扶持龙头企业作为金融扶贫的重点，以龙头引领产业发展，形成产业优势，提升发展水平，增强带动能力。

三是突出利益联结提升带贫效果。着眼于转变农户"单打独斗"发展产业"小弱散"的局面，健全完善"龙头企业带动、合作社组织、农户参与、基地承载"的利益联结机制，探索了订单农业、合作经营、劳务增收、"产权+劳务"四种带贫模式，将贫困群众融入产业基地、嵌入产业链，实行"自我发展"加"带动发展"，不搞简单分红养懒汉，激发内生动力，增强发展后劲。通过金融扶

贫助力,优先向主导产业项目贷款。

（四）建设风险防控体系,为金融活水筑"安全渠"

着眼于破解"资金投向变了,风险怎么防控"障碍,其核心是资金监管。通过建立贷款资金监管、续贷资金周转、保险跟进防范、风险分担缓释、惩戒约束熔断五道防线,发挥三级服务体系协同作为的优势,在全县强化文明诚信激励,加强贷前信用提示宣传、贷中用途管理和贷后违约追责,为金融扶贫筑起安全渠,设好防火墙,推动银行从"不敢贷"变为"快放贷"。

1."五道防线"齐发力

第一道防线——贷款资金监管。对农户的贷后监管,主要由乡村两级金融服务体系承担;对合作社、企业贷款的贷后监管,主要由合作银行承担;对50万元以上贷款按照企业提供的资金使用计划,实行受托支付或分期支付。

第二道防线——续贷资金周转。建立2000万元的贷款周转资金池,解决金融机构无还本续贷政策落实之前,贫困户和带贷企业因产业发展周期长、成本回收慢而造成的无法按期还款难题。到2020年,已使用周转金续贷75户350万元。

第三道防线——保险跟进防范。首先,为所有贫困户统一购买人身意外伤害险,最大限度地降低因一人意外给家庭带来的不利影响。其次,为农户贷款提供贷款保证保险。再次,对发展产业项目上保险的,与人保财险、中华保险等开展特色农业互助保险、育肥猪及能繁母猪保险、烟叶保险、公益林保险,防范因各种灾害带来的产业发展风险。

第四道防线——风险分担缓释。建立风险分担缓释机制,卢氏县设立了5000万元的风险补偿金,与合作银行、省农信担保、省担保集团按照相应的比例分担,采取四种分担模式:"四位一体"共担模式,即"政府+银行+农信担保+担保集团再担保",对贫困户和带贷企业、农业经营主体的贷后风险,按（2：1：5：2和2：2：4：2)比例分担,形成了"四位一体"的贷款模式。"政银担"互惠模式,即"政府+合作银行+担保公司",解决非贫困户、企业、新型农业经营主体的贷款需求。根据不同的合作银行或担保机构,分别按照2∶3∶5、2∶2∶6、4∶2∶4的贷后风险比例进行分担。"政银保"合作模式,即"政府+合作银行+保险",贷后风险按照2∶3∶5比例分担,解决小微企业、新型农业经营主体及非贫困户的融资需求。"政银企"互助模式,即"政府+银行+企业",政府出资30%设立风险补偿基金,企业出资70%设立互助担保基金,建立企业互助担保风险补偿金基金池,由银行按不超过10倍的比例放大投放贷款,解决企业大额融资需求。

第五道防线——惩戒约束熔断。凡贷款不良率超过5%的行政村或超过30%行政村被熔断的乡镇,停止该行政村或乡镇贷款发放,并启动追偿程序,已先后向6个行政村发出预警,问题均得到妥善处理。

2. "三级服务体系"协同发力

卢氏县针对风险防控职责不明晰、监管不到位等问题,进一步压实三级服务体系在贷前信用审核、贷中用途管理和贷后违约追责中的具体职责,通过月例会、季督查、年考核和随机明察暗访等方式,及时掌握情况、发现问题、整改落实。将扶贫贷款风险防范纳入村支部工作职责,村干部、党员包户跟踪服务,"党员活动日"时,逐笔进行研讨评估。建立风险防控台账,贷款到期前60天进行预警提示,到期前一周内督导清收,一旦发生逾期或不良,县乡村三级联动,依法追偿。

3. 文明诚信强激励

卢氏县将金融扶贫与文明诚信建设和基层党建有机融合,通过在全县开展"守法户""诚信户""文明户""标兵户"四个级别的"文明诚信家庭评选活动",与金融扶贫评级授信结果挂钩,对全县表彰的"标兵户"和"文明户",分别在"河南省农村信用信息系统"的荣誉项中给予加3分和2分的奖励,贷款额度也在原来评级授信的基础上分别调高10万元、5万元。此外,卢氏县给予"标兵户""文明户"县内免费乘坐公交车、景区旅游免门票,就诊免挂号费、免费体检等优惠政策,"标兵户"子女可在县城中小学自主择校,让文明诚信的农户在社会上得荣誉、享实惠、受尊崇。通过强化守信激励失信惩戒,形成守信者处处受益、失信者寸步难行的良好金融生态,解决"银行敢不敢放贷,农户能否还得上"的问题。

4."六集中活动"化顽疾

针对历史原因造成农户拖欠贷款的历史遗留问题,卢氏县通过开展"六集中"活动——宣传政策、清收旧账、依法执行、评级授信、重新放贷、发展产业,硬碰硬解决现实难题。具体做法:一是集中宣传政策。让金融扶贫的政策家喻户晓,让金融扶贫的卢氏模式家喻户晓。二是集中清收不良贷款。乡镇集中力量,成立清收小组,宣传优惠政策,规定四个还款阶段,农户在规定时间主动归还贷款的分别给予5%、10%、15%、20%利率优惠。三是集中补采信息授信。对在规定期限内主动归还全部不良贷款农户,县中心、乡站、村部信息管理员及时更新信息,重新评级、授信。四是集中重新放贷。对已还清贷款并有贷款意愿且符合金融扶贫贷款条件的农户,重新按程序给其放贷。五是集中依法执行。对拒不还贷、恶意欠贷、赖债不还的农户,由县法院按司法程序依法执行。六是集中发展产业。乡镇要积极引导农户结合各自实际,利用金融扶贫政策大力发展养殖、种植等产业建立长效产业机制,助推致富增收。

"六集中"破解无信农户贷款难

——金融生态环境改善促政策落地

2017年卢氏县通过创建金融试验区建设,形成了金融扶贫卢氏模式。多数农户享受到了优惠政策,但仍有部分农户由于历史原因拖欠银行贷款,有不良记录,个人征信过不去,银行不能放贷,不能享受金融扶贫政策。为解决无信农户贷款难问题,卢氏县开展了以宣传政策、旧账清收、评级授信、重新放贷、依法执行、发展产业为主要内容的"六集中活动",通过"六集中"活动破解了这一难题。在2017年—2018年期间,卢氏县通过"六集中"活动,清收贷款2444

笔 1423 万元,1867 户农户重新获得授信,其中贫困户 329 户,增强了信用意识,优化了金融生态环境。

朱阳关镇在金融扶贫工作开展之初,因历史遗留共有不良贷款 870 户 1741 笔 1825.78 万元,不良贷款较多,致使信用环境差、群众授信率低,影响了全镇金融扶贫工作的开展。2017 年 10 月,卢氏县在朱阳关镇首个开展"六集中"活动,整治金融环境,增强诚信观念,重获信用等级。活动中,共清收不良贷款 240 户 460 笔 372.24 万元,强制执行 8 户,清收不良贷款促使金融生态环境得到明显改善。这一样来,也为后来熔断机制运行做了有益探索,化解了金融风险,提振了银行的信心,促进了政银融合,倡导了文明诚信风尚。

(五)四大体系融合互动,银行积极放流金融活水

信用体系是基础,服务体系是保障,产业体系是关键,防控体系是屏障,四大体系有机衔接、协调互动,形成了卢氏金融扶贫的整体构建,同时也破解了"利率差额小了之后,成本怎么降低"的障碍。一是金融服务体系的建立,县、乡、村都增加了金融服务人员,大大节省了银行的人工服务成本;二是信用体系的建立,在县、乡、村的帮助下获取了农户的信用信息,大大节约了银行的农户信用评价成本;三是风险防控体系的建立,使政府、银行、担保、再担保多方共同分担信贷风险,大大降低了银行的风险防控成本;四是产业支撑体系的建立,既使产业项目有选择,又使项目发展有保障,大大降低了银行的呆账坏账成本。

总的来看,四大体系的建立,有效破解了"两免一贴"扶贫小额信贷政策落地的五大障碍,实现了服务有平台、信用可评估、风险可把控,使金融机构政放款、有收益,也使贫困户贷得到、用得好。

三、创新帮带路径,完善"四种发展方式"

(一)完善"四种方式"带动发展

一是劳务增收方式。凡是企业、农民合作社等新型农业经营主体能够通过吸纳贫困劳动力就业方式带动贫困户发展的,积极给予带贫主体信贷支持。企业、农民合作社等新型农业经营主体自行发展,贫困户参与务工,通过获得薪金增收实现脱贫。二是订单农业方式。针对有生产经营能力、无生产经营项目的贫困户,向其发放扶贫小额贷款,用于向企业或农民合作社等新型农业经营主体购买生产资料,然后在企业或农民合作社等新型经营主体的管理指导下进行生产,保险跟进防控,企业或农民合作社按保护价格进行产品回收,统一销售。三是合作经营方式。企业、农民合作社等新型经营主体获得信贷支持用于购买、建设生产设施,如香菇大棚、蔬菜基地,农户订购生产资料投入生产,由企业、农民合作社等新型经营主体统一技术保障收购,双方收益按股分配。四是"产权+劳务"方式。对企业、农民合作社等新型经营主体能够通过流转贫困户土地等资产、吸纳贫困劳动力就业等方式带动贫困户发展的,给予带贫主体信贷支持。贫困户资产投入产业有偿使用,同时在企业、合作社实现就业,同时获得租金、股金和薪金实现脱贫。

(二)及时贴息降低融资成本

按照卢氏县金融扶贫试验区政策规定,只要是有信用的贫困户,都可以使用金融扶贫贷款并获得财政贴息;同时为了鼓励企业、农民合作社等新型经营主体带贫减贫,对满足带贫减贫条件的给予适当财政贴息。2016—2019 年,财政在贴息方面的投入不断增加,贫困户贴息方面,2016 年 113.7 万元,2017 年 755.5 万元,2018 年 1324 万元,2019 年贫困户、企业及农民合作社贴息共计 2118 万元。

针对贫困户和带贫企业或农民合作社实行财政贴息,卢氏县具体的贴息方法为:一是针对贫困户贷款,按照 5 万元以内,免抵押、免担保、基准利率 4.35%财政全贴息;超过 5 万元部分的贷款只享受免抵押、免担保,不享受财政贴息,利息按银行同期正常利率计算。贫困户利息实行先付后贴,农户按季付息、财政按季贴息。二是针对企业、农民合作社贷款,只要项目发展前景好、履行带贫义务的,按照每 30 万元贷款带贫 1 户贫困户的标准,贷款利率按基准利率上浮 10%也就是 4.75%执行,企业实行先付后贴、按月付息,财政按年贴息,在贷款满半年,经组织验收,项目效益好、达到带贫效果的给予 3%财政贴息。

四、着力深化提升,促进常态化发展

金融扶贫"卢氏做法"可以概括为"探索、推广、深化、提升"四个阶段,其中,2017 年属于做好顶层设计,大胆探索实践,总结经验,积极推行推广阶段。2018 年以来,"卢氏做法"进入常态化发展,并在实践中顺应金融普惠发展的需要,聚焦提高效率、强化风险防控等方面持续深化提升。

(一)金融政策由"特惠"向"普惠"的探索

着眼于金融助力脱贫攻坚与金融服务乡村振兴的有效衔接,卢氏县探索推动金融服务从"特惠"向"普惠"转变。一是贫困户向非贫困户的延伸。响应国家要求,及时延续扶贫小额信贷政策期限,并将非贫困户中的易致贫边缘户纳入扶贫小额信贷范围;同时,丰富和提升对非贫困户的金融产品与服务。二是户贷向社贷、企贷延伸。卢氏县政府与省农业信贷担保公司、郑州农业担保公司、卢氏县中小企业担保公司合作,通过"政银担"支持农商银行、邮储银行等银行将重点支持贫困户、带贫企业和农业经营主体扩大到非贫困户和所有中小微企业,有效破解了中小企业及新型农业经营主体融资难题。

（二）金融服务由"线下"向"线上"拓展

探索应用大数据、互联网等新技术,提高金融服务效率。一是共享信贷资源。将信用信息大数据与卢氏金融服务网联接,有限授权、分级开放,实现互联互通、共建共享。各家合作银行将原贷款审批系统的事项受理权限集中汇总,将综合后的受理数据在县金融扶贫服务中心的大数据系统流转共用,实现了申请材料、数据采集方式从多头向统一、从分散向集中转变,审批办理方式由各自为战向协同办公、集成审批迈进。二是提高申贷效率。卢氏县研发了金融扶贫四大科技系统,农户在村部进行网上申请,审核通过即可直接到银行办理贷款,四天即可拿到贷款,由过去的"面对面"到现在"线对线",实现了"信息多跑路,群众少跑腿"。三是大力推广线上金融产品。围绕助力主导产业发展,创新推出了"香菇贷""助农贷""惠农 e 贷"等线上惠农产品和"小微极速贷""云税贷"等稳企保业优惠产品。四是着眼长远发展。中农信联合京东、优世联合、紫晶存储等公司,投资 3 亿元在卢氏县建设金融扶贫暨乡村振兴大数据中心,为乡村振兴和高质量发展提供智慧支撑。

（三）担保主体由"单一"向"多元"转变

一是整合县级担保资源。贯彻落实国务院《关于有效发挥政府性融资担保基金作用切实支持小微企业和"三农"发展的指导意见》(国办发〔2019〕6号文),卢氏县把中小企业担保公司的经营范围由原来的为小微企业担保扩大到农户、小微企业、农民合作社,加大对非带贫企业、新型农业经营主体的信贷支持。二是引入社会资本担保。卢氏县在县中小企业担保公司的基础上,积极引入省农业信贷担保公司、郑州农业担保公司等多家担保公司,为卢氏县信用户提供 30 万元以下、小微企业、合作社提供 1 千万元以下贷款担保,担保主体实现"单一"向"多元"的突破,进一步夯实"政银担"贷款模式,扩大了社会资本担保领域,减轻了政府担保压力。

（四）风险防控由"事后"向"全程"转变

卢氏县在金融扶贫创新中，坚持以防为主、防补结合的原则，防患于未然，变"被动"为"主动"，重点把好"三道关"。一是贷前细审查，把好"初审关"。重点是"三看"要透彻，即一看是否贫困户，二看是否有信户，三看是否有项目。村部做好贷前初审，乡站做好申贷复审，县中心做好业务督导和申贷审核。二是贷后严格监管，把好"用途关"。定期开展贷款用途专项核查，对将资金闲置或改变用途的，立即提前收回，并降低信用等级、下调授信额度；对可能与其的贷款重点关注、提前防范；提前 2 个月将贷款到期明细发至各乡站，乡站、村部提前通知贷款户组织资金按期归还。三是逾期清收，把好"风险关"。成立乡村两级专门追偿清收小组，对预期贷款上门讲政策、组织清收；对不良贷户，停止贴息，立即启动追偿程序。通过贷前审核、贷后管理、不良清收、违约追责全程把控，把牢"五道防线"，工作"做早做先"，严格防控风险。

第四节　经验启示

2017 年以来，卢氏县积极探索，大胆实践，形成金融扶贫"卢氏做法"，成功破解小额信贷扶贫政策落地难题，找到了金融扶贫供给侧改革的一条可行路径，成为政府最操心、银行最放心、贫困群众称心的有效金融扶贫政策。卢氏县针对贫困群众造成"贷款难"和金融机构"难贷款"的"五大障碍"，建设了"四大体系"，形成了"政银联动、风险共担、多方参与、合作共赢"的金融扶贫"卢氏做法"，其中，"四大体系"是"卢氏做法"的形，"政银联动、风险共担、多方参与、合作共赢"是"卢氏做法"的魂。

一、"卢氏做法"的关键点

"卢氏做法"的成功在于以问题导向，找到了扶贫小额信贷政策落地的制约瓶颈,并给出了针对性的解决方案。针对金融扶贫力量薄弱问题,建立三级联动的金融服务体系;针对贫困户缺乏信用支撑问题,建立切实可行的信用评价体系;针对贫困户贷款意愿低问题,建立产业支撑体系;针对贷款风险控制难问题,建立切实可行的风险防控体系。

(一)建"四大体系"促政策落地

卢氏县以问题为导向,找准扶贫小额信贷政策落地过程中存在的金融服务、信用评价、项目选择、风险防控、成本控制的"五大障碍",并以此为突破点,针对性地创建了金融服务、信用评价、产业支撑和风险防控"四大体系",实现了服务有平台、信用可评估、风险可把控,使金融机构敢放款、有收益,也使贫困户有产业、能发展,有效破解了金融扶贫的瓶颈。其中,服务体系是保障,信用体系是基础,防控体系是关键,产业体系是支撑,四大体系有机衔接、协调联动,形成了"卢氏模式"的整体架构,一破一立,推动扶贫小额信贷政策落地落实。

(二)"四大体系"的核心要素

金融服务体系的重点是针对农村银行网点少、金融服务能力不足的现实困境,解决"谁来管贷款,如何贷得快"的问题,服务体系的核心是"政银融合、三级联动"。信用评价体系的重点是针对农村群众普遍缺乏信用信息和有效的信用评价机制的现实情况,创建信用评定办法,解决"贷款该给谁,看谁讲诚信"的问题,信用体系的核心是"准确、全面、动态、共享"。产业支撑体系的重点是针对"精准要求高了,项目怎么选择"、贫困户贷款项目不好选、贷款用不好的现实,解决了"贷款干什么,怎样用得好"的问题,产业支撑体系的核心是"精选主导产业、合理规划布局、密切利益联结"。风险防控体系的重点是针对"资金投向变了,风险怎么防控"的障碍,解决了"银行不敢放贷、农户能否还得上"的问题,风险防控体系的核心是,围绕资金监管,"多措并举、综合施策"。而且,四大体系协调联动,尤其是县、乡、村三级"金融服务体系"的建立,也解决了扶贫小额信贷落地中面临的"利率差额小了,成本怎么降低"的难题。

(三)"四大体系"的运用

卢氏县在开展扶贫小额信贷的实践中,依托"四大体系",主要探索和形成了四种贷款路径、四种带贫做法。

四种贷款路径包括,一是"四位一体"共担,由政府与银行、省农信担保公司、省担保集团合作,走出了一条服务于贫困户的贷款路径;二是"政银担"互惠,即政府与银行、担保公司合作,作为非贫困户、新型农业经营主体贷款的主要路径;三是"政银保"合作,即政府与银行、保险公司合作,作为非贫困户、新型农业经营主体的贷款备选路径;四是"政银企"互助,即政府与银行、重点龙头企业合作,按比例出资建立风险补偿基金池,主要作为龙头企业的贷款路径。

四种带贫做法包括,一是劳务增收做法。金融扶贫贷款,企业、合作社自行发展,农户参与务工,实现劳务增收。二是订单农业做法。贫困户、合作社获得贷款,企业跟踪指导,按保护价回收。三是合作经营做法。企业、合作社获得贷款购建设施,统一技术保障收购,农户租借发展生产,收益按股分成;四是"产权+劳务"做法。企业、合作社发展产业,农户资产有偿使用,获得租金,同时参与企业劳务增收。

二、"卢氏做法"的关键机制

金融扶贫"卢氏做法"取得成功的关键在于形成了"政银联动、风险共担、多方参与、合作共赢"的工作机制。如果将"四大体系"比做"卢氏做法"的形,那么"政银联动、风险共担、多方参与、合作共赢"就是"卢氏做法"的魂。不论是建设"四大体系",还发挥"四大体系"的联动作用,无时无处不需要"政银联动、多方参与"凝聚力量共作为,无一不坚持了"风险共担、合作共赢"的共享理念。

（一）政银融合,三级联动

金融扶贫是金融服务与扶贫减贫事业的融合,需要政银融合。要落实扶贫小额信贷政策,发挥金融扶贫的作用,就必须充分调动政府、银行、担保、保险等各方面的积极性,建立政府和各金融机构的互信机制、协作机制,需要密切合作,落实财政保障政策,发挥金融活水的作用。政银融合是多层次的、上下贯通的融合,需要三级联动。三级金融服务体系既是政银融合的直接成果,也是政银联动发挥作用的载体和工具,更是其他三大体系发挥作用的基础。政银融合就是要县、乡、村上下共同发力,让三级金融服务体系形成联动,有效发挥作用。

（二）高位推动,高点谋划

一是领导重视,高位推动。"卢氏做法"形成中,时任省长亲自点题,县委书记亲自操刀,"一把手"亲自抓、解难题、严督导,各级领导发扬工匠精神,一个环节一个环节抓,一锤接着一锤敲,持续用力,为政策落地提供了尚方宝剑。二是高点谋划,做好顶层设计。卢氏县从制度建设入手,制定完善了《深化金融扶贫试验区建设工作意见》,《深化金融扶贫"卢氏模式"实施办法（试行）》等 12 个办法、《卢氏县金融扶贫服务体系建设工作方案》等 5 个专项方案,形成了"1+12+5"政策体系,确保金融扶贫不走偏、不涉险。

（三）多方参与,合作共赢

金融扶贫是一项系统工程,多方合作才会赢,"卢氏做法"正是打好了财政、银行、保险、担保、企业等的"组合拳",才为金融活水发挥作用提供了舞台。在"卢氏做法"中,金融服务体系是"政银融合、三级联动",才能实现人员到位、经费保障、职责履行、流程优化;信用评价体系是"政府主导、人行推动、多方参与、信息共享",才能实现准确可靠、动态更新、结果共享、合理运用;产业支撑体系是"政府引导、企业带动、合作社组织、农户参与",才有利于培育龙头企业、发展主导产业、密切利益联结、增强带贫效果;风险防控体系则是政府与银行、保险、担保机构等多方形成"四位一体"风险共担,才能有效防范风险。在政府主导下,各部门联动,引导和带领金融机构、企业、合作组织、农户等多个市场主体积极参与,发挥各自职能与优势,让每个主体既是参与者,又是受益者,多方共同努力,促使金融扶贫好政策落地,让贫困群众真正受益。

(四)"四位一体",风险共担

扶贫小额信贷是无抵押、无担保的信用贷款,贷款"还得上"是根本要求,但难度很大,风险共担是关键。在推动扶贫小额信贷政策落地过程中,为了解决银行不敢放贷、农户可能还不上贷的问题,卢氏县建立了有效的风险分担缓释机制。卢氏县出资设立了5千万元的风险补偿金,并与银行、担保公司按照相应比例分担,形成了四种分担做法。针对贫困户和带贫主体的贷后风险,形成了"四位一体"共担做法;针对非贫困户、中小微企业和新型农业经营主体贷后风险,形成了"政银担"互惠模式和"政银保"做法;以及针对龙头企业贷后风险的"政银企"做法。多位一体的风险共担机制,降低了银行的风险防控成本,解除了银行的后顾之忧,推动了金融扶贫政策落地并产生实效。

三、金融扶贫发展启示

金融扶贫"卢氏做法"的经验证明,扶贫小额信贷政策落地生根、金融扶贫取得实效的根本在于问题导向大胆创新。围绕扶贫小额资金落地障碍,卢氏县召开座谈会、研讨会,反复论证,找准突破口,理清发展思路,凝聚集体智慧,破解发展难题;站在贫困户、企业的角度有针对性地开发契合市场需要的金融产品,找到政府、银行、企业和农户之间发展的最大公约数,激发金融机构支农的积极性。这些工作经验在新的形势下仍有生命力。随着脱贫攻坚的胜利收官,乡村振兴的深入推进,农村金融服务在信用体系建设、风险分担机制等方面仍需持续深化。

一是持续深化农村信用体系建设。农户特别是贫困户贷款,普遍存在抵押难、担保难的问题,通过对农户信用信息的全方位采集来准确评价农户信用等级,进而向农户发放小额贷款是解决农户贷款难的有效措施。农户信用信息采集评级主要存在采集难、更新难问题。解决上述问题,需要发挥基层政府的组织职能,由金融机构主导,发动村级服务力量,对农户信息进行逐户采集,并采取定期更新、及时更新、申贷更新等方式,及时农户信息更新,确保农户信息准确管用。

二是健全贷款风险分担机制。虽然2020年脱贫攻坚已经胜利收官,但相对贫困会长期存在,而且乡村振兴将加快推进,推动着特惠金融向普惠金融的转变,包括低收入户在内各类农户发展生产的贷款需求将日益多样化、贷款需求也将提高,信贷资金投放力度将不断扩大;与此同时,贫困群众虽然脱贫了,但是经济基础相对薄弱,抗风险能力依然较弱。而现在扶贫小额贷款政策主要是由县政府建立风险担保金,保险机构积极性不高,乡村振兴阶段将需要更多地引入和借助保险机构等社会担保的力量,以弥补县域担保机构实力较弱、风险补偿金规模较小等不足。原来主要针对贫困户和带贫企业的风险分担机制将需要进一步完善,以便调动金融机构发放涉农贷款积极性,确保金融扶贫资金安全有效。

三是坚持问题导向持续创新,金融服务衔接乡村振兴。金融扶贫"卢氏做法"就是在不断发现问题、解决问题的实践中形成的。2020年脱贫攻坚收官后,摘帽地区将全面转入乡村振兴。新的形势下,应围绕推动特惠金融向普惠金融转变,推动政府主导向市场主导转变,围绕着"活、准、硬、实",即让金融服务体系更有活力,让信用评价体系更精准,让风险防控体系更硬实,让产业支撑体系更有实力,持续深化"四大体系",巩固脱贫攻坚成果,并在金融扶贫"卢氏做法"的基础上,探索打造服务乡村振兴的"卢氏做法"。

第七章　扶贫小额信贷的宁夏盐池实践

盐池县地处毛乌素沙漠南缘,是国家扶贫开发工作重点县,贫困发生率一度高达75%以上。自1983年以来,盐池县历经"三西"建设、国家"八七"扶贫攻坚计划和宁夏"双百"扶贫攻坚、千村扶贫开发、整村推进扶贫、精准扶贫攻坚等五个重要阶段的扶贫开发之路,这为后期扶贫小额信贷政策的落地奠定了扎实的人文基础,也为巧用政策解决贷款难问题提供了积极创新的强大内生动力。

为深入贯彻落实《关于创新发展扶贫小额信贷的指导意见》(国开办发〔2014〕78号)和《关于开展金扶工程小额信贷的指导意见》(宁扶贫办发〔2015〕35号)的文件精神,2014年末盐池县正式将扶贫小额信贷作为打赢脱贫攻坚战的重要金融手段,瞄准有贷款意愿、有就业创业潜质、技能素质和一定还款能力的建档立卡贫困户,采取党政主导、诚信支撑(创建"631"评级授信系统)、产融结合("1+4+X"特色优势产业)、风险防控(建立风险补偿合作机制)、保险跟进("2+X"菜单式"扶贫保"模式)、监测统筹(建立动态监测预警机制)和问题整改(针对"两免一基"政策落实不到位、重复授信、多头贷款等)等七大举措,通过巧用政府"有形之手",聚合市场"无形之手",引导群众使用"勤劳之手"和"诚信"金钥匙打开"资金之门",有效破解了扶贫小额信贷全国性"十大难题"——农村金融信用体系共建共享难、农村金融贷款精准统计难、依靠诚信贷款难、免担保免抵押贷款难、60 周岁以上贷款年龄受限、非恶意"黑名单"贫困户无法贷款、建档立卡户贷款贵、金融信贷员尽职免责难、偏远乡镇金融服务网点空白以及建档立卡户因病因灾因市场价格波动易返贫,充分发挥了扶贫小额信贷"输血""造血""四两拨千斤"的功能效应,走出了一条"依托金融创新推动产业发展、依靠产业发展带动贫困群众增收"的脱贫富民之路,为宁夏回族自治区甚至全国开展扶贫小额信贷工作的提供了"盐池样本"。

及至 2018 年脱贫摘帽后,盐池县更是坚持以脱贫攻坚成果巩固拓展统揽经济社会发展全局,按照"摘帽不摘责任、摘帽不摘政策、摘帽不摘帮扶、摘帽不摘监管"的要求,着力在金融扶贫上再提升,并将扶贫小额信贷的思想有机地融入到金融支持的血液中,再次为盐池县的乡村振兴灌入金融活水,即全面落实扶贫小额信贷政策,防范化解金融风险,采取有效措施控制逾期和不良贷款,加强对小微企业、新型经营主体、龙头企业的金融支持,持续推行"2+X"扶贫保,切实为产业发展、农户增收保驾护航。

尽管我国农村金融体系不断完善,形成了商业性、政策性和合作性金融互补的大格局,但仍未全面覆盖一些贫困地区尤其是少数民族贫困地区。少数民族地区是全面建成小康社会的"短板"区和制约区,按照习近平总书记"全面建成小康社会,一个民族都不能少"的指示,少数民族地区全面建成小康社会的首要任务是解决现有的贫困问题,然而,由于技术层面、运营层面以及制度设计层面等诸多因素的制约,农户特别是贫困农户缺乏金融的有效支持,由此陷入"农户发展急需资金支持,金融机构却慎贷惜贷"的怪圈,加之伴随正规金融机构"离乡进城、贷工不贷农"的现象频发,贫困地区成为金融服务的"真空地带",贫困农户的资金需求更是难以满足①。因此,如何充分发挥金融扶贫的"造血"功能,助推少数民族地区全面建成小康社会,显得尤为迫切和

---

① 刘七军:《金融扶贫与民族地区小康社会建设——基于宁夏"盐池模式"的个案调查》,《北方民族大学学报》(哲学社会科学版)2017 年第 6 期。

重要。宁夏回族自治区盐池县在打赢脱贫攻坚战、全面建成小康社会的征程中,立足建档立卡贫困户的金融需求,将扶贫小额信贷作为脱贫攻坚的第一抓手,以解决"穷人"无担保人、无抵押物等难题为突破口,在严格落实国家和自治区金融扶贫政策的基础上,通过创新发展扶贫小额信贷政策,在破解贫困户发展资金制约方面做出了有益探索。本研究报告拟以盐池县扶贫小额信贷为典型案例,以作管豹之窥,助推少数民族地区巩固拓展脱贫攻坚成果、扎实推进乡村振兴战略提供可能的借鉴和参考。

第一节　政策背景与发展历程

金融是脱贫攻坚的"造血干细胞",扶贫小额信贷是脱贫致富的"金钥匙"。2015 年 11 月 27 日,习近平总书记在中央扶贫开发工作会议上强调,要做好金融扶贫这篇文章,加快农村金融改革创新步伐。然而,如何借助金融手段解决贫困问题,是一个世界性难题。从世界和中国的发展经验来看,解决此问题的关键是为贫困户提供期限合理、额度适中、价格优惠、方便快捷的小额贷款,助其解决缺乏发展资金问题。扶贫小额信贷是为支持建档立卡贫困户发展产业量身定制的金融精准扶贫产品,是一项政策、一个产品、一种服务"三位一体"的全新制度设计,其政策要义可归纳为 6 个核心要素,即"5 万元以下、3 年期以内、免抵押免担保、基准利率放贷、财政贴息、县建风险补偿金"。

宁夏回族自治区按照党中央、国务院的决策部署要求,紧紧围绕加快产业扶贫发展、激发贫困群众内生动力、促进稳定增收脱贫这一工作重点,积极开辟扶贫小额信贷源头活水,联合相关部门为创新发展扶贫小额信贷工作,从省(自治区)、市、县三个层面加强顶层设计,先后出台了一系列文件,有力地支持了盐池县扶贫小额信贷政策的落地实施和健康发展。

一、省级政策梳理及解析

宁夏回族自治区扶贫小额信贷政策的前身是 2012 年开始实行的"千村信贷,互助资金"金融创新扶贫工程,该工程实现了互助资金与信贷资金的捆绑,享受互助资金和金融信贷的双重政策扶持。加入互助社的贫困农户可在互助资金借款额度的基础上获得农村信用联社发放的放大 1—5 倍的信用贷款,并享受优惠利率。此后,为贯彻落实《关于创新发展扶贫小额信贷的指导意见》(国开办发〔2014〕78 号)的要求,2015 年 2 月,宁夏扶贫办、财政厅、中国人民银行银川中心支行、中国银监会宁夏监管局、宁夏保监局 5 部门联合印发《关于开展金扶工程小额信贷的指导意见》(宁扶贫办发〔2015〕35 号),要求以盐池、原州、西吉、彭阳、隆德、泾源、海原、同心、红寺堡、沙坡头、中宁、灵武山区乡镇和生态移民安置区(含吊庄移民区)为扶持范围,以有贷款意愿、有就业创业潜质、技能素质和一定还款能力的建档立卡贫困户为扶持对象,探索创新金融服务机制,运用开发性金融理念和方法,开展面向贫困地区的差别化、特色化的金融服务,以扶贫富民为出发点,集中打造具有宁夏特色的"金扶工程"品牌,创建全国金融扶贫试验示范区。进一步丰富扶贫小额信贷的产品和形式,创新贫困村金融服务,改善贫困地区金融生态环境,依托特色优势产业,以财政扶贫资金扶持为引导,以信贷资金市场化运作为基础,通过政府引导、政策支持,金融跟进,建立财政扶贫资金与信贷资金有效结合的方式,发挥市场作用,放大扶贫资金效益,建立信贷资金有效风险防控机制,满足建档立卡贫困户信贷需求,努力促进贫困户贷得到、用得好、还得上、逐步富。

2016 年,宁夏扶贫办、宁夏保监局联合下发《关于开展精准扶贫"脱贫保"工作的通知》,正式启动全国首个省级全覆盖精准保险扶贫项目"扶贫保"。宁夏按照"政府引导、市场运作,突出重点、精准帮扶,保费补贴、严格监管"的原则,采取政府补贴和农户个人自筹相结合的办法,建立"风险调节机制"将

"扶贫保"不断升级完善,切实增强贫困群众防范化解因病因灾因意外致贫返贫风险,进一步巩固脱贫成果。同年,自治区扶贫办和宁夏保监局联合下发《关于开展精准扶贫脱贫保险工作实施方案》,提出向建档立卡贫困户提供"一站式菜单化"保险服务的目标。

为贯彻落实《自治区人民政府关于印发宁夏回族自治区"十三五"脱贫攻坚规划的通知》(宁政发〔2017〕25号),充分发挥金融措施助推脱贫攻坚的重要作用,提升金融扶贫的精准性和有效性,切实加强银行业金融机构助推脱贫攻坚工作,推动扶贫小额信贷在增量扩面的基础上实现提质增效,2017年5月,宁夏回族自治区人民政府办公厅印发了《关于进一步加强银行业金融机构助推脱贫攻坚的实施意见》(宁政办发〔2017〕104号),要求各银行业金融机构加大扶贫信贷产品创新和模式创新,扩大扶贫信贷资金投放,确保贫困县、区贷款增速高于全区当年贷款平均增速,贫困户贷款增速高于全区农户贷款平均增速。同年6月,宁夏回族自治区人民政府办公厅印发《金融扶贫示范区建设实施方案》(宁政办发〔2017〕110号),标志着宁夏回族自治区打造全国首个以省为单位的金融扶贫示范区进入全面实施阶段,其主要目标是力争用2—3年左右的时间,实现精准扶贫金融服务电子化档案"一档一户"全覆盖、建档立卡贫困户信用评级全覆盖、有贷款意愿贫困户小额信贷基本全覆盖、"扶贫保"全覆盖、手机使用全覆盖、行政村金融综合服务站全覆盖,形成多层次、广覆盖、可持续、竞争适度、风险可控的农村金融服务体系,符合需求的金融产品和服务更加丰富,金融扶贫政策体系更加高效,金融可获得性显著提高,风险管理水平进一步提升,金融生态环境不断改善,金融服务满意度明显提升。同年11月,为攻克深度贫困堡垒,确保全面建成小康社会,自治区党委办公厅、人民政府办公厅印发《宁夏回族自治区深度贫困地区脱贫攻坚实施方案》,要求加大金融政策支持,即适度增加深度贫困县区扶贫产业担保基金规模,实现扶贫风险补偿基金总量与银行扶贫贷款规模相匹配;推动金融扶贫资源向深度贫困地区倾斜,银行业金融机构应制定差异化信贷支持政策;按照贫困户发展需求,提高扶贫小额贷款额度,执行贷款额度 5 万元到 10 万元、期限 3 年到 5 年、免抵押免担保、基准利率、政府贴息政策;对超出 5 万元的部分,可使用统筹整合地方财政资金贴息;对守信经营、有较强发展能力的贫困户,可将贷款额度提高到 20 万元以上。为更好地实现上述目标,宁夏回族自治区还鼓励更多金融机构参与扶贫工作,支持各银行业金融机构在做好全域金融服务的基础上,积极对接 9 个贫困县、区,既可多家银行扶持一个贫困县(区),也可一家银行辐射多个县、区。据统计,2017 年,宁夏回族自治区新增扶贫小额信贷 58 亿元,户均贷款 4.6 万元,贫困户覆盖面达 74.7%,有效帮助了贫困户发展生产摆脱贫困。①

　　到 2018 年初,宁夏回族自治区金融扶贫再发力,确定全区扶贫小额信贷"保五争六"目标,即当年投放确保 50 亿元,力争 60 亿元。事实上,从 1 月至 10 月,宁夏累计投放扶贫小额信贷 62.6 亿元,10 月末扶贫小额信贷余额 84.8 亿元,存量获贷贫困户 17.9 万户,贷款覆盖率达 85%,户均贷款 4.8 万元。这不仅对符合条件、有贷款意愿的建档立卡贫困户实现了"应贷尽贷",而且对已贷款一部分、额度较小、有愿望增加贷款额度的贫困户继续加大了信贷支持力度,因此基本满足了他们扩大生产经营规模和培育自我发展能力的需求。此外,金融精准扶贫参与度进一步提升。参与金融扶贫的银行机构由 5 家涉农银行机构扩展到 15 家(不包括村镇银行),涵盖政策性银行、国有商业银行、股份制银行和地方银行。其中,地方银行继续发挥金融扶贫主力军作用,持续扩大金融扶贫贷款投放,国有商业银行和股份制银行积极扩大金融扶贫贷款规模,不断强化金融扶贫力度。截至 10 月底,全区金融精准扶贫贷款余额 731.6 亿元,同比增长 6.3%。其中,全区新型农业经营主体精准扶贫贷款余额 48.6 亿元,同比增长 36.9%,存量获贷主体 2312 个,带动建档立卡贫

---

　　① 《宁夏今年将新增扶贫小额信贷 50 亿元》,2018 年 2 月 6 日,见 http://www.gov.cn/xinwen/2018-02/06/content_5264355.htm。

困人口 4.9 万人。①

2019 年 7 月,宁夏地方金融监督管理局、宁夏扶贫办、中国银行保险监督管理委员会宁夏监管局联合印发《关于进一步加强扶贫小额信贷管理的意见》和《宁夏扶贫小额信贷风险补偿金管理暂行办法》(宁地金监发〔2019〕145号)。其中,前一个文件从明确扶贫小额信贷政策要求、严格扶贫小额信贷支持对象、严控扶贫小额信贷资金用途、满足贫困户多元化信贷资金需求、健全风险补偿金管理机制、落实财政贴息政策、稳妥办理续贷和展期、选准扶贫产业发展项目、发挥"扶贫保"保障作用、压实扶贫小额信贷管理责任、防控扶贫小额信贷风险、适当提高不良贷款容忍度、强化金融扶贫政策宣传培训、优化农村信用环境、强化金融扶贫领域作风建设、落实金融扶贫激励约束措施、建立金融扶贫管理长效机制等 17 个方面提出了相关意见,旨在进一步完善全区扶贫小额信贷政策,加强扶贫小额信贷管理,提升扶贫信贷资金使用的精准性和有效性,切实防范扶贫小额信贷风险。相较之下,后一个文件着重从扶贫小额信贷风险补偿金的管理职责(包括设立、调整、补充、代偿等)、资金来源和保障对象、代偿范围和程序、贷款风险管控、监督管理等 5 个方面做了详细规定和说明,旨在规范全区扶贫小额信贷风险补偿金管理,健全风险补偿机制,促进扶贫小额信贷健康发展。据相关统计数据显示,2019 年,宁夏回族自治区发放扶贫小额信贷 49 亿余元,其中面向 9 个重点贫困县(区)发放贷款 38亿余元,贷款覆盖率达到 80%以上②。另外,从 2012 年至 2019 年 11 月,宁夏回族自治区扶贫小额信贷累计发放 320.5 亿元,贷款余额 75.1 亿元,风险补偿金余额 9.5 亿元,符合条件的贫困户基本实现"应贷尽贷",有效缓解贫困群众贷款难、贷款贵。

---

① 《宁夏扶贫小额信贷覆盖率达 85%"》,2018 年 11 月 29 日,见 http://m. xinhuanet. com/2018-11/29/c_1123784620. htm。

② 《宁夏去年发放扶贫小额信贷 49 亿余元》,2020 年 1 月 15 日,见 http://m. xinhuanet. com/2020-01/15/c_1125465795. htm。

及至 2020 年,突发的新冠肺炎疫情对宁夏回族自治区脱贫攻坚造成一定影响,部分县(区)扶贫小额信贷工作面临困难。为努力化解疫情影响,促进扶贫小额信贷健康发展,宁夏回族自治区立足金融扶贫工作实际,着力将扶贫小额信贷工作的侧重点由扩面增量向提质增效防风险转变,强化扶贫信贷风险防控;金融扶贫重点由支持建档立卡贫困户向支持建档立卡贫困户和新型农业主体并重转变,强化对具有扶贫带动作用的新型农业经营主体的支持力度;将金融扶贫产品由银行贷款支持向财政、银行、证券、保险、担保等金融工具组合协同支持转变,不断扩大金融扶贫信贷投放,强化对建档立卡贫困户、扶贫产业和扶贫重点项目建设,以确保完成全年 30 亿元投放任务。2020 年 2 月,宁夏扶贫办、宁夏地方金融监督管理局、中国银行保险监督管理委员会宁夏监管局联合印发《关于积极应对新冠肺炎疫情影响切实做好扶贫小额信贷工作的通知》(宁开办发〔2020〕7 号),要求各银行机构加强与各县(区)、各乡村组织的沟通协调,从六个方面开展相关工作。一是适当延长还款期限(延期最长不超过 6 个月),灵活办理展期、续贷相关手续;二是加快审批进度,简化业务流程手续,采取多种方式提供服务,提高业务办理效率;三是切实满足有效需求,不抬高贷款门槛,不缩短贷款期限,保障贫困户产业发展的信贷需求;四是充分发挥村"两委"、驻村工作队等基层力量作用,切实做到"两手抓";五是强化监测防范风险,对受疫情影响严重、还款压力较大的重点地区,及时掌握逾期贷款原因并分类化解有关问题,切实防范扶贫小额信贷逾期和形成不良贷款;六是加强组织领导,压实各级责任,做好工作衔接和组织协调。农业银行宁夏分行、黄河银行先后推出惠农政策,对受疫情影响较大、还款来源无法落实的贫困户办理展期,对因被隔离等非主观原因产生的贷款逾期,一律不认定为违约客户。

据统计,2020 年第一季度累计向 2.8 万户贫困户发放扶贫小额信贷贷款12.8 亿元。① 截至 3 月底,各金融机构已为 971 户贫困户 4003 万元贷款办理

---

① 《宁夏向 2.8 万贫困户发放扶贫贷款 12.8 亿元》,2020 年 4 月 20 日,见 http://nx.people.com.cn/gb/n2/2020/0420/c192482-33959990.html。

延期;当然,对恶意拖欠银行贷款、存在逃废债行为的,组建县、乡、村干部联合工作小组及时入户教育,对教育无果的贷款户将纳入失信债务人名单,并依法组织回收。截止4月,全区贫困户贷款余额73亿元,贫困户贷款覆盖率77.3%,户均贷款5万元,基本做到了应贷尽贷。同年5月,根据《中国银监会、财政部、人民银行、国务院扶贫办关于进一步规范和完善扶贫小额信贷管理的通知》(银保监发〔2019〕24号)的有关要求,宁夏地方金融监督管理局、宁夏扶贫办、中国银行保险监督管理委员会宁夏监管局联合印发《关于修订〈宁夏扶贫小额信贷风险补偿金管理暂行办法〉的通知》(宁地金监发〔2020〕119号),就扶贫小额信贷逾期、理赔、申请、代偿等问题作了五处修订修改。在此新形势、新要求下,为保障贫困户生产发展资金需求,宁夏回族自治区结合脱贫攻坚"四查四补"安排,要求各县(区)逐村逐户送政策、找问题,确保贷款金额未满5万元贫困户存量扶贫小额信贷的5万元额度不减,养殖业3年贷款周期不减。对有一定产业基础、有扩大再生产意愿和发展能力、信用状况良好、有大额信贷资金需求的贫困户,继续给予贷款支持。

二、市级政策梳理及解析

吴忠市是宁夏回族自治区脱贫攻坚的主战场之一,面对脱贫攻坚的艰巨任务,市扶贫开发办公室不断完善脱贫攻坚政策体系和推进机制,出台《打赢脱贫攻坚战三年行动的实施意见》《脱贫攻坚全面量化管理体系》《精准扶贫责任规定》《扶贫扶志助力脱贫攻坚的实施意见》等政策文件,精准扶贫"7366"模式获评全国民生示范工程奖。自2016年全国脱贫攻坚奖设立以来,每年都有吴忠市脱贫攻坚战线上奋斗者的身影,其中荣获个人奖3个、集体奖2个。"十三五"以来,吴忠市贫困人口从22.1万人下降至4141人,贫困发生率由20.5%下降至0.41%。吴忠市扶贫工作连续4年在自治区名列前茅。

从金融扶贫政策制定与落实情况来看,近年吴忠市紧紧围绕"精准扶贫、精准脱贫"基本方略,全力推动贫困地区金融服务到村、到户、到人,形成"政策支持精准、信贷投放精准、产业对接精准"的金融扶贫新路,为实现到2020年打赢脱贫攻坚战的目标提供有力的金融支撑。一是强化监管引领,推动金融扶贫健康发展。不仅制定印发了《吴忠银行业扶贫开发金融服务工作实施方案》,以期明确目标任务、工作进度、工作措施、扶持方式,为银行业扎实开展金融扶贫提供制度保证,也出台了《吴忠市防范化解金融风险实施方案》,以期进一步加强金融风险防控,完善金融风险防控机制,维护良好的经济发展秩序和金融生态环境,严厉打击金融违法违规行为,促进全市经济社会的可持续发展。二是完善体系建设,夯实金融扶贫业务基础。引导银行业机构借助便民服务点、助农取款点等方式延伸服务触角,实现贫困地区乡镇网点全覆盖和行政村金融服务全覆盖。三是明确任务分工,完善金融扶贫帮扶机制。督导银行业金融机构全力以赴打硬仗、攻难点,聚焦"盐同红"深度贫困区,严格落实"四单"和"包干服务"制度。四是创新产品形式,打造金融扶贫有效抓手。鼓励各机构围绕"担保方式、贷款利率、评级内容、评级形式、授信模式、评价考核"六个维度主动调整、积极创新,打造具有明显特色和优势的扶贫信贷产品。五是强化政策宣传,优化信用环境和金融生态。依托"送金融知识下乡"等宣传活动,面对面沟通互动,为建档立卡户讲解扶贫贷款政策的相关知识。据统计,截至2018年9月末,吴忠市银行业扶贫小额贷款余额79.45亿元,较2015年末增加67.03亿元,增长5.4倍,户数由2015年末的2.08万户增加至12.18万户,增长4.85倍;建档立卡贫困户贷款申贷获得率达99.96%,整体做到了应贷尽贷。[①] 此外,2019年,吴忠市扶贫小额信贷累计投放13.7亿元以上,扶贫小额信贷存量覆盖率保持在90%以上。

更进一步,从吴忠市推广金融扶贫"盐池做法"的情况来看,为深化金融扶贫,切实发挥金融助力脱贫攻坚的推动作用,不断提升金融扶贫工作成效,使金融扶贫"盐池做法"已形成的好经验、好做法在全市范围内得到有效推广

---

① 《吴忠市五项举措扎实推进金融精准扶贫工作》,2018年11月12日,见 http://www.nx. gov.cn/ztsj/zt/tpgj_1542/201811/t20181112_1161967.html。

和提升,提高全市金融扶贫工作整体水平,吴忠市扶贫开发领导小组根据自治区相关文件精神,结合实际,印发了《吴忠市金融扶贫"盐池做法"提升推广工作方案》,要求盐池县及其他"盐池做法"推广县认真贯彻落实党中央、自治区关于金融改革、脱贫攻坚的一系列决策部署,坚持"因地制宜、全面推广,政策扶持、市场运作,规划引领、产融结合,深化实践、创新提升"的基本原则,牢固树立创新、协调、绿色、开放、共享的发展理念,以绿色发展、转型升级为主线,以增加农民收入为核心,以政府引导、产业支撑、信用评级、担保跟进、银行放大、保险护航风险防范和党建保障为主要任务,坚持以金融工具链支持产业链,打好财政、银行、证券、保险、担保"组合拳",发挥政策性扶贫资金撬动信贷资金的杠杆作用,放大扶贫资金效应,增加扶贫资金总量,有效缓解贫困农户发展规模化产业资金短缺问题,更好更快地提升贫困群众自我发展和可持续发展的能力,加快脱贫致富步伐,为全市与全区同步实现全面小康目标奠定基础。

三、县级实践发展历程

在现实中,越是贫困地区,越是金融"盲区"。如何使金融杠杆发挥魔力,彻底改变过去"给钱给物,打卡到户"的帮扶机制,使建档立卡贫困户彻底脱贫致富? 早在推行扶贫小额信贷政策之前,盐池县就开始了金融扶贫探索,先后出台了一系列政策文件,在构建金融扶贫体系、制定优惠政策、防范金融风险等方面提出了诸多创新举措,形成了较为完善的金融扶贫政策体系,其历史逻辑与发展轨迹如下。

第一阶段:简单放款(1996—2005 年)。盐池县的金融扶贫实践发端于外源扶贫项目,最初以小额信贷项目为主要构成。1996 年由盐池县政府与爱德基金会合作,在中国农业大学人文与发展学院、法国沛丰集团等机构的支持下,建立"爱德治沙与社区综合发展项目",并设立政府主导的外援项目办公室,针对本地实际和农户需求开展小额信贷项目,开启了盐池县小额信贷发展序幕。其运作方式如下：在成立之初，贷给农户1000—2000元的贷款，年利息是12%，3年到期后一次性还清利息和本金。1997—1998年，放贷方式变为一次性贷款给农户2000元，年利息为12%；每半年偿还利息和本金的1/4，两年还清；前期的贷款没有要求小组联保和村组例会。及至1999年，盐池县成立社团性质的"盐池县妇女发展协会"，后变更为非企业性质的"盐池县小额信贷服务中心"，仿照新建方式，开始实施五户联保、定期村组例会（1月1次）、信用动态激励机制，贷款1000元起步，逐轮增加500元，年利息为12%，半年一次性还清本金和利息。经过机构转制和扩充资本，"盐池县小额信贷服务中心"已演变成为全国第一家由公益资本进行控股的小额信贷公司，即宁夏东方惠民小贷，并逐步探索出适应贫困地区的"盐池小额信贷扶贫做法"，以贫困及低收入家庭妇女为重点指向，着重增进贫困家庭妇女赋权及发展，支持贫困农户增收和自就业①。

第二阶段：模式升级（2006—2010年）。2006年，盐池县获准试点开办贫困村发展互助资金，并成立村级互助资金社。农户自愿入股参与互助社，每股股金800元；政府配股与农户入股比例为8：2，并推行五户联保机制，由村民自由联合，责任共担，风险共担。村级互助资金社严格实行"2242"的管理运行模式，即利息的20%滚入本金，20%作公益金，40%是运行成本，另20%作为风险准备金。为避免出现借款农户因不可抗拒因素而无法还款的情况，盐池县曾记畔村开始与平安保险公司合作，小范围推广小额扶贫保险的特色金融产品，最大程度降低意外风险。2009年初，第一家获得金融业经营牌照的公益性小额信贷机构"宁夏惠民小额信贷有限公司"获准并完成注册，该公司由政府、企业和盐池妇女发展协会三方共同参股，主营业务是向贫困户发放小额贷款，特别是贫困村的妇女小额贷款，积极帮助农村妇女实现创业增收。随着金融扶贫力度的逐步加大，盐池县金融扶贫逐渐形成了为解决民生问题，向农

---

① 谢丽霜、韩宇哲：《社会企业视角下的小额信贷可持续发展研究——以宁夏盐池小额信贷转型实践为例》，《宁夏社会科学》2012年第7期。

户提供产业发展贷款和保险,建立信用撬动的运行模式。到 2010 年,盐池县被宁夏回族自治区政府纳入全县村级发展互助资金推进序列,该项目为贫困村发展和农户内生能力增强提供了有效资金。

第三阶段:健全完善(2011—2014 年)。为解决成长阶段中互助资金规模约束与农户发展资金需求增多不匹配矛盾,2012 年盐池县扶贫办、盐池县农村信用合作联社根据自治区扶贫办和宁夏黄河农村商业银行《互助资金与信贷资金捆绑运行管理暂行办法》(宁扶贫办发〔2011〕226 号)文件精神,联合印发《盐池县互助资金与信贷资金捆绑运行管理实施细则》,正式推出"千村信贷·互助资金"金融创新扶贫工程,将村级信用资金互助社和金融机构进行捆绑,进而缓解扶贫资金规模约束,扩大放贷资金量。金融机构按照风险补偿金 10 倍比例确定贷款资金额,解决互助社资金量小的问题。不仅如此,政府机构还利用财政资金的杠杆作用,引导其他社会资金设立贷款风险补偿金,这降低了银行、保险公司等金融机构面临的风险损失。2014 年,东方惠民小贷公司搭建了"村、企、民"合作平台,并在花马池镇裕兴村和青山乡古峰庄 2个行政村进行了村级互助资金使用方式改革试点。

第四阶段:突破创新(2015 年至今)。2015 年,国务院扶贫办、财政部、中国人民银行、银监会、保监会联合印发的《关于创新发展扶贫小额信贷的指导意见》(国开办发〔2014〕78 号),要求各省(区、市)应根据建档立卡贫困户和扶贫开发工作需要,编制扶贫小额信贷发展规划(2015—2020 年)和年度工作计划。在此新形势、新背景下,盐池县政府通过建设诚信体系、推动产融结合、风险防控,全面落实了扶贫小额信贷政策。

为解决好群众易返贫突出问题,2016 年初宁夏回族自治区党委、人民政府明确了"支持发展农村小额保险和小额信贷保险,对贫困户保费予以补助"的政策,率先将保险机制纳入脱贫致富的"工具箱"。为此,盐池县扶贫办与驻地保险公司合作,推动商业保险与产业发展、市场需求有机融合,针对建档立卡贫困户自身的特点,量身打造出了相应的组合保险产品——"2+X"扶贫保,并实行菜单式推广,由建档立卡贫困户自主选择,盐池县财政及时跟进补贴扶持。

至 2017 年,盐池县着重落实扶贫小额信贷、互助资金以及"双到"扶贫资金。其中,扶贫小额信贷方面,向有生产经营能力的建档立卡贫困户提供 5 万元以下、3 年期以内、基准利率、免担保、免抵押、财政全额贴息贷款(贷款年龄为 18—65 岁);信用社对建档立卡贫困户执行 30 万元以内贷款基准利率,农业银行、邮储银行、宁夏银行对建档立卡贫困户执行 10 万元以内贷款基准利率(具体以金融机构执行时间及相关政策为准)。互助资金方面,当年互助资金按中国人民银行同期基准利率放款,对互助资金达到 100 万元以上的互助社社员借款可放款到 2 万元,对互助资金在 100 万元以下的互助社社员借款可放款到 1.5 万元,享受扶贫小额信贷贴息政策(5 万元以内贴息)。

2018 年 3 月,盐池县扶贫开发领导小组印发《盐池县 2018 年脱贫富民实施方案》(盐扶开发〔2018〕2 号),要求全面落实扶贫小额信贷政策,对建档立卡贫困户执行 10 万元以内扶贫小额信贷基准利率放贷、贴息,建档立卡贫困户扶贫小额信贷达到 8 亿元,户均贷款达到 9 万元。要求投入整合财政涉农资金资金 3000 万元,其中 2000 万元用于贴息、1000 万元用于风险担保金。

2019 年,盐池县扶贫开发领导小组印发《盐池县 2019 年脱贫富民巩固提升实施方案》(盐扶开发〔2019〕1 号),要求全面落实扶贫小额信贷政策,对建档立卡贫困户执行 10 万元以内扶贫小额信贷基准利率放贷、贴息(5 万—10 万元贴息按照自治区政策执行),建档立卡贫困户扶贫小额信贷当年累计投放达到 6 亿元,贷款覆盖率达到 80%以上。要求投入资金 3780 万元。其中扶贫专项资金 3330 万元(1800 万元用于贴息、1500 万元用于风险补偿金、30 万元用于屋顶光伏扶贫贴息)、县财政资金 450 万元。

为进一步巩固提升金融扶贫"盐池做法",实现金融助推脱贫攻坚,2020

年 3 月,盐池县扶贫开发领导小组印发《盐池县 2020 年脱贫攻坚巩固提升实施方案》(盐扶开发〔2020〕1 号)和《2020 年金融扶贫实施方案》,要求落实扶贫小额信贷政策,执行贷款额度 10 万元以内(在各商业银行贷款累计不超过 5 万元的享受免担保免抵押政策)、期限 3 年以内、基准利率、政府贴息政策(5—10 万元贴息按照自治区政策执行)。建档立卡贫困户扶贫小额信贷当年累计投放达到 4 亿元,做到应贷尽贷,严格规范贷款用途,严格控制贷款逾期,保持扶贫小额信贷健康发展,最大限度满足小微企业、新型经营主体和农户的产业发展资金需求。计划投入资金 2030 万元。其中扶贫专项资金 1130 万元(30 万元用于屋顶光伏扶贫贴息)、县财政资金 900 万元。由县扶贫办负责并制定方案组织实施,各乡镇、各相关银行配合。同年 4 月,盐池县扶贫开发领导小组印发《盐池县 2020 年统筹整合使用财政涉农资金方案》(盐扶开发〔2020〕4 号),要求金融扶贫项目贫困户小额信贷贴息共投资 718 万元。在全县 8 个乡镇,全面落实扶贫小额信贷政策,对 10 万元以内贫困户扶贫小额信贷实施基准利率贴息。同年 7 月,盐池县扶贫开发领导小组办公室印发《盐池县 2020 年部分金融扶贫政策调整补充方案》(盐开办发〔2020〕27 号),要求落实扶贫小额信贷政策,执行贷款额度 5 万元以内(在各商业银行贷款累计不超过 5 万元的享受免担保免抵押政策)、期限 3 年以内、基准利率、政府贴息政策。进一步扩大扶贫小额信贷支持对象。将具备产业发展条件和有劳动能力的边缘人口纳入扶贫小额信贷支持范围,贷款申请条件、程序及支持政策等与建档立卡贫困户一致。同年 8 月,盐池县扶贫开发领导小组印发《盐池县 2020 年统筹整合使用财政涉农资金调整方案》(盐扶开发〔2020〕16 号),要求金融扶贫项目贫困户小额信贷贴息共投资 1100 万元。在全县 8 个乡镇,全面落实扶贫小额信贷政策,对 5 万元以内贫困户扶贫小额信贷实施基准利率贴息。同年 9 月,盐池县扶贫开发领导小组印发《关于做好近期脱贫攻坚重点工作的实施方案》(盐扶开发〔2020〕18 号),要求持续做好金融扶贫工作。一是各乡镇要积极行动,全面摸排贫困户和边缘户产业项目和贷款需求,各银行业金融机构要认真落实5万元以内、3年期、贷款贴息等扶贫小额信贷政策,确保符合条件的应贷尽贷,确保顺利完成年度4.33亿元的投放任务。二是做好到期贷款风险防控工作,采取展期、续贷、延期等措施缓解贫困户还款压力;对逾期贷款,要明确专人专班催收,及时化解逾期,确保脱贫攻坚成效考核前所有逾期全部清零。三是完成"四级信用"和建档立卡贫困户评级授信复核工作。

第二节　现状与成效

一、发展现状

扶贫小额信贷既是盐池县过去脱贫攻坚的重要利器,也是其当前和今后巩固脱贫成效、衔接乡村振兴战略的重要引擎。目前,盐池县仍将扶贫小额信贷作为防贫富民的重要举措,通过巧用"政府有形之手",聚合"市场无形之手",引导群众使用"勤劳之手"和"诚信"金钥匙打开"资金之门",精准发力,充分发挥"四两拨千斤"效应,走出了一条"依托金融创新推动产业发展、依靠产业发展带动脱贫群众增收"的防贫富民之路。

就其特点而言,主要有六点:第一,在扶贫理念方面,盐池县扶贫小额信贷秉承"授人以渔"的理念,从根本上认识到最终脱贫还是要靠贫困户自身,因此他们以激发贫困户自我发展动力为重点,充分挖掘贫困群众中蕴藏的创造能力,通过政府搭台,调动一切积极因素,增强贫困群众的自主意识和自我发展能力。第二,在运作方式方面,盐池县扶贫小额信贷遵循了联动效应的理念,将扶贫小额信贷、国家支持资金、财政扶贫资金和贫困户产业发展实现有效嫁接,引导龙头企业、贫困户、银行建立紧密的"银联体",很好地发挥了联动效应。第三,在扶贫格局方面,盐池县坚持了共担扶贫风险的原则,扶贫小额信贷的特点决定了需要各方一起共同分担风险,因此财政、金融机构、保险公司或非银行金融机构以及借款人等相关者均应参与其中,实现风险共担。第四,在保障机制方面,盐池县创造性地运用了"1+2+X"的管理机制。"1"即成立了县金融创新试点工作领导小组,"2"即充分发挥县互助资金管理中心和村级互助资金互助社的支点作用,"X"即搭建了"政、银、企"联席会议平台,引导各金融机构和企业共同参与,为金融扶贫(含扶贫小额信贷)持续健康发展提供有力保障。第五,在监督检查方面,盐池县严格规范管理、堵塞漏洞,坚决杜绝扶贫小额信贷出现"户贷企用"、冒贷、骗贷等现象。第六,在考核奖惩机制方面,盐池县委、政府将金融扶贫(含扶贫小额信贷)纳入脱贫攻坚的责任清单,对金融扶贫主要指标实行量化考核,县财政每年拿出300万元作为奖励资金,以此进行激励促进。

据盐池县扶贫办统计(见表7-1),2020年1—9月盐池县累计发放建档立卡贫困户扶贫小额信贷6657户41354.1万元;截至同年9月30日,盐池县建档立卡贫困户扶贫小额信贷的贷款余额为50335.2万元(共7808户),这在很大程度上满足了有贷款意愿、符合贷款条件的贫困群众发展产业资金需求。

二、实践成效

盐池县将金融创新作为撬动脱贫富民的杠杆,在宁夏回族自治区创造了"7个率先",即率先推行扶贫小额信贷,率先对贫困户评级授信并实现全覆盖,率先开展乡、村、组、户四级信用评定,率先完成贫困户贷款全覆盖,率先筹集注入风险补偿金,率先完成金融扶贫精准统计和信息共享,率先推行"扶贫保"。这一切破解了扶贫小额信贷的诸多难题,取得了显著成效。

(一)解决了"贷款难"的问题

农民"贷款难"问题一直以来均是社会各界广泛关注的热点,虽然政界和金融行业为此不断努力,但该问题一直都未得到实质性解决,已成为制约民族

表7-1　2020年1—9月盐池县扶贫小额信贷统计表

（金额单位：万元）

单位	2020年1—9月扶贫小额信贷累计投放				9月扶贫小额信贷投放贷款				截至9月扶贫小额信贷余额				建档立卡贫困户贷款余额用途					
	农户		建档立卡贫困户		农户		建档立卡贫困户		农户		建档立卡贫困户		种植业		养殖业		其他	
	户数	金额	户数	金额	户数	金额	户数	金额	户数	金额	户数	金额	户数	金额	户数	金额	户数	金额
盐池县	29766	293836.3	6657	41354.1	4138	51170	450	2218	25237	294006.3	7808	50335.2	1499	8514	4188	26392.7	2121	15428.5
信用社	28107	281999	5353	34358	3994	49887	313	1491	23482	279709	6028	41009	1108	6693	3202	21126	1718	13190
农业银行			1063	5823.4			123	664			1290	7033	254	1246	721	4059	315	1728
邮储银行	1057	9180	112	535	137	1255	0	0	1488	12927	237	1135	53	250	163	789	21	96
宁夏银行	3	14.7	3	14.7	1	5	1	5	3	14.7	3	14.7	1	5	2	9.7		
村镇银行	567	2482.6	87	428	4	13	4	13	231	1190.59	210	943.5	83	320	60	209	67	414.5
工商银行	32	160	32	160	2	10	2	10	33	165	33	165	0	0	33	165	0	0
交通银行	7	35	7	35	7	35	7	35	7	35	7	35		35	7	35		

地区农户尤其是贫困户扩大再生产实现脱贫致富的主要"瓶颈"。那为什么贷款难？因为农村信用环境、农业生产风险性、农户生活特点和现在正规金融机构的体制、制度、运作方式等不相适应。盐池县花马池镇惠泽村村支书官玉说，"由于少数人不按时还款，过去村民贷款非常难，以致金融机构在贷款上非常谨慎，有段时间甚至需要公职人员担保才贷得上"。

据统计，截至 2016 年底，盐池县扶贫小额信贷贷款余额达 31.4 亿元，贷款户达 2.8 万余户①，其中建档立卡贫困户贷款余额达 5.4 亿元，户均 6.9 万元，标准为全国最高。截至 2017 年 7 月底，全县扶贫小额信贷贷款余额已达 35.6 亿元，其中建档立卡贫困户贷款余额达 6.35 亿元，户均 7.6 万元；截至同年 11 月 20 日，盐池县扶贫小额信贷贷款余额达 35.4 亿元，其中建档立卡贫困户贷款余额达 7.55 亿元，户均 8.8 万元。2019 年，盐池县严格落实扶贫小额信贷政策，对贫困户执行 3 年期 10 万元以内基准利率、财政贴息贷款，全县新增扶贫小额贷款 5.27 亿元；截至当年 9 月底，盐池县 8000 多户建档立卡贫困户享受到 6.67 亿元贷款，户均贷款 7.4 万元，贷款覆盖率高达 86%，实现了贫困群众发展产业资金需求"应贷尽贷"。②

（二）解决了"贷款贵"的问题

解决贷款难和贷款贵问题通常情况下不能兼顾，但扶贫小额信贷是个例外，它全面推行免担保免抵押贷款政策，对所有建档立卡贫困户 5 万元以内的部分实施基准利率贴息，进而使得贫困户借得起贷款。2015 年，宁夏扶贫办、宁夏财政厅、中国人民银行银川中心支行、中国银监会宁夏监管局、中国保监会宁夏监管局联合印发《关于开展金融扶贫小额信贷工作的指导意见》，要求对符

---

① 《宁夏盐池县：用好小额信贷"金钥匙"》，2017 年 3 月 14 日，见 http://paper.ce.cn/jjrb/html/2017-03/14/content_328238.htm。

② 《脱贫靠产业　产业靠金融——盐池县金融扶贫发挥"四两拨千斤"效应》，2019 年 11 月 1 日，见 http://topic.nxnews.net/2019/zlqs/wzxc/201911/t20191101_6468124.html。

合条件的建档立卡贫困户给予贴息支持,贴息利率原则上不超过同期贷款基准利率,具体贷款贴息利率由各市、县(区)自主决定。不仅如此,原宁夏扶贫办、财政厅印发的《关于对"千村信贷·互助资金"捆绑贷款给予贴息的通知》(宁扶贫办发〔2012〕152号)中贷款贴息政策统一参照上述指导意见执行。

近年来,盐池县委、政府将曾记畔村这一金融扶贫做法逐步放大,每年出台金融扶贫实施方案,对建档立卡贫困户执行3年期10万元以内贷款(5万元以内免担保、免抵押)基准利率、财政贴息等政策,2017年、2018年政府累计贴息3000余万元。

(三)解决了"贷款慢"的问题

为了给农民提供更好、更便捷的金融服务,盐池县不断加强金融机构的引进,基本形成了以国有商业银行、城市商业银行、邮政储蓄银行、农村信用合作联社、村镇银行等银行机构为主体,保险机构、小额信贷公司、担保机构、助贷公司等共同发展的广覆盖、多元化、多层次的金融组织体系。2016年,全县共有各类银行金融机构7家,营业网点33个,从业人员467人;另有保险分支机构9家,小额信贷公司9家,担保公司4家,助贷公司1家,共布放自动取款机106台、销售点终端1919台,实现平均每个乡镇设有1家银行网点、2台ATM机具、20台POS终端的覆盖面,金融服务功能大大提升。同年,盐池县将农村金融便民服务网点纳入全县"五通八有"基础设施,协调金融机构在8个乡镇设立14个便民服务网点,102个行政村设立193个金融便民服务终端,实现了村级金融服务网点全覆盖,破解了偏远乡村金融服务网点空白的难题。

此外,盐池县还督促各金融机构转变服务方式,简化业务流程,为贫困户开通绿色通道,通过"e动终端"等离行设备,为贫困户提供"零接触"、24小时不间断安全办贷服务。与此同时,在贫困村大力推广手机银行、网络银行等电子银行业务,并协调中民投等企业为贫困户免费发放智能手机1500部。例如,黄河银行推出"黄河e贷",贫困户可足不出户,通过手机自主操作完成手机注册、在线申请、线上评估信用等级、在线审批等一系列流程手续,随时获得信贷资金,并办理免费转账、随时还贷、清息、缴费等业务。

"疫情期间,我们通过不见面的方式向农户贷款超过 1 亿元,这得益于盐池县创新建立的精准扶贫管理系统平台。"据盐池县农村商业银行相关负责人介绍,平台汇集了贫困户家庭基本情况、财产收支、贷款、保险等信息,建立"红黄绿灯"扶贫小额信贷风险预警机制,并实现县、乡、村、户四级数据共享。基于大数据,为群众量身定做的"富农贷"金融产品,可以实现一次授信,3 年内随用随取,一般 3 分钟就可到账。

（四）解决了"贷款少"的问题

2014 年 12 月至今,国家规定扶贫小额信贷必须坚持"5 万元以下、3 年期以内、免担保免抵押、基准利率放贷、财政贴息、县建风险补偿金"的政策要点。然而,不同地方的金融发展阶段和农户资金需求量不同。由于盐池县 80% 的贫困群众从事与滩羊养殖相关的产业,群众发展、壮大滩羊产业的意愿非常强烈,但扶贫小额信贷的贷款额度远低于建档立卡贫困户扩大再生产的资金需求,以致"贷款少"成为一时无法跨越的障碍之一。为提高建档立卡贫困户的贷款额度,盐池县在严格落实好国家、省各项支持政策的基础上,结合实际出台了创新举措。对有贷款意愿、有发展能力和一定还贷能力的建档立卡贫困户 5 万元以下的贷款,按照中国人民银行同期同档次基准利率进行放贷,财政扶贫资金给予基准利率贴息;对有稳定增收产业且有扩大生产经营需求的建档立卡贫困户,将扶贫小额信贷额度提高到 10 万元以内,享受基准利率和财政贴息政策(对 5 万—10 万元的贷款,县财政对基准利率上浮部分贴息)。如此,破解了建档立卡贫困户贷款额度低的难题。截至 2017 年底,盐池县符合贷款条件的建档立卡贫困户户均贷款 8.8 万元。①

---

① 许凌:《宁夏盐池:"沙窝窝"成风景线》,2018 年 11 月 15 日,见 http://paper.ce.cn/jjrb/html/2018-11/15/content_377101.htm。

（五）解决了"年龄限制"的问题

"打破商业银行全行业多年来对于年龄限制的'潜规则'实属不易",盐池县法律界资深人士对《证券日报》记者表示,"之前我曾经接受客户委托与一些银行做过沟通,但是银行手握审批权,确实很强势,这也需要银行对于地方政府提出的还款保障模式高度认可"。

"60岁以上不能贷款"是金融机构一项刚性政策,但在农村不少60—70岁的老人都是养殖能手,有劳动能力且发展意愿强烈。盐池县为此成立工作组,反复有针对性地与金融机构协商,在共同摸底的调查基础上,将具有劳动能力、有发展意愿、参加保险的贫困户申贷年龄放宽至65岁,互助资金贷款年龄放宽到70岁,并将这部分建档立卡贫困户纳入评级授信范围。2018年,盐池县共为60岁以上贫困户贷款6004万元。① 截至2020年2月底,仅盐池县农村商业银行就为60岁以上建档立卡贫困户发放贷款511户、2462万元,让这部分身体较好、有脱贫意愿的农村老人自食其力、老有所为,而不是成为脱贫兜底户。②

（六）解决了"信用重建"的问题

盐池县对原有的"abc"三级评级授信模式提档升级,创新开展评级授信"d级模式",将非恶意"黑名单"贫困户重新纳入评级授信范围,进行二次授信,扩大贫困户评级授信覆盖面。为解决非恶意"黑名单"贫困户贷款风险补偿,降低银行放贷风险,盐池县投入资金5000万元设立县级风险补偿金,与各涉农银行建立风险补偿合作关系,一旦因重大灾难、重大疾病等不可抗因素造

① 王建宏:《盐池:金融创新照亮脱贫路》,2018年12月1日,见 https://news.gmw.cn/2018-12/01/content_32083936.htm。

② 王建宏、张文攀:《金融"水脉",打通产业发展经络——宁夏回族自治区盐池县大力开展金融扶贫的探索与实践》,2020年4月16日,见 http://cnews.chinadaily.com.cn/a/202004/16/WS5e97cbbfa310c00b73c77740.html? ivk_sa=1023197a。

成不能偿还的,由风险补偿金和商业银行按照3∶7的比例分担,保证金融服务持续稳定推行。2016年,盐池县为267户"d级"贫困户评级授信,累计贷款金额达863万元。① 2018年,盐池县释放"黑名单"贫困户968户,放贷金额7373万元。②

(七)解决了"信贷风险"的问题

在扶贫小额信贷的推进过程中,金融机构服务的对象本身承受风险能力就弱,他们的风险极易传导给金融机构。扶贫小额信贷只有在保障金融机构风险可控的条件下,才能确保各项创新机制良性运转。

盐池县不断完善金融扶贫风险防控网络,建立政府风险补偿基金,与涉农银行建立风险补偿合作机制,向各银行整合注入8000万元特色优势产业贷款风险补偿金、扶贫小额信贷风险担保基金和扶贫产业助贷金。其中,风险补偿金是指用于对扶贫小额信贷提供风险补偿的财政专项资金及其孳生的存款利息,主要按照"专款专存、专款专用、封闭运行"的原则管理,以确保资金安全高效运行。

银行按1∶10的比例提供扶贫小额信贷,让有发展意愿的建档立卡贫困户免担保、免抵押就能在银行获得贷款,因重大灾难、重大灾病等不可抗力因素造成不能偿还的,由风险补偿金和银行按7∶3的比例分担,降低银行借贷风险。破解了建档立卡贫困户贷款无人担保和无法抵押的难题。

(八)促进了产业发展与贫困户增收

盐池县在推进扶贫小额信贷工作的过程中,坚持将脱贫攻坚作为首要任

---

① 《金融扶贫"盐池模式"再造新亮点打破"60岁以后不能贷款"的硬框框》,2016年7月28日,见 http://www.nx.gov.cn/zwxx_11337/zwdt/201707/t20170727_300579.html。

② 王建宏:《盐池:金融创新照亮脱贫路》,2018年12月1日,见 https://news.gmw.cn/2018-12/01/content_32083936.htm。

务,依托当地特色滩羊业,以及黄花菜、中药材等特色农产品,不断以基础产业带动农民增收,实现脱贫。

为让扶贫小额信贷更好地促进产业发展,增强造血功能,加快贫困人口脱贫致富步伐,盐池县通过"扶贫小额信贷+产业+贫困户"建立联结机制,引导建档立卡贫困户发展滩羊、黄花菜、小杂粮、肉牛等特色种养业;设立产业扶贫技术帮扶示范点,实现贫困村专家技术服务组全覆盖;引导企业把贫困村作为种植养殖基地或协助成立合作社,带动贫困户实现"订单式"产业发展等。

以滩羊产业为例,"盐池滩羊"早在清乾隆年间就被列入当时宁夏最著名的五大物产之一。但因长期缺乏金融支撑,难以形成养殖规模,始终处于"提篮小卖"的自然经济状态。现如今,"盐池滩羊"品牌驰名中外、享誉世界,是盐池县农民增收的主导产业,年饲养量稳定在300万只,对农民增收的贡献率超过80%。2018年,"盐池滩羊"的品牌影响力位居"中国区域农业品牌影响力排行榜"畜牧类的榜首,品牌价值达到68亿元。此外,滩羊肉初始价格由2015年的每公斤30元提高到目前的每公斤74元,最高卖到1公斤680元。

以黄花菜产业为例,黄花菜产业是盐池县2010年以来,在扬黄灌区规模发展的特色产业,具有适应性强、栽培简单、灌水少、效益高的特点,是扬黄灌区作物结构调整、农民增收致富的首选作物。盐池县联合人保财险公司推出黄花菜种植保险,每亩投保费60元,扶贫小额信贷户承担7.2元,政府财政补贴52.8元。2014年,盐池县花马池镇盈德村人均纯收入4200元,2018年达到10600元,黄花菜对其增收的贡献率占到50%左右。① "大坝村建档立卡贫困户户均种植黄花菜12亩,平均按照亩均3000元到4000元的纯收入计算,种植黄花菜年纯收入达4万元到5万元。"惠安堡镇副镇长张永昊说。

对于建档立卡贫困户而言,扶贫小额信贷有助于他们积累物质资本、提升生产经营能力和增收致富,其原因如下:一是实现资源有效配置。贫困户在获

---

① 《盐池小黄花成为群众致富"金花"》,2020年7月3日,见 https://www.nxnews.net/zt/2020/wwycdy/dzwdmq/202007/t20200703_6771371.html。

得贷款资金后,资金、劳动力、土地等其他要素约束将得到放松,在现有技术不变的情况下会对自有生产要素进行帕累托改进,或增加资金投入,或改变资金、劳动力、土地等生产要素的组合,如扩大种养殖规模、雇佣劳动力等,促进实际技术边界向当前最佳理论技术边界移动。二是提高生产可能性边界。贫困户获得小额信贷资金后,会在一定程度上改造既有技术,或采用先进生产技术,或优化生产技术组合,如提高机械化程度、购买新良种、新化肥等。三是改善资源配置和提高生产可能性边界同时发生。这类贫困户的资金需求比上述两种情况更大,他们获得借款后会将资金同时投入到要素优化组合和新技术改进上,以期获得更多回报。

第三节　主要做法

一、党政主导抓落实

做好扶贫小额信贷工作必须发挥政治优势,党政要作为,银行要担当,基层组织要发力,调动各方面参与的积极性。

(一)党委政府强力推动

盐池县委、县政府认真贯彻中央和自治区扶贫开发有关精神,着眼于在宁夏中南部地区率先高标准脱贫、率先建成全面小康社会的目标定位,将金融扶贫作为打赢脱贫攻坚战的核心举措,先后7次召开专题会议研究部署金融扶贫工作。相继出台了《盐池县金融发展规划》《盐池县加快扶贫开发实施意见》等一系列政策文件,在构建金融扶贫体系、制定优惠政策、防范金融风险等方面提出了一系列创新举措,形成了较为完善的金融扶贫政策体系。

(二)金融机构聚力攻坚

全县5家金融机构抢抓脱贫攻坚背景下农村金融市场机遇,积极参与脱贫攻坚工作,为建档立卡贫困户量身定做金融产品。盐池县通过设立风险补偿金与评级授信相结合,解除了银行后顾之忧,确保了扶贫小额信贷六个政策要点全面推广落实。

（三）基层组织示范引领

扶贫小额信贷政策知晓率低是制约金融扶贫的一个重要因素。盐池县以"强龙工程"为抓手,坚持党建带扶贫,探索建立党员"1+1""支部+合作社+贫困户"等助贷扶贫做法,把支部建到金融链、产业链上,充分发挥村"两委"、驻村工作队和党员干部的带动作用,提升基层党组织的综合服务水平,真正把基层党建与金融扶贫拧成了"一股绳"。盐池县大坝村党支部积极协调2家龙头企业发展黄花菜订单收购、连片承包、加工销售,引导建档立卡贫困户贷款种植黄花菜,2016年、2017连续两年亩均收益达到6000元以上,成为当地贫困群众脱贫增收的主导产业。

二、厚植诚信作支撑

良序信用生态环境是农村金融扶贫的关键要素。盐池县坚持物质脱贫与精神脱贫一起抓,"扶贫先扶志",把提高贫困户诚信意识,增强内生动力,完善农村金融信用体系作为推进扶贫小额信贷的"总开关"。近十余年,盐池县先后通过开展互助资金、千村信贷、资金捆绑、惠民小额信贷、评级授信以及构建"四信平台"等工作(见图7-2),农村信用环境发生了重大变化,群众的诚信意识普遍提高,"有借有还、再借不难"的观念根植于心,贷款始终保持"零"违约。目前,"穷可贷、富可贷、不讲信用不可贷""守信才能发展、失信寸步难行""信用不能倒,倒了发展的希望也就断了"等已成为盐池县广大群众的共识和心声。

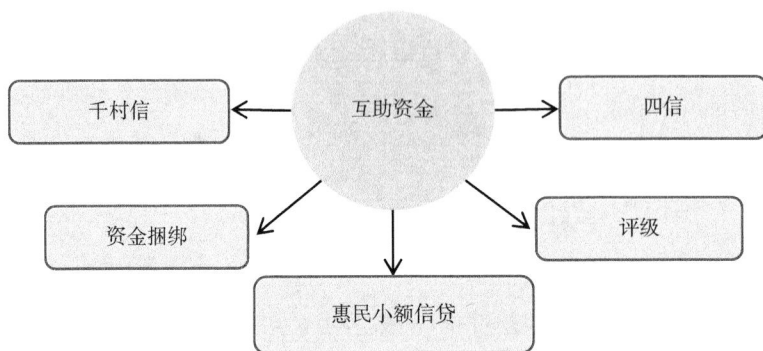

图 7-1　盐池县厚植农村金融诚信的历程及六大做法

（一）互助资金

2006 年,盐池县开展"村级发展互助资金"试点工作,严格实行"2242"的管理运行模式(将利息的 20%滚入本金、20%作为公益金、40%作为运行成本、20%作为风险准备金),先后分十批组织实施了该项目,使滩羊、甘草、马铃薯、菌草等优质特色产业得到进一步发展,截至目前,已有 103 个贫困村实施"村级发展互助资金"项目,资金总量达到 1.995 亿元。其特点有二:一方面,资金不断壮大。2006—2016 年,项目村由 3 个试点村发展到 97 个试点村,资金总量由 80 万元增加到 1.56 亿元,累计滚入本金的收益 465.6 万元,累计发放借款 4.7 亿元,受益农户达 3.3 万户(其中贫困户 8060 户),极大缓解了贫困群众春耕生产、发展种养业等资金困难。另一方面,增强了基层组织凝聚力。采取多措并举的办法,确保每个贫困户都能享受到互助资金的支持,互助互济的意识得到增强(尤其是移民村),拉近了干部与群众的距离。互助资金产生的收益,除了满足管理需要外,更多投向了村道维修等公益事业,有效解决了"空壳村"问题,基层组织的凝聚力、号召力、战斗力得到大大增强。

（二）千村信贷

2011 年 12 月,宁夏黄河农村商业银行(以下简称"黄河银行")与宁夏回族自治区扶贫办签署了《"千村信贷·互助资金"金融扶贫战略合作协议》,率先由盐池县农信联社在盐池县推广落实。2012 年,"千村信贷·互助资金"金融创新扶贫工程启动后,盐池县抢抓机遇,利用互助资金这个"酵母"为支点,加强与农信社合作,广泛听取群众意见,制定了《盐池县信贷资金捆绑实施办法及细则》。对获得互助资金借款后仍不能满足发展需求的社员,由互助社推荐、农信社给予放大 1—10 倍的贷款,重点支持贫困户发展盐池滩羊等特色产业。

2015 年,全县 89 个互助社纳入"千村信贷·互助资金"项目村,县农信社共为盐池县 10333 户发放信贷资金 7.41 亿元(户均 7.1 万元)。2016 年,为 2850 户社员发放信用贷款 2.55 亿元(户均 8.9 万元)。信贷资金有效地解决了贫困户生产发展资金短缺的问题。具体做法如下:一是实行财政贴息与利率优惠并行。在自治区财政厅 2 万元以内给予 5% 贴息的基础上,农信社再给予 2 万元以内贷款执行基准利率,2 万—5 万元贷款在基准利率基础上上浮 20% 的优惠,增强了项目的吸引力。二是提高办贷效率。开辟了办贷"绿色通道",保证贫困户能够及时获得信贷资金。三是强化贷后管理。确保社员贷款用于产业发展和增收致富。

（三）资金捆绑

互助资金小而实用、方便快捷,尽管钱不多,但让贫困户有了发展机会。同时,为了使有限的财政扶贫资金效益最大化,盐池县在充分征求群众意见的基础上,大胆地将"双到"扶贫资金注入互助社,作为贫困户的入社资金,互助社为贫困户给予 1 万元的借款优惠,资金仍不够用的,信用社再按 1∶10 的比例放贷,并享受利率优惠,支持贫困群众依靠产业实现稳定增收,真正将扶贫资金转化成了贫困户的发展资金。"睡着等救济吃"的观念转变为"靠双手干着吃"。变"输血"为"造血"扶贫模式,一方面提高了贫困户入社率,另一方面给予贫困户最大限度的借款。

（四）惠民小额信贷

在金融扶贫实践中,盐池县积极尝试金融扶贫新机制,建立以地缘关系为基础的"小额信贷"社区互助模式。按照市场化的原则,以农村社区为基本单元,发挥互助社的熟人机制,引导微型金融机构下沉到社区,实现小额信贷与分散农户的充分对接,探索解决贫困户贷款难的问题。2013年底,盐池县率先与县内惠民小额信贷公司进行合作,选取了两个村进行试点,将互助资金作为担保基金,小额信贷公司以放大10倍的贷款批发给互助社,由互助社根据社员需求发放贷款,实现了风险共担、互助共赢。2018年,盐池县已为472户社员发放贷款2123万元,户均贷款4.5万元,是互助资金借款的9倍,扩大了贫困户资金使用额度,延长了互助资金持续发展的链条。

惠民小额信贷做法的形成与运行框架

盐池县惠民小额信贷与扶贫小额信贷是两种不同的小额信贷。

惠民小额信贷的形成背景:1996年在"爱德盐池县社区综合发展项目"支持下成立了"盐池县沙地资源开发协会"。利用部分项目资金开始小额信贷。1999年在爱德基金会的支持下成立"盐池县小额信贷服务中心"。2000年随着小额信贷规模的扩大,成立"盐池县农村发展协会",并在民政部门登记注册,"盐池县小额信贷服务中心"为协会的办事机构。2002年为更好的服务于贫困妇女,将"盐池县农村发展协会"更名为"盐池县妇女发展协会"(简称"协会"),"盐池县小额信贷服务中心"仍为协会的办事机构。2007年8月,在盐池县委、县政府,自治区金融办等方面的关注和支持下,盐池县小额信贷服务中心得到国开行宁夏分行的1000万元贷款支持,并于2008年12月改制成立了"宁夏惠民小额信贷公司",进入到快速发展阶段,业务由盐池县扩展至同心县。

贷款程序及信贷模式框架:①按照"公开招聘,就近服务"的原则,招聘农村知识青年,经过系列培训,担任社区推广员(信贷员)。②推广员深入有贷款需求的自然村,以农村妇女为对象,召集妇女座谈会,结合家访进行宣传摸底,经有参加贷款意愿的妇女民主选举,产生大组长。③农户自愿组成 5 人联保小组,由若干个联保小组以自然村为单位组成信贷村组。推广员在村组大组长的协助下,对小组的合规性进行审核。④农户通过联保小组、信贷村组向公司营业部提出贷款申请,申请经推广员调查初审,协调员审核,最终由营业部经理批准。⑤贷款产品有三种。一是基础贷款:第一轮最高限额 2000 元,以后每轮增加 1000 元,逐轮滚动至 5000 元,贷款年利率为 10.2%,按季清息,贷款期限为一年(第一轮为半年),农户以小组联保方式得到贷款。二是发展性贷款:面向有两轮基础贷款经历的、具有良好信用的客户,最高限额为 20000 元,贷款年利率为 14.4%,按月清息,贷款期限为一年,农户以小组联保方式得到贷款。三是微小企业贷款:贷款对象为有较大经营规模的优秀组员,最高限额为 20000 元,贷款年利率为 18%,按季清息,贷款期限为一年,农户以担保方式得到贷款。⑥基础贷款由推广员携款到村,将贷款交由村组大组长发放给组员,其他贷款通过银行存折(卡)发放;贷款到期时,由推广员一次性收回本金。⑦要求信贷村组每月召开一次例会,进行收放贷款、培训和文化娱乐等活动。客户从得到贷款的次月开始,每次村组会议上,须按基础贷款额的 1%在公司存入风险保证金,一轮结束时须存足基础贷款额的 10%。⑧社区推广员参加自己所管理的每个信贷村组月度例会,并在每轮贷款结束前对所负责的客户进行一次家访,解决客户的需求。

（五）"631"评级授信系统

盐池县把建档立卡贫困户作为金融扶贫的重点来抓,建立了全区首个建档立卡贫困户评级授信系统。在总结各村实践探索和民间智慧的基础上,盐池县改变原有评级授信标准,将建档立卡贫困户的诚信度占比由原来的10%提高到60%、家庭收入30%、基本情况10%,即"631"模式(见图7-2)。2016年,特将60—65周岁和非恶意"黑名单"建档立卡贫困户纳入评级授信范围,根据评级结果确定授信额度,发放"金扶卡",A级可贷10万元、B级5万—10万元、C级2万—5万元、D级2万元。农户一次授信,3年内随用随取,不用时不产生利息,有效降低了贫困户评级授信门槛和贷款成本,缓解了群众贷款难的问题。2016年,共为11228户建档立卡贫困户给予评级授信,授信额度4.6亿元。

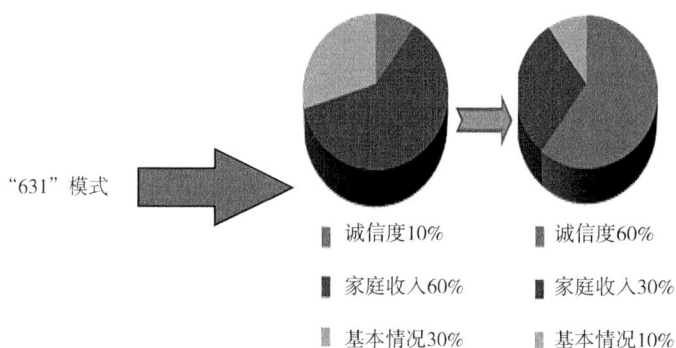

图7-2 "631"评级授信模式及其变化

为了把基础工作做扎实,盐池县出台了《盐池县农村信用社合作联社贫困户评级授信管理办法(试行)》,制定了11项具体操作流程(见图7-3),试行"一次摸底、四级评审、两轮公示"。"一次摸底"即由扶贫办、信用联社、互助社组成评审小组,首先对贫困户进行逐户摸底调查;"四级评审"即由村互助社、县扶贫办、乡信用社、县信用联社逐级评审;"两轮公示"即村"两委"公示、信用社公示。

成立县、乡、村三级评级授信评审小组

↓

开展评级授信工作培训会

↓

逐家逐户开展摸底调查

↓

填写贫困户评级授信表

↓

村评审小组初审并公示结果

↓

县扶贫办审核

↓

乡信用社评审小组复审

↓

县信用联社审核、公示

↓

评级授信

↓

发放富农卡

↓

建档立册

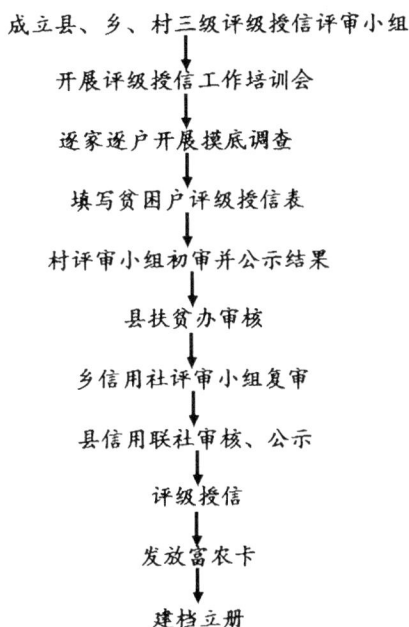

图 7-3　贫困户评级授信操作流程

（六）乡、村、组、户"四信平台"

盐池县把对建档立卡贫困户评级授信的成功做法运用到所有农户,建立了全区首个乡、村、组、户四级信用评定系统(即"四信平台"),相关指标包括农户的基本情况、家庭收入与资产负债情况、信用状况与参保情况以及精神文明(遵纪守法)等 4 个方面,按照"1351"评定标准逐项评定。其中:基本情况包含年龄、学历、婚姻状况、健康状况 4 项 10 目逐项评定(权重占 10%)。家庭收入及资产负债情况包含人均可支配收入、家庭总资产、资产负债率 3 项 10 目逐项评定(权重占 30%)。信用状况及参保情况包含有无不良贷款、对外担保、有无参加社保、医保及农业保险 3 项 9 目逐项评定(权重占 50%)。遵纪守法包含各种欠款、赌博嗜好、吸毒记录、邪教活动记录、司法诉讼记录、行政处罚记录、聚众上访记录、重大不良影响记录 8 项 16 目逐项评定(权重占 10%)。

　　盐池县把所有农户的信用情况由低到高分为 A、A+、AA、AAA 四个等级进行信用评级,对评级较高的农户在贷款额度和利率上实行优惠。破解了农村金融信用体系共建共享的难题。特别是将精神文明(遵纪守法)纳入信用评价,助推了村风、民风转变。2016 年,全县已评出信用乡镇 3 个、信用村 60 个、信用组 320 个、信用户 2.32 万户。同时,盐池县结合"智慧扶贫综合管理服务平台"建设,将信用评级及金融贷款情况及时录入平台、适时共享,促使了政府和金融机构的良性互动。守信才能发展、失信寸步难行已成为群众的共识。王乐井乡曾记畔村朱玉国说:"现在,农民的诚信意识越来越高,有的把信用看得比命都重。可以说,信用能当钱花,失信寸步难行。"

三、产融结合促增收

　　盐池县抓住国家实行金融扶贫的政策机遇,充分发挥党政主导作用,与信用社、农业银行、宁夏银行、邮储银行、村镇银行等金融机构和龙头企业进行衔接沟通,坚持"普惠+特惠"的原则,打造以滩羊为主导,黄花菜、小杂粮、中药材、牧草为支撑和乡镇多种经营为辅助的"1+4+X"特色优势产业(见图 7-4),为建档立卡贫困户发展产业提供贷款支撑,实现了产业发展支持"全覆盖"。

图 7-4　盐池县"1+4+X"特色优势产业

（一）拓展融资方式、渠道，瞄准产业落实贷款

盐池县不仅制定了宁夏首个县级金融发展规划，还结合干部包户扶贫工作，安排 3778 名干部为全县建档立卡贫困户逐户制定金融助推产业发展计划，积极协调银行给予贷款支持。建档立卡贫困户累计存栏滩羊基础母羊达 337 万只，种植黄花菜 2814 亩、小杂粮 14.9 万亩。同时，县委、县政府出台了 10 个"菜单式快捷扶持政策"，对建档立卡贫困户予以补贴，确保他们依靠特色产业人均增收 3000 元以上。

（二）创新实施融资撬动，助力龙头企业"带贫"

在解决了农户发展资金问题后，立足实际，创新融资担保模式，通过成立滩羊集团公司向国家政策性银行批量贷款，再由滩羊集团公司把贷款分贷各企业，解决龙头企业融资难题，支持企业用于市场开拓、品牌打造、扩大养殖等滩羊产业全体系建设。整合 2000 万元的扶贫产业助贷金，撬动银行 2 亿元的信贷资金，做大"资金池"容量，对新型经营主体执行 3 年期基准利率，最高可贷款 500 万元。

同时也明确要求新型经营主体每贷款 10 万元，需带动 1 户建档立卡贫困户人均年增收 3000 元以上。积极鼓励支持人保财险公司投身脱贫攻坚，其出资 5000 万元开发了助推滩羊产业发展的金融信贷产品，主要针对滩羊产业新型经营主体、养殖农户进行放贷，实行 10 万元以上 5.5%优惠利率，政府贴息 3%的优惠政策，为盐池县滩羊产业构筑低成本、高保障的融资支持。成立中民融盐扶贫担保公司，县财政拿出 5000 万元，引导社会融资入股 5.5 亿元，形成 3 亿元的扶贫担保基金（建档立卡户免担保费，涉农小微企业和新型经营主体减免担保费）和 3 亿元的产业发展基金，撬动银行 30 亿元的信贷资金，形成了一个可持续发展的"资金池"，解决参与产业扶贫的龙头企业融资问题，定向精准扶持建档立卡贫困户发展特色优势产业。整合 2000 万元特色优势

产业风险担保基金,对发展特色优势产业的新型经营主体执行200万元以内基准利率上浮不超过30%贷款,对发展特色优势产业的致富带头人执行10万—50万元基准利率上浮不超过30%贷款,政府贴息3%优惠。

（三）"企业+贫困户"融合发展,实现合作共赢

积极协调银行对龙头企业、合作社等给予信贷优惠支持,成立滩羊产业集团公司,鼓励发展"企业+贫困户+基地"和"企业+贫困户+合作社"等多种方式,引导企业把贫困村作为种养殖基地,或成立合作社,由企业向银行获得贷款授信,委托银行为农户发放贷款,实行"订单式"种养,构建"养加销"产业链利益共享、风险共担的联结机制,真正实现了"资金跟着穷人走、穷人跟着能人走、能人跟着产业走、产业跟着市场走"的目标,这样既保证了企业有稳定优质的原料来源,又实现了滩羊优质优价不愁销路,实现了良性互动。例如,中民融盐扶贫担保公司一家企业就向306户建档立卡贫困户贷款2336万元,户均贷款7.6万元,有力带动了贫困户增收。

四、风险防控为保障

为了构建金融扶贫长效机制,实现扶贫小额信贷可持续发展,盐池县把风险防控放在重要位置,围绕贷款"有需求、贷得出、能收回",完善扶贫小额贷款风险防控网络。

（一）建立风险补偿基金

为了实现有发展意愿的建档立卡贫困户免担保、免抵押贷款全覆盖,特别是解决60岁以上和非恶意"黑名单"贫困户贷款风险补偿问题,降低银行放贷风险。2016年盐池县研究出台了《盐池县建档立卡贫困户扶贫小额信贷风险补偿基金管理办法（试行）》,整合县政府、企业资金5000万元设立县级风险补偿金（2020年达8000多万元）,与各涉农银行签订合同,建立

风险补偿合作关系,让有发展意愿的建档立卡贫困户免担保、免抵押就能在银行获得贷款,银行按1∶10的比例提供扶贫小额信贷,因重大灾难、重大疾病等不可抗因素造成不能偿还的,由风险补偿金和商业银行按照7∶3的比例分担。

（二）严把评级授信关口

明确评级授信对象为有发展意愿、有创业能力、有产业项目、有良好信誉的建档立卡贫困户。出台了贫困农户评级授信管理办法（见图7-5）,实行"一次摸底、四级评审、两轮公示",确保扶贫小额信贷惠及真正需要贷款发展的建档立卡贫困户。

图7-5　贫困户评级授信管理办法

（三）强化金融信贷监督

盐池县建立了"精准扶贫管理系统"平台（见图7-6）,将贫困户信用评级、贷款情况、银行放贷情况等及时录入系统,实行扶贫贷款周统计月通报、年考核制度,由扶贫办、人民银行、各金融机构组成联合工作组,对贷款进展数据进行分析整理,及时协调解决问题,合力防控信贷风险。"这些大数据的潜在价值是难以估量的,它不仅支持地方政府进一步精确扶贫,也可以引导我们银行业的信贷资金合理投放,避免了银行有钱也不敢贷出去的窘局",盐池县银行业人士高度评价了盐池县"精准扶贫管理系统"平台建设,也期待共享"更多权威的农村人口数据和金融数据"。

盐池县精准扶贫管理系统

选择	行政区域	贷款总余额			中国农业银行			盐池县农村信用合作社			宁夏银行			盐池...
		总户数	总户次	总余额(元)	总户数	总户次	总余额(元)	总户数	总户次	总余额(元)	总户数	总户次	总余额(元)	总户...
	盐池县	6585	14221	586366298	1224	1289	63852700	5037	6539	379249073	33	33	2730000	540
	花马池镇	1293	2918	121139039	305	324	17042400	937	1248	68479439	8	8	980000	89
	大水坑镇	789	1461	66950100	158	174	8697100	619	718	48108000	1	1	50000	46
	惠安堡镇	919	2077	83832500	339	345	14751700	672	842	50764500	0	0	0	77
	高沙窝镇	560	1302	51342800	40	42	2041000	396	597	35456800	4	4	280000	48
	王乐井乡	1207	2744	103046834	182	191	9635500	936	1314	66191834	13	13	1070000	124
	冯记沟乡	427	971	40388000	54	54	3229000	364	462	27380000	4	4	200000	22
	青山乡	696	1469	64757500	102	113	5866000	570	730	43852500	3	3	150000	73
	麻黄山乡	694	1279	54909525	44	46	2590000	543	628	39016000	0	0	0	61

图 7-6　盐池县精准扶贫管理系统平台

五、保险跟进兜底线

盐池县针对"滩羊肉价格持续低迷、因灾因病因婚致贫返贫比重加大、贫困群众可持续发展能力不强"等因素,按照"保本、微利"的原则,与驻地保险机构合作采取"政府+商业保险"的模式,在全区率先创新实施"脱贫保",筹资2217.5万元(中央及自治区财政资金313.8万元、县财政资金667.7万元、扶贫专项资金557.4万元、金融信贷保险群众自筹678.6万元)[1],为建档立卡贫困户量身定做了"扶贫保",通过制定"一揽子"保险计划,提供"菜单式"服务,提高保险额度、降低保险费率、拓宽保障范围,着力解决因意外事故、因病因灾致贫、返贫问题。

(一)量身打造"扶贫保"项目

一边脱贫又一边返贫致贫是扶贫攻坚战中难啃的一块硬骨头。长期以

---

① 张歆、李立平:《金融创新扶贫之"盐池模式":让贫困户有尊严地脱贫》,2016 年 8 月 30 日,见 https://www.sohu.com/a/112688680_220066。

来,农业产业受疫病、自然灾害、市场价格等不确定因素影响较大,脱贫户或贫困边缘户因病、因灾、因意外等返贫致贫情况比较突出。据不完全统计,宁夏因病、因灾、因意外返贫的已达到20%以上。为降低或阻断扶贫小额信贷户致贫返贫风险,2016年盐池县结合实际将商业保险引入扶贫工作,创新推行与群众生产生活有机联结融合的"2+X"菜单式"扶贫保"模式。其中,"2"为基础险(必须投保),包括"保人身"的家庭成员意外伤害险和"保大病"的家庭成员大病补充险,这两款产品在全区实行全覆盖,并由中国人寿运营。"X"主要是根据一家一户具体情况提供的可选险种。除了借款人人身意外伤害险,还有特色优势产业保险,如滩羊肉价格指数保险、能繁母猪养殖保险、基础母羊险养殖险、种公羊养殖险、黄花种植保险、荞麦产量险、玉米收益险、马铃薯收入保险、村级互助社成员保险以及金融信贷险等多个险种。

"扶贫保"以建档立卡贫困户和贫困人口为保障对象,聚焦保人身、保大病、保信贷和保收入,构建起了风险保障体系,可在兜住建档立卡户因病、因意外返贫底线的同时,又为他们发展产业增收致富保驾护航。2016年,盐池县实现了包括扶贫小额信贷户在内的全县74个贫困村11228户34046人"扶贫保"全覆盖,践行了习近平总书记关于全面小康路上决不漏掉一户、决不落下一人的要求。据统计,2016年全县各类理赔金额即达到2024.4万元,占投保额的91.3%,其中家庭成员意外伤害险赔付率达到179.56%、家庭成员大病补充险为57.47%、老年人意外伤害险为67.97%①、互助社成员险为95.24%。人保财险盐池支公司副经理杨莲说:"由于黄花菜市场价格波动较大,公司2020年又推出黄花菜价格指数保险,当黄花菜低于约定价格时,保险公司将按每亩294元赔付给农户。"

---

① 《中国人寿精准扶贫创"2+X"菜单式保险模式》,2017年6月7日,见 http://finance.ce.cn/rolling/201706/07/t20170607_23469082.shtml。

（二）实行最低保费，最优保额

"辛苦奔小康，一病全泡汤"。宁夏人寿保险、人保财险积极投身脱贫攻坚，主动履行社会责任，对建档立卡贫困户实行低保费、高保额的特惠政策，特别是大病补充保险，报销比例可达 70% 以上，报销额度最高限额 10 万元。在脱贫攻坚期内，脱贫险保费全部由政府为建档立卡贫困户买单补贴。例如，对患大病的建档立卡贫困户在医保正常报销和大病保险二次报销后，剩余费用再按 60%—80% 比例给予三次报销；对滩羊肉价格低于保险预期收益每斤 20 元的，按保险约定给予赔偿。2016 年以来，尽管滩羊肉价格持续低迷，但盐池县在全区率先创新开发实行的滩羊肉价格指数"脱贫保"，一方面保障了贫困群众的滩羊养殖收益（饲养量与收入双增）及养羊致富的信心；另一方面也促进了羊肉市场价格的平稳运行，取得了"一举两得"功效。

（三）推进保险"扩面、提标"

主要涉及四个方面：第一，2+X（12 个险种）由"保本、微利"转向"风险共担"。第二，全县建档立卡户和非建档立卡户全覆盖。第三，滩羊肉价格指数保险约定价格 22 元/斤。第四，大病医疗补充保险保费收取增至为 90 元/人，大病医疗补充保险不设起付线，不分疾病种类，大病医疗补充保险最高报销额度 20 万元。参保贫困户医疗费用，在城乡居民基本医疗保险报销后，医疗费在 5000 元至大病起付线之间按 50% 报销，在大病医疗保险起付线之上的，大病医疗保险报销后剩余费用由大病医疗补充保险按比例报销：个人自负的目录内医疗费用，由大病医疗补充保险报销 80%，个人负担 20%；个人自付的目录外医疗费用（对属县级以上综合医院认定的、该疾病治疗必需的、无法替代的药品和医疗器材费用），由大病医疗补充保险报销补偿 70%，个人负担 30%，保险年度内最高报销额度 2 万元。

（四）多管齐下，优化保险设计

第一，保人。2016 年，保费为 60 元/人，保险责任最高为 8 万元/人，报销起伏线为 9300 元，报销标准为自付目录内起伏线以上按 60%—80% 分级累进报销。2017 年，保费 90 元/人，保险责任最高 20 万元/人，报销起伏线为 5000 元（贫困户 3000 元，80% 报销），报销标准为"自付目录内 5000—9300 元按 50% 报销，9300 元以上按 80% 报销；自付目录外按 70% 报销，最高 20000 元"。

第二，保滩羊产业。投保对象为全县滩羊养殖的建档立卡贫困户。保险责任为因价格下跌导致滩羊肉的销售收入低于保险合同约定的预期收益时，保险公司按照合同约定负责赔偿。保额及保费标准由 2016 年保费 30 元/只、保险金额为 20 元/斤提高至 2017 年保费 39.6 元/只、保险金额为 22 元/斤。保费来源由 2016 年县财政补贴 80%、扶贫专项资金缴纳 20% 变为 2017 年县财政补贴 50%、扶贫专项资金缴纳 50%。

第三，保马铃薯产业。投保对象为全县种植马铃薯的建档立卡贫困户。保险责任为因价格下跌或产量降低导致保险粮食作物的销售收入低于保险合同约定的预期收益时，保险机构按照保险合同约定负责赔偿。保费来源为县财政补贴 50%、扶贫专项资金缴纳 50%。保额及保费标准由 2016 年水浇地保费 70 元/亩、保险金额 1750 元/亩变为 2017 年旱耕地保费 28 元/亩、保险金额 700 元/亩。约定收益由 2016 年亩产 1750 公斤、价格 1 元/公斤变为 2017 年亩产 1000 公斤、价格 70 元/公斤。

第四，区别化执行。2017 年盐池县脱贫攻坚"扶贫保"政策适用于全县所有农户，对建档立卡贫困户和非建档立卡贫困户资金补助采取差别化执行。一是建档立卡贫困户政策：对全县建档立卡贫困户全面推行"2+X""扶贫保"模式，每户财政补贴（含 2 个人身保险）最高额度为 1000 元（群众自筹部分由扶贫专项资金全额补贴）。二是非建档立卡贫困户政策：对全县非建档立卡贫困户也全面推行"2+X""扶贫保"模式，但每户财政补贴（含 2 个人身保险）

最高额度为 500 元(群众自筹部分由县财政资金给予 60% 补贴)。

第五,完善风险补偿。一是风险补偿金来源为县政府筹资 1000 万元。二是保险利润核算。审计局负责一个保险周期(一年)投保及理赔情况核算保本(理赔金额=投保金额-直接运行成本)及直接运行成本(仅限于扶贫保业务的费用),监察、财政配合。一个保险周期亏损的情况下,亏损部分由政府启用保险风险补偿金承担 60%,合作保险公司承担 40% 实现风险共担。一个保险周期保险公司盈利情况下,盈利部分 60% 返回风险补偿资金池,周转使用。三是风险补偿金启用。审计、财政部门负责保险风险补偿基金的审计核算、预算安排和资金拨付。扶贫办负责"扶贫保"风险补偿金的兑付。监察、财政、审计部门应充分发挥各自职能作用,分工配合、强化监督、各负其责,共同做好"扶贫保"补偿基金管理工作。

六、监测统筹强预警

为进一步巩固扶贫小额信贷在精准扶贫中的金融支撑作用,盐池县通过采取精准统计、统筹协调、全面分析等方式,开展扶贫小额信贷月监测统计工作,取得明显成效。

(一)精准监测,实现金融统计数据共享

盐池县利用智慧扶贫综合管理服务平台,获取贫困户家庭基本情况、家庭成员信息、家庭财产收支信息,并从金融保险机构采集贫困户贷款、保险信息,最终形成以县级为单位的金融扶贫数据库,实现了县、乡、村、户四级数据共享,做到了对各银行和各乡镇扶贫小额信贷工作的有效监督,确保了扶贫小额信贷工作的有序开展,推动了全县金融扶贫工作的创新发展。

(二)统筹协调,实现金融数据网络统计

针对县金融数据只对中国人民银行一家金融机构提供的单一性,盐池县

政府统筹协调各相关部门,多次召开协调会议,由几家银行共同探讨实现金融统计网络化的方法,形成以数据采集、分析、管理为一体的全县扶贫小额信贷数据库,可以在网络中清晰地掌握全县分乡镇,分银行统计贷款的数据,并实行贷款统计实时更新,将各银行导入的数据进行汇总统计,建立有效监督机制,横向使各家银行比服务,纵向使各乡镇比工作,为县委、县政府决策提供依据。

(三)全面分析,实现金融风险科学预警

盐池县根据每月扶贫小额信贷贷款情况,从信贷发放情况、运行情况、扶贫效益等方面,全面分析扶贫小额信贷进展情况,建立了"红黄绿灯"扶贫小额信贷风险预警机制,及时掌握贫困户的收入、信用、贷款用途及还款等情况,通过"金融扶贫管理系统",随时更新家庭财产信息、收支数据、第三方平台数据、信用情况等,及时做出结本清息还款预警,实现了统计信息的科学管理,统计数据的精准监测。

七、问题整改全到位

盐池县坚持问题导向,落实脱贫攻坚回头看问题整改。一是严格落实扶小额信贷户借、户用、户还,精准用于贫困户及边户发展生产的总要求,要求金融机构做好贷前调查和策宣传工作,在发放贷款时与建档立卡户签订贷款用途承诺书,从源头上杜绝信贷资金使用不精准的问题。二是按照脱贫攻坚问题整改清单,督导涉贷金融机构对存在"两免一基"政策落实不到位、重复授信、多头贷款、风险补偿金管理不规范等问题及时梳理、摸清情况并建立台账,然后统筹安排、细化工作责任,采取有力措施,按期逐一销号,不留死角,确保问题整改工作如期整改到位。

第四节　经验启示

一、政府主导是扶贫小额信贷稳定发展的核心要义

扶贫小额信贷是转变扶贫方式的途径,改变"撒胡椒面"式的投入方式,最直接、最有效的办法就是把政府行为与市场力量有机结合,把政府扶持与群众自力更生有机结合,建立相关部门协调配合工作机制,通过创新服务机制为贫困户提供精准金融支持,趟出一条"穷人金融"为穷人的精准扶贫之路。

二、厚植诚信是扶贫小额信贷健康发展的重要基础

授人以鱼不如授人以渔!过去"给钱给物、打卡到户"的扶贫方式不仅未取得良好的效果,反而培养了群众的"等、靠、要"思想。扶贫小额信贷这一创新模式正好颠覆了过去固有做法,将"扶贫款"变成"扶贫贷款"。扶贫小额信贷工作包括"评、贷、用、还"四个关键环节,以农民的诚信为基础,用诚信做担保不仅能让贫困群众"贷得到、贷得准、贷得快、用得好、还得上",获得实实在在的实惠,也可破解困扰地方发展的难题,更会在很大程度上带动民风转变,使贫困农民的精神生活焕然一新。

三、培育产业是扶贫小额信贷持续发展的关键支撑

脱贫靠产业,产业靠金融。产业发展的制约瓶颈是资金短缺,扶贫小额信贷的最终目的是要把产业培育起来。反之,因地制宜选准主导产业,才能更好地将扶贫小额信贷的资金优势转化为资本优势、产业优势和脱贫实效。扶贫小额信贷的特点是低额度、短周期循环贷,适应了贫困户各生产阶段的需求与实际情况,既尊重市场决定作用,又遵循进式、长期性的原则;既有利于贫困户对农业技术的学习积累,更有利于诚信意识、致富愿望的培养积累,建立起资

金跟着穷人走、穷人跟着能人走、能人跟着产业走、产业跟着市场走的扶贫新路。

四、保险护航是扶贫小额信贷快速发展的有力保障

除建立政府风险补偿基金以有效降低银行风险外,还可将商业保险与产业发展、扶贫小额信贷有效融合,创新推出适合新型农业经营主体、贫困户需求的保险品种,如农作物收入保险、产量保险、价格系数保险、农村小额贷款保证保险等。不仅如此,还可建立建档立卡人口大病补充医疗保险机制、建档立卡人口健康档案制度、普惠式建档立卡贫困户家庭系列保险项目以及老年人、留守儿童、单亲母亲等特殊群体意外伤害保险制度,构建针对贫困人口特点(可根据自身发展条件和能力组合购买)的扶贫保险产品体系,防止因病、因灾、因重大事故及市场波动致贫、返贫,达到巩固拓展脱贫成效的目的。

第八章　扶贫小额信贷的安徽灵璧实践

党的十八大以来,安徽省深入贯彻落实中央和省委、省政府关于精准扶贫、精准脱贫的决策部署,以促进贫困户发展产业、增收脱贫为根本目的,充分发挥全省农村商业银行帮助贫困户脱贫致富的金融杠杆作用,创新金融产品与服务,确保有发展意愿、有发展潜质、有资金需求、有还款来源的贫困户获得免抵押、免担保的信用贷款,有效解决贫困户产业发展资金短缺的瓶颈问题。

扶贫小额信贷是脱贫攻坚中满足产业发展需要、适应市场经济要求、填补扶贫资金洼地的重要创新举措,是针对贫困户发展产业的特惠性制度安排。2018年以来,安徽省灵璧县始终坚持扶贫小额信贷"户贷户用户还"的政策导向,确保贫困群众的主体地位和利益最大化,积极创新推广扶贫小额信贷新做法,走出了一条"金融+产业"融合发展、带贫减贫之路,有效激发了贫困群众内生动力、加快了增收脱贫致富步伐。灵璧县建档立卡贫困户30737户,"需贷可贷"贫困户19658户,户贷率理论可达63.95%。累计脱贫96319人,出列贫困村73个,贫困发生率降至0.21%,其中扶贫小额信贷发挥了重要作用。

第一节　政策背景与发展历程

一、政策及发展背景

灵璧县辖区总面积2125平方公里,辖6乡13镇和1个省级经济开发区,总人口130万人,耕地181万亩。2012年,灵璧县被确定为国家扶贫开发重点县。

(一)组织背景

为扎实做好扶贫小额信贷工作,灵璧县委、县政府坚持"政府主导、银行主动、群众主体、产业主力"原则,按照习近平总书记指示的:群众需要什么我们就干什么。灵璧县成立了扶贫小额信贷领导小组,县政府主要负责人任组长,县政府分管金融工作和分管扶贫工作的负责人分别担任副组长,县内主导产业、特色优势产业主管部门,相关银行业金融机构、保险业金融机构,以及财政、科技、人社等相关职能部门主要负责人任成员,成员单位围绕"产业+金融",明确职责分工,注重协调配合,强化相互协作,着力创新产业链式扶贫小额信贷做法。

同时,灵璧县把扶贫小额信贷工作作为县扶贫开发领导小组周例会和县政府县长碰头会的常设议题,每周听取一次扶贫小额信贷工作汇报,分析情况、研判形势,对照目标、研究措施,县扶贫局、县金融办、县人行具体组织推进。在县委、县政府的统一安排和部署下,各乡镇和承贷银行也分别组成了工作专班,明确把扶贫小额信贷工作作为"一把手"工程,作为推动产业发展、增加"血液"供给的"一号工程",列入乡镇和金融机构的重点考核范畴,形成了"牵头有机构、推动有人员、服务有流程、落地有措施"的工作格局。

(二)政策背景

金融扶贫由银行业扶贫、证券业扶贫和保险业扶贫"三驾马车"组成,扶贫小额信贷是银行业扶贫的重要内容和手段,也是直接惠及贫困户群众的有效金融产品之一。"扶贫小额信贷"是为支持建档立卡贫困户发展产业量身定制的金融精准扶贫产品,是一项政策、一个产品、一种服务"三位一体"全新的制度设计,其政策要义可归纳为 6 个核心要素,即"5 万元以下、3 年期以内、免抵押免担保、基准利率放贷、财政贴息、县建风险补偿金"。

2014 年以来,国家有关部委和省政府围绕"精准"二字,坚持把激发贫困群众内生动力、实现脱贫致富作为创新发展扶贫小额信贷的根本任务,积极发挥金融机构作用,推动财政扶贫政策与金融良性互动,相继出台了《关于创新发展扶贫小额信贷的指导意见》(国开办发〔2014〕78 号)、《关于促进扶贫小额信贷健康发展的通知》(银监发〔2017〕42 号)和《安徽省人民政府办公厅关于深入推进扶贫小额信贷工作的实施意见》(皖政办〔2017〕36 号)等一系列政策文件。

灵璧县委、县政府认真贯彻落实党中央、国务院精准扶贫精准脱贫政策,把拿出绣花功夫精准研究扶贫小额信贷政策作为精准落实的"第一道工序",在认真学习研究政策文件精神的基础上,制定灵璧县金融精准扶贫系列政策性文件,印发了《关于促进灵璧县扶贫小额信贷健康发展的通知》《灵璧县扶贫小额信贷目标任务》《灵璧县扶贫小额信贷工作指南》,突出贫困户自愿和贫困户参与两项基本原则,大力发展户贷户用户还贷款(简称"一个方向、两个原则"),并出台《灵璧县产业链式金融扶贫工作实施方案》《灵璧县扶贫小额信贷贴息资金管理办法》《灵璧县扶贫小额信贷风险补偿金管理办法》《灵璧县扶贫小额信贷风险防控操作办法》《灵璧县农村信用户评级授信办法》,这些文件的出台和机制的摸索,为扶贫小额信贷"一自三合"做法的出现提供了政策基础和机制保障。

(三)产业背景

金融产品必须依靠实体经济而发展,只有以产业为载体,贫困户才能依靠金融支持逐步脱贫致富,这既是一个前提条件,也是必然选择。发展产业是实现脱贫的根本之策。习近平总书记提出:"要把发展生产扶贫作为主攻方向,努力做到户户有增收项目、人人有脱贫门路"。[①] 基于对这一根本问题的思考,灵璧县坚持把产业作为金融注入的有效载体,把金融作为产业发展的源头活水,在贫困村中大力发展特色种养类集体经济项目;在地处边远、集体经济收入薄弱的 33 个贫困村进行统一的土地流转,每村建设 1 个占地 100 亩左右的山核桃产业扶贫基地;在贫困村中选择 7 个点,实施秸秆综合利用试点项目,每村建设一个秸秆收贮大棚;充分发挥全国休闲农业与乡村旅游示范县、全国电子商务进农村示范县的优势,积极培育电商和乡村旅游扶贫等新业态,先后实施到村到户产业项目 2.7 万个,建设休闲农业与乡村旅游示范点 112 个,实现村级电商、快递物流全覆盖。在以产业资金发展特色产业的同时,围绕主导产业和特色产业,以信贷投向促进产业链条延长,突出种植、养殖、加工、运输、劳务输出、农家乐、乡村旅游、电商等生产经营活动,以及参与新型农业经营主体或其他经营主体的增收创收项目,投入产业扶贫资金 9368 万元,通过培优产业、做强主体,为扶贫小额信贷资金投入拓展了空间。

二、实施发展历程

截至 2018 年底,全省扶贫小额信贷历年累计贷款 317.18 亿元,其中 2018 年度向 34 万贫困户发放贷款 133.24 亿元,位居全国第 2 位,为产业扶贫提供了有力的资金支撑;全省逾期贷款余额 447 万元,逾期率为 0.02%。2019 年,全省累计向 89.4 万贫困户发放扶贫小额信贷 337.5 亿元。

(一)组织推动

加强组织推动,确保"贷得到"。扶贫小额信贷是为支持建档立卡贫困户

---

① 《习近平春节前夕赴河北张家口看望慰问基层干部群众》,《人民日报》2017 年 1 月 25 日。

发展产业量身定制的金融精准扶贫产品,是一项政策、一个产品、一种服务"三位一体"全新的制度设计,具有对象最精准、覆盖最广泛、政策最优惠、银行最放心、群众最称心等特征,是用中国特色办法措施破解政策落地难题的金融手段。安徽省紧紧围绕加快产业扶贫发展、激发贫困群众内生动力、促进增收脱贫这一工作中心,强化组织领导,高位高频推动,确保贫困户"贷得到",着力引来扶贫小额信贷源头活水。

一是坚持高位推动。安徽省委、省政府主要负责同志多次做出重要批示指示,省政府分管负责同志亲自部署推动,并建立"省市支持、县负总责、乡(镇)村落实"的扶贫小额信贷工作机制。省政府召开全省扶贫小额信贷工作现场会部署安排,并将扶贫小额信贷纳入全省扶贫开发"重精准、补短板、促攻坚"专项整改行动重要内容加以推动。明确县级政府是责任主体,县(市、区)长是第一责任人,负责组织领导和统筹安排扶贫小额信贷工作,确保如期完成目标任务。人民银行、政府金融办、扶贫办、银监、保监、财政等部门各司其职,密切配合,共同推进。

二是强化顶层设计。坚持问题导向,结合安徽实际,研究出台了《关于深入推进扶贫小额信贷工作的实施意见》(皖政办〔2017〕36 号)、《关于产业扶贫等6 个方面存在问题整改落实方案的通知》(皖政办秘〔2017〕152 号)、《关于促进扶贫小额信贷健康发展的通知》(皖银监发〔2018〕9 号)等文件,进一步明确了"免担保免抵押、5 万元以下、3 年期以内、基准利率放贷、财政贴息、县建风险补偿金"的政策要点,并从风险管控、监测考核、专项治理等方面进行了进一步强调和要求,力求从根本上缓解贫困户贷款难、贷款贵问题。之后,安徽省又出台了一系列文件,进一步完善了扶贫小额信贷政策体系,有力保障了扶贫小额信贷规范有序发展。

三是强化高频调度。坚持按月点评制度,安徽省扶贫办会同人行合肥中心支行、安徽省政府金融办、安徽银监局对全省扶贫小额信贷工作实施情况按月调度通报,并对工作开展过程中遇到的问题及时研究解决,加强高度推进,有效加快扶贫小额信贷政策落地见效。

四是强化督查考核。安徽省把扶贫小额信贷实施情况纳入市县党政领导班子和主要负责同志脱贫攻坚工作成效年度考核的重要内容,并提高考核分值。广泛推行扶贫小额信贷业务分片包干制度,做到奖惩挂钩。对扶贫小额信贷工作成效明显、成绩突出、投放规模较大的金融机构和个人予以表扬,对工作开展不力、不能完成年度任务的进行约谈问责。适当提高不良贷款容忍度,根据实际情况,对银行业金融机构扶贫小额信贷不良率高出自身各项贷款不良率年度目标若干比例的,可以不作为监管部门监管评价和银行内部考核评价的扣分因素。明确扶贫小额信贷发放过程中的尽职要求,强化正面导向,有效调动了银行业金融机构投放扶贫小额信贷的积极性。

(二)要素保障

要素保障,确保"用得好"。深入贯彻新发展理念,强化项目、资金、人力等要素集聚,积极开展贷款贫困户发展产业的"一条龙"服务保障,使贷款贫困户发展产业有路子、有项目、有带动、有效益。

一是逐户制定脱贫计划。坚持因地制宜、循因施策,充分发挥驻村扶贫工作队、村扶贫专干、贫困户帮扶联系人等帮扶作用,帮助贫困户理清发展思路,制定脱贫计划,选准选好产业项目,帮助找准增收门路。

二是建立完善扶贫项目库。全省有扶贫开发任务的 70 个县(市、区)已全部建立县级脱贫攻坚项目库,为贷款发放提供了产业项目储备,确保扶贫小额信贷投入有项目、有产业。

三是加大财政投入。省财政通过盘活存量资金,已累计下拨扶贫小额信贷贴息补助资金 24.5 亿多元。

四是优化金融服务。完善县乡村三级金融服务体系,优化业务办理流程,简化审批环节,提高放贷效率,实现"基础金融不出村"。

为进一步支持扶贫小额信贷工作,提高了发放效率和质量,金寨县农村商业银行创新推出"拎包银行",将业务受理、审查审批、贷款发放等工作移至贫困户所在村组办理,将传统的柜面业务搬到贫困户家中,实现贫困群众"贷款申请不出户,存取款不出村,结算不出乡镇",将金融扶贫"最后一公里"延伸至"最后一步路"。

全面推广"四带一自"产业发展做法。全面推广各类园区、龙头企业、农民合作社、能人大户(家庭农场)带动和贫困户自主调整种养结构发展生产的"四带一自"产业发展做法,建立完善紧密型利益联结机制,支持和带动贷款贫困户大力发展特色产业增收脱贫。

大力开展贫困地区农产品产销对接。创新产销对接方式,积极举办贫困地区农产品产销对接活动,扎实推进贫困地区农产品进高校、进社区、进电商等产销对接"八进"行动和企业、高校送市场、送信息、送项目、送服务"四送"活动,搭建产销对接平台和载体,让贫困地区更多的优势特色农产品走向大市场。

(三)风险防控

加强风险防控,确保"还得上"。金融安全是国家安全的重要组成部分,防范金融风险也是脱贫攻坚的重要任务。可以说,风险防不防得住,防不防得好,关系着扶贫小额信贷能否健康持续发展。因此,安徽省在推进扶贫小额信贷中坚持底线思维,强化风险防控,牢牢守住安全底线,防止产生"蝴蝶效应""破窗效应",确保不出现大的风险。

一是下好风险防范"先手棋"。在发放扶贫小额信贷前,安徽省围绕"选准产业""选准人"这两个核心要素,通过吸收村"两委"干部参加评贷,精准把握获贷贫困户的诚信情况和产业发展能力,从源头降低风险概率。在发放贷款时,结合签订贷款合同,加强金融政策宣传和诚信意识宣传教育引导,提高贫困户的守信意识,规范贫困户贷款行为,让贫困户明白扶贫小额信贷"有借有还"的基本属性,从思想源头上预防道德风险发生。在贷款使用时,加强贷后随访和技术服务,同步监督贷款使用方向,确保贷款投入产业持续健康。在贷款到期前,建立预警机制,提前 1 个月向扶贫小额信贷资金到期的贫困户发出还款通知,提醒其做好还款准备或完善无还本续贷手续,提前化解潜在风险。

二是及时装上保险"安全阀"。积极探索将农业保险、扶贫小额信贷保证保险、人身意外伤害保险等险种打包创设"扶贫特惠保",充分发挥保险的风险保障功能,为产业发展、贫困户增收和贷款安全装上"安全阀"。同时,严格执行不良贷款率超 3% 暂停业务的规定,对逾期贷款限期整改,对表销号。

三是建立健全风险"补偿金"。按照 1∶10 左右的放大倍数,科学合理安排风险补偿金,安徽省已建立风险补偿金 21 亿元左右。加强风险补偿金使用管理,做到专款专存、专户管理,特别是规范风险补偿金启动条件和运行办法,避免"一偿了之"。

四是完善"户贷企用""诚信账"。逐户检查"户贷企用"实际用款企业的生产经营情况及风险状况,建立完善诚信台账和还款计划,逐户落实专职信贷人员的管理责任,对风险苗头性问题及时果断处置。

五是用好系统监控"放大镜"。开发应用省级扶贫小额信贷信息系统大数据平台,加强监测分析,对即将到期的扶贫小额信贷提前预警提示,及时提醒贫困户按期还款,防止逾期贷款产生。同时,督促相关金融机构根据实际情况采取展期、续贷、上门催收、法律手段及启用风险补偿金等方式,加大逾期贷款清收力度,及时化解逾期贷款风险,确保扶贫小额信贷规范有序发展。

第二节　现状与成效

2018 年以来,灵璧县始终坚持扶贫小额信贷"户贷户用户还"的政策导向,积极创新推广扶贫小额信贷新做法,走出了一条"金融+产业"融合发展的带贫减贫之路,有效激发了贫困群众内生动力,加快了增收脱贫致富步伐。截至 2020 年 10 月 20 日,灵璧县累计为 18628 户发放扶贫小额信贷 8.51 亿元,落实扶贫小额信贷贴息 5396.63 万元。扶贫小额信贷存量 2890 户 1.32 亿元,其中 2020 年发放 1503 户 0.66 亿元(含续贷 1145 户 0.51 亿元),延期 343 户 0.16 亿元。2018 年至今,灵璧县通过"一自三合"累计投放扶贫小额 5.05 亿元,获贷贫困户 11535 户,为灵璧县脱贫攻坚收官注入了金融活水。

(一)积极探索"一自三合",解决了贫困户"四难""一怕"问题

灵璧县准确把握国家政策要义,认真梳理和总结提炼基层实践创造,结合贫困群众需求和产业扶贫实际,在坚持户贷户用的基础上,探索推行"一自三合"做法。探索创新了户贷户用自我发展、户贷户用合伙发展、户贷社管合作发展、户贷社管合营发展的扶贫小额信贷做法,解决了贫困户"四难""一怕"问题,助力脱贫攻坚。

(二)积极推广"一自三合",发挥了扶贫小额信贷高效带贫减贫机制

发挥传统优势,大力促进贫困户贷户用自我发展。2018 年以来,灵璧县通过"自我发展"方式投入扶贫小额信贷资金 7132 户 3.11 亿元,占比 61.82%。其中,发展产业类 4977 户,创业经营类 1559 户,家庭手工作坊类 596 户。

积极穿针引线,大力促进贫困户贷户用合伙发展。2018 年以来,灵璧县"合伙发展"方式投入扶贫小额信贷资金 2909 户 1.28 亿元,占比 25.21%。其中,贫困户与贫困户,或与一般农户合伙发展类 1963 户;与农民合作社、致富带头人等新型农业经营主体开展代种代养、租赁、托管、订单生产等合伙经营类 946 户。

支持抱团取暖,大力促进贫困户户贷社管合作发展。2018 年以来,灵璧县"合作发展"方式投入扶贫小额信贷资金 1022 户 0.45 亿元,涉及合作社 27

个,占比 8.85%。

引入社会力量,积极促进贫困户户贷社管合营发展。2018 年以来,灵璧县"合营发展"方式投入扶贫小额信贷资金 472 户 0.21 亿元,占比 4.12%。

截至 2020 年 10 月 20 日,灵璧县发放的扶贫小额信贷资金已全部投入相关产业,其中投入种植业 20.5%,养殖业 56.3%,参与新型经营主体经营管理 17.3%,个体经营加工 4.5%。

(三)积极改进扶贫小额信贷风险防控机制,创新扶贫产品

多部门配合,加强贫困户贷款服务,用准扶贫小额信贷。研究制定扶贫小额信贷系列文件,建立县乡村三级扶贫小额信贷服务机构,组织驻村扶贫工作队和帮扶干部精准帮扶,严把贷款审核关,帮助贫困户选准产业项目、精准使用贷款,帮助贫困户因地制宜选择适合自身的发展方式,确保贫困群众真正参与到生产经营中来,实现抱团发展、互利共赢。

完善风险补偿金机制。为防范金融风险,建立健全风险防控、风险分担和风险缓释机制,县财政安排扶贫小额信贷风险补偿专项资金 5366 万元,进一步降低了信贷资金风险。

签订"一张大保单保险"。积极创新保险扶贫产品,对接保险公司签订了全省"脱贫保"综合保险扶贫第一单,为全县贷款贫困户集中办理人身意外伤害险、农产品收入险、第三方责任险、大病医疗保险和贷款保证保险于一体的"一张大保单保险",充分发挥保险扶贫风险保障作用,人保财险已落实理赔金额 1527 万元。

加强提前预警机制。配合县扶贫局提前三个月将预到期贷款清单下发至各乡镇(开发区)、承贷银行,提醒贫困户按时还款或办理续贷,严防逾期。

大庙乡沟涯村总人口 685 户、3094 人,2014 年建档立卡贫困户 102 户、415 人,贫困发生率 13.41%。该贫困村 2017 年底成功出列,截至 2019 年底,该村 106 户、374 人实现稳定脱贫,贫困发生率降至 0.62%。该村使用扶贫小

额信贷 33 户,其中 1 户用于龙虾养殖,13 户用于畜禽养殖,19 户用于竹制品加工。

通过政府帮扶,上海博德尔公司与雅丽竹制专业合作社签订了长期固定采购协议,每季度用量 3000 把,每年午、秋两季禁烧采购 1 万余把,雅丽合作社建立电商平台,线上线下同步销售,拓宽渠道,增加订单,解决产品销路窄问题。

为了加强贷款后的风险防控,沟涯村和雅丽合作社采取开展诚信教育、信用评价、到期提前提醒,以及对暂无还款能力户由合作社临时垫付等办法,有效防范了金融风险,使贫困户“贷款借得出,用得好,还能还得上”。

雅丽竹制专业合作社成员由最初的 19 户,增加到 42 户,从业人员 200 人以上。原材料采购成本降低 10% 左右,生产加工量和销售量增加了 2 倍。通过成立合作社抱团发展,19 户参加合作社的贫困户年均收入 2 万元以上,通过实施扫帚加工业已全部实现稳定脱贫。

第三节　主要做法

一、创新“一自三合”做法

“一自三合”扶贫小额信贷做法,“一自”,指户贷户用自我发展方式,有自主发展能力和发展条件的贫困户,通过一家一户户贷户用,“自我发展”扶贫产业,实现增收脱贫;“三合”,指自主发展能力弱和发展条件欠缺的贫困户一家一户贷款后“抱团发展”,通过合伙、合作、合营,穷帮穷、富帮穷,或通过加入农民合作社带动贫困户发展扶贫产业实现增收脱贫。

户贷户用合伙发展方式。即贫困户与贫困户,或与一般农户,或与能人大户、农民合作社、致富带头人等新型经营主体开展代种代养、租赁、托管、订单生产等合伙生产经营,通过互帮互助带动贫困户共同发展产业,形成抱团发展的合力。

户贷社管合作发展方式。即贷款贫困户抱团成立或加入特色种养业、手工业等专业合作社,合作社提供产前培育、产中指导、产后销售等"一条龙"服务,统一采购原材料,统一标准生产加工,统一销售,确保扶贫小额信贷投入有项目、有产业,让贫困群众在参与中学有标杆、干有标准,学习技术、学会经营,变"输血"为"造血",形成脱贫致富长效机制。

户贷社管合营发展方式。即贷款贫困户加入或抱团成立农民合作社,与村集体或龙头企业等新型经营主体协作合营,成立新的经营主体,并确立抱团贫困户的主体地位和合作社的经营主导权,引入和发挥龙头企业等新型经营主体的技术、管理、信息、销售和服务优势,明确合作社、村集体、新型农业经营主体三方利益共享方式,充分发挥龙头企业等新型经营主体、村集体的带动作用,保证合作社和贫困户资金安全、稳定收益和生产就业能力的提升。

(一)"一自三合"做法产生背景

从贫困户角度看,"两免"扶贫小额信贷是贫困户获得发展生产的主要信贷资金,有效解决了"贷款难"问题。银行的贷款品种有上千种,但是银行的贷款对象多是有实际资产的企业和个人,贷款的办理更是需要各种各样的资产证明和抵押担保,所以银行对于贫困户而言,是可望而不可即的,想获得银行的信贷资金支持,需要有一定的资金证明,但是大多贫困户没有银行认可的资产,像农作物、牲畜家禽、小型农业机械设备等均不被银行认可作为抵押物,这就造成了贫困户"贷款难"的局面。而为贫困户发展生产量身打造的"两免"扶贫小额信贷,只要符合条件、有发展生产意愿的贫困户均可以申请,政策的特惠性有效解决了"贷款难"问题,为贫困户带来极大的红利。

从金融机构角度看,用传统方式向贫困户发放贷款风险大、成本高、利润薄甚至亏本,确实存在"难贷款"问题。银行业金融机构在承办扶贫小额信贷业务工作中普遍反映,相比较于正常的企业经营贷款、个人消费贷款等贷款品种,扶贫小额信贷具有贷款金额小、调查成本高、信用风险大等特点,并且信贷员进行贷前调查流程、内容较为烦琐,贷后管理较为不便,人员成本较高,形成的贷款收益利润较少。加之贷款信用风险较大,贫困户可以处置变现的资产较少,一旦贷款出现风险,银行无法追回逾期贷款,所以基层涉农金融机构在发放贷款的过程中均保持审慎原则,对贫困户的资金需求无法有效满足。

从政府角度看,扶贫小额信贷是发展"造血式"产业扶贫的重要举措,由政府增信、担保,双向解决了贫困户"贷款难"和银行"难贷款"问题。由于"贷款难"和"难贷款"两种困境的出现,就需要政府进行市场干预,为贫困户在生产发展的过程中可以有充足的资金支持,由政府提供增信,在承办金融机构设立风险补偿金,作为扶贫小额信贷出现风险的兜底资金,让金融机构能够放心发放扶贫小额信贷,更让贫困户能够容易便捷获得银行的信贷资金支持。同时,贷款具有偿还性,相比较于财政资金的单纯补贴,更能激发贫困户发展生产的自觉性、主动性、积极性,实现由"输血式"扶贫向"造血式"扶贫的转变。

综合贫困户、金融机构和政府三方面的考虑与诉求,灵璧县发现,扶贫小额贷款在助力产业发展方面是大有可为、大有作为的,因此,围绕金融扶贫小额贷款、产业带动、贫困户盈利增收和风险防控等方面,在坚持"户贷户用户还"方向的基础上,灵璧县大力促进信贷资金与产业资源相互融合,进一步完善扶贫小额信贷带贫减贫机制,创新推广户贷户用自我发展、户贷户用合伙发展、户贷社管合作发展"一自两合"方式,受到国家和省市充分肯定。同时,省扶贫办在灵璧县扶贫小额信贷"一自两合"方式基础上,结合省内其他地区金融扶贫实践,创新性地探索出了扶贫小额信贷"一自三合"做法。全面解决了扶贫小额信贷"户贷企用"和贫困户在发展产业中存在的"两有""四难一怕"问题("有劳力""有场地",但"选择产业项目难""筹集发展资金难""生产经营管理难""拓展市场销售难",因此"怕亏本折钱,不愿贷"),走出了一条具有灵璧特色的"金融+产业"融合发展、带贫减贫之路。

（二）"一自三合"实践做法

1. 户贷户用自我发展方式

有自主发展能力和发展条件的贫困户,通过户贷户用"自我发展"扶贫产业,独立生产经营实现增收脱贫。通俗地说就是"自己做贷款,自己当老板,自主谋发展"。该做法主要从农村土地家庭承包制现实基础出发,坚持农民主体地位,立足灵璧县传统资源优势和群众意愿(比如,农作物种植、畜禽养殖、农产品初加工、小生意、小手艺等),从有劳动能力和发展基础的贫困户入手,因地制宜,因户施策,鼓励和支持贫困户通过扶贫小额信贷户贷户用,大力发展特色种养等产业,实现自我发展、增收脱贫。全县投入扶贫小额信贷资金7132户3.11亿元,占比61.82%。其中,发展产业类4977户2.16亿元,占比69.78%;创业经营类1559户0.71亿元,占比21.85%;家庭手工作坊类596户0.24亿元,占比8.37%。

2. 户贷户用合伙发展方式

贫困户与贫困户,或与一般农户,或与能人大户、农民合作社、致富带头人等新型农业经营主体开展代种代养、租赁、托管、订单生产等合伙经营,通过互帮互助带动贫困户共同发展产业,形成抱团发展合力。通俗地说就是"个人做贷款,大家一起干,抱团求发展"。

例如,虞姬乡益新养殖专业合作社成立于2017年1月,以白羽肉鸡养殖为主。2018年,合作社通过户贷户用合伙发展,与养殖贫困户签订协议,建立合伙发展关系,由合作社统一提供种苗饲料、统一技术指导、统一疫病防控、统一生产标准、统一回收产品,通过互帮互助带动贫困户共同发展产业,形成抱团发展合力。此方式投入扶贫小额信贷资金2909户1.28亿元,占比25.21%。其中,贫困户与贫困户,或与一般农户合伙发展类1963户0.86亿元,占比67.18%;与农民合作社、致富带头人等新型农业经营主体开展代种代养、租赁、托管、订单生产等合伙经营类946户0.42亿元,占比32.82%。

3. 户贷社管合作发展方式

贷款贫困户加入或抱团成立特色种养业、手工业专业合作社,合作社提供产前培育、产中指导、产后销售等"一条龙"服务,统一采购原材料,统一标准生产加工,统一销售,让贫困群众在参与中学有标杆、干有标准,学习技术、学会经营,变"输血"为"造血",形成脱贫致富长效机制。通俗地说就是"成立合作社,带着群众干,增收少风险"。该做法主要是针对贷款贫困户"单打独斗"发展产业面临的原料采购成本高、生产经营管理难、销售利润流失大等问题,根据信贷资金流向和地缘关系,梳理相同产业,以"合并同类项"的方式,鼓励贫困户以扶贫小额信贷资金入社或成立农业合作社,通过户贷社管合作发展方式,开展规模化生产、标准化管理、品牌化销售,增强抵御风险能力和产业盈利能力。

例如,灵璧县大庙乡雅丽竹制加工专业合作社的 42 户社员,采取统一原材料采购、统一标准分散加工、统一线上线下同步销售的方式,在避免同质产业恶性竞争的同时,原料成本下降 10%,生产加工量和销售量增加了 2 倍,入社贫困户年收入达 2 万元以上,真正实现了稳定脱贫,增收致富。此方式投入扶贫小额信贷资金 1022 户 0.45 亿元,涉及合作社 27 个,占比 8.85%。

4. 户贷社管合营发展方式

贷款贫困户加入或抱团成立农民合作社,与龙头企业等新型经营主体协作合营,成立新的经营主体,并确定抱团贫困户的主体地位和合作社的经营主导权,引入和发挥龙头企业等新型经营主体的资金、技术、信息、销售和服务优势,实现新型经营主体带动,保证合作社和贫困户资金安全、收益稳定和生产就业能力提升。通俗地说就是"三方携起手,社员占大头,收益往上走"。

例如,灵璧县尹集镇充分发挥镇域内光大生物能源(灵璧)有限公司这一龙头企业优势,积极引导所辖 17 个行政村(其中贫困村 7 个)分别成立了 1 家村秸秆综合利用合作社,共吸收 107 户贫困户入社,合作社利用入社贷款贫困户 535 万元的扶贫小额信贷资金,购置 107 台打捆设备,用于秸秆打捆销售,基地吸纳 100 多名贫困人口务工,每人每年增收近 8000 元。光大生物能源(灵璧)有限公司将股份收益回馈给村,作为各村集体经济用于贫困事业,村集体收入增加 4 万元左右,真正做到了贫困户增收脱贫、村集体经济壮大和秸秆禁烧及综合利用"一举数得"。此方式投入扶贫小额信贷资金 472 户 0.21亿元,占比 4.12%。

(三)关键创新做法分析——户贷社管合营方式

在灵璧县农业生产方面。一是秸秆禁烧的需要。全镇小麦种植面积 9 万多亩,每年夏季产生秸秆 3 万多吨,尹集镇农业种植习惯秋季 90% 以上农户种植大豆,大量小麦秸秆需要打捆离田,需要组织专门的队伍来做好秸秆离田工作。二是政府农机补贴政策的支持。2017 年县政府加大对购买打捆机械补贴力度,在国家补贴 30% 的基础上,县级又补贴 20%,购买 1 台打捆机仅需 5万元。三是扶贫小额贷款政策的支持。国家扶贫小额信贷政策能为贫困户购买打捆机提供 5 万元贷款。四是贫困户实现稳定增收的需要。因光大生物能源(灵璧)有限公司发电厂坐落在尹集镇田路村,让打捆离田的秸秆有了稳定出路,并且可以带来比较可观的收益。

2016 年 11 月,在尹集镇党委政府积极引导下,每个村扶贫小额信贷贫困户贷款购买打捆机与村干部、打捆机手抱团发展,成立了 17 个村秸秆综合利用专业合作社。每个合作社都由村书记任合作社社长,17 个秸秆合作社共有社员 309 人,其中村干部 92 人,机手 110 人,贫困户 107 人。

为什么成立联合社?通过 2017 年和 2018 年各村合作社的运转情况看,虽然各村合作社的经营为村集体、贫困户带来了收益,但是经营过程中也存在着一些弊端。

政府方面:一是各合作社单打独斗,合作社经营管理水平参差不齐,标准不统一,导致有的合作社挣钱,有的合作社亏钱,合作社贷款贫困户收入不高,带动务工效益不明显,如何发挥扶贫小额贷款效益成为摆在尹集镇政府面前的一道难题。二是各合作社和光大公司秸秆收购上存在很多问题,镇政府需花费大量精力协调。各村合作社成立后,各村合作社各自经营,偶尔出现恶意竞争,扰乱秸秆收购市场平衡,在出售给光大公司上也时常出现矛盾,镇政府在协调管理上筋疲力尽。三是各合作社在安全生产上存在很多安全隐患,需要镇政府安排大量人力,花费大量精力去监管。

村级方面:一是合作社恶意竞争,导致合作社成本过高,草价过低。在收草环节各合作社乱出价乱报价,导致打捆、清运秩序混乱,有的草场多得没法堆,有的很少,合作社成本反而增加了。出售又是各顾各的一窝蜂,出售价格又不理想。二是合作社缺乏规范管理,草质、草量不高。合作社各自经营,缺乏管理经验和技术,短期卖不掉又没有长期堆放的技术和经验,导致秸秆质量不高,又有发霉损失。打捆清运慢,群众急于种地也会造成秸秆流失。

光大方面:一是供草不稳定。光大秸秆库存仅为 300 吨,丰收前期,合作社收秸秆后都急着卖,前期买不了,后期买不到,秸秆作为电厂燃料配料,属于必需品,电厂运转不能停,一旦发电机器关停启动,损失巨大。二是秸秆质量不高,影响发电能力。由于合作社缺乏有效管理,各个草场秸秆质量参差不齐,加之有些草场走草时还是湿的,即使压低价格,还是不利于发电机器运转。三是秸秆有流失,不能申请上级政策支持。虽然全镇秸秆量能达到 3 万吨,但是由于合作社的管理混乱,秸秆有损失,收购过程中有损失和流失,实际回购秸秆量难以稳定保障,导致无法享受秸秆综合利用方面的环保政策支持,不能利用 2 万吨以上,就不能享受到 40 元/吨的补贴,使扶贫工作组企业利益受损。

2019 年 5 月,尹集镇政府借势引导 17 个村秸秆综合利用合作社召开社员代表大会,与光大联合成立灵璧县兴村秸秆综合利用联合社,充分利用贫困户扶贫小额贷款购买的 107 台打捆机,统一经营、管理、销售,合营发展。联合社成立,光大为联合社运营提供流动资金支持;经营期间,光大派出部门技术人员到村到合作社草场,在打捆、运输、堆放、管理等各个环节全程进行技术指导,保障秸秆质量;订单收购,让群众、合作社放心,提供稳定的销售市场。尹集镇政府借力省农村农业厅驻村帮扶菠林村的契机,争取省农村农业厅专项资金支持,菠林村建成机库 2 座,其他农用机械若干,为联合社定址菠林村奠定基础。

联合社成立后,迅速发挥了合营发展的优势,解决了之前合作社经营期间的问题,消除了各自经营的弊端,政府、合作社、光大三方获利,实现共赢。

政府方面:一是减轻禁烧压力。联合社成立后,各合作社有序打捆、收草、清运,在麦收后 15 天内基本全面打捆离田,群众配合清运,解决了秸秆占田问题,方便了大豆种植,群众没了意见,全镇禁烧压力明显减轻。二是减轻协调多方的精力。由于联合社的统一管理,在秸秆打捆、清运、储存、出售、安全监管等各个环节均有序运转,按照计划稳定供应光大发电厂,镇政府基本不需要抽出精力指导,联合社内分工明确,极大减轻了镇政府工作精力。三是贫困户脱贫增收有了保障。通过联合社与光大的订单回购,不仅提高了秸秆价格,还保证了秸秆质量,为联合社带来稳定收益,贫困户社员分红"水涨船高",同时联合社经营管理过程中尽可能地使用贫困户参与务工,在农忙时节多了一份收入,贫困户脱贫有了多重保障。

光大方面:一是秸秆供应充足稳定。通过参与联合社的经营管理,秸秆供应上再也不会出现松一时紧一时问题,计划回购,在保障库存满的情况下也不用担心缺货,发电设备稳定运转,企业效益有了保障。二是秸秆质量有了保障。通过光大秸秆收购管理部门的到村、到草场指导,联合社秸秆能按要求运输、管理、存放,避免了质量参差不齐,秸秆质量明显提高,由于是订单收购,合作社也少了很多后顾之忧,不用担心秸秆卖不出去而造成一些损失。三是订单回收,享受了环保政策补贴。通过签订订单,消除了合作社的销售顾虑,全镇年产秸秆 3 万吨以上,极大地保障了光大每年在尹集镇秸秆综合利用量,使光大能够享受到环保政策的扶持,超过 2 万吨处理量给予每吨 40 元的补贴,间接降低了收购成本,也便于让利于合作社,更好的加强合作。

村级方面:一是联合社经营管理,提高秸秆打捆离田效率,村级干部在禁烧上的压力和付出的精力也明显减小。联合社经营依规章制度管理,全村秸秆打捆、收购井然有序,群众满意,禁烧的压力小了,精力多了能更好参与到联合社的各项工作中。二是统一管理,消除恶意竞争,秸秆收入提高了。通过联合社的统一要求,各个合作社没有了竞争,抱团发展,订单销售不仅保障了收入的稳定,还为秸秆增加了 20 元/吨,极大增加了合作社收入,村集体、贫困户也得到更多收益。三是秸秆质量、数量提高了。联合社的统一经营,使群众信任感增强,秸秆回收量有了保障。同时由于光大相关部门技术人员在管理上给予指导,各合作社秸秆质量明显提高,价格也更具有优势。

综上所述,"一自三合"做法成功的关键做法有以下三个方面。

一要找好运作方式。贷款贫困户加入成立村合作社,村合作社和光大生物能源(灵璧)有限公司共同出资成立灵璧县兴村秸秆综合利用联合社(专业合作社),实行"龙头企业产业项目带动+农民合作社控股+产业扶贫资金折股量化+订单收益"发展秸秆综合利用。联合社由贫困户通过合作社控股,生产经营由合作社主导,光大生物能源(灵璧)有限公司负责给予技术指导服务。贫困户贷款由灵璧县设立风险准备金,执行"两免一补"扶贫小额贷款政策,光大生物能源(灵璧)有限公司与联合社签订"秸秆回收"协议,采用高于市场价 20 元/吨收购,充分保证贫困户的收益。通过这种方式,贫困户通过抱团成立合作社,实现更高层次合营发展,避免了一家一户规模小、发展秸秆综合利用产业比较难的局面。

二要完善利益联结。积极创新经营管理方式,项目实施主体光大生物能源(灵璧)有限公司带动贫困户共同发展,让贫困户享受收益分红、就近就业、产品收购等多种收益。光大生物能源(灵璧)有限公司与灵璧县兴村秸秆综合利用联合社(专业合作社)签订秸秆收购协议,灵璧县兴村秸秆综合利用联合社(专业合作社)利用经营收益的80%按入股资金比例向入股贫困户分配,每年户均收益 5000 元左右。同时,联合社在秸秆收储草场设置公益性岗位,贫困户全程参与秸秆搬运、草场看管等环节务工,用工优先安排贫困户,每人每天不低于50元。基地吸纳100多名贫困人口务工,每人每年增收近8000元。光大生物能源(灵璧)有限公司将股份收益反馈给村,作为各村集体经济用于贫困事业,村集体收入增加4万元左右,真正做到了贫困户增收脱贫、村集体经济壮大和秸秆禁烧及综合利用"一举数得"。

三要加强风险管理。一是光大生物能源(灵璧)有限公司指派专人负责灵璧县兴村秸秆综合利用联合社(专业合作社)的技术指导管理,保证秸秆的打捆、管理及回收;二是光大生物能源(灵璧)有限公司与灵璧县兴村秸秆综合利用联合社(专业合作社)充分采取市场化运作方式,签订秸秆回收协议,以高于市场价固定回收的方式解决灵璧县兴村秸秆综合利用联合社(专业合作社)秸秆销售渠道问题;三是灵璧县兴村秸秆综合利用联合社(专业合作社)定期召开社员会议,向社员公布合作社日常管理和财务情况,接受监督,保证财务公开透明。

二、构建服务体系

第一,组织体系构建。县委县政府成立扶贫小额信贷领导小组,主要负责人每周听取一次工作汇报,县扶贫局、县金融办、人行灵璧支行具体组织推进,各乡镇和承贷银行组成工作专班,形成"牵头有机构、推动有人员、服务有流程、落地有措施"的工作格局。突出贫困户自愿和贫困户参与两项基本原则,制定灵璧县金融精准扶贫系列文件,大力发展"户贷户用户还"贷款,并积极对接县人保财险公司,开展"脱贫保"综合保险试点,建立风险补偿机制、风险分担机制和贷款熔断机制,解决银行"不敢贷"的问题。

第二,整合各方力量。一方面是行政推动。以"放管服"改革为契机,将扶贫小额信贷流程由13项精简规范为5项,缩短办理时限,设立村级金融扶贫服务室,成立评贷委员会,驻村帮助贫困户申请小额扶贫贷款,帮助承贷银行完善贫困户信息资料,把授信、放款等服务送到贫困群众门口,减少群众

"跑腿"和往返时间,确保贫困群众发展产业不误农时。另一方面是银行主动。人行灵璧支行综合运用货币信贷政策工具,引导承贷金融机构扩大扶贫信贷规模。

2017年,淮海村镇银行遵照县人民政府文件的精神,探索试行金融扶贫新做法,淮海村镇银行在探索推广过程中,主要有如下做法:第一时间召集全员开启扶贫小额信贷专题动员大会,要求工作人员统一思想、增强责任感、使命感,深入贯彻金融精准扶贫会议精神,充分认识金融支持精准扶贫工作的重要意义,切实履行责任担当,责无旁贷做好金融支持精准扶贫工作。淮海村镇银行抽调6名业务骨干成立2个扶贫小额信贷工作队,开展进村入户核查工作,调查贫困户家庭情况、人员情况、信用情况,对分数达60分以上的扶贫户进行贷款授信发放。在收集贫困户资料的过程中,耐心宣讲相关扶贫文件内容,详细解读灵璧县扶贫小额贷款五方协议,明确五方责任及义务,让贫困户无后顾之忧。

第三,优化机构服务。一是加强回访服务。承办银行和村金融扶贫服务室定期"回访"获贷贫困户,跟踪做好贷后服务,调查产业发展情况,规范引导信贷资金科学使用。二是提供技术服务。整合农业、畜牧、人社、科技等部门技术资源,采取服务上门的方式,及时解决产业发展中的问题和困难,同时加强技术技能指导,使每户都能掌握1—2项技能;充分发挥"电商+"扶贫作用,打通贫困户农特产品销售渠道,提升销售环节盈利能力。三是推行全程服务。村金融扶贫服务室加强信贷资金全程管理,对贷款到期后仍有资金需求的,采取"一次授信、随用随贷、周转使用、到期归还"的管理方式,在3年授信期限内给予"无还本续贷",确保不发生因贷款到期影响产业发展和因贷返贫问题。

例如徽商银行的具体做法有:提高政治站位,高度重视扶贫小额信贷工作。徽商银行积极响应国家政策,全面贯彻落实党的十八届五中全会关于实施精准扶贫工作的决定和安徽省委、省政府《关于坚决打赢扶贫攻坚战的决定》等文件精神。支行负责人带头认真研究徽商银行扶贫小额信贷产品管理办法和操作流程,同时紧密联系扶贫局、金融办、人民银行,及时了解政府部署和监管要求,迅速开展扶贫小额信贷工作。

配置专业队伍,快速开展扶贫小额信贷工作。徽商银行成立以支行一把手为组长、分管副职为副组长、零售主管、运营主管、个人贷款客户经理、外拓客户经理为成员的扶贫小额信贷工作组。工作组在扶贫局、乡镇政府的支持下深入贫困户家中逐户宣传扶贫及扶贫小额信贷政策,了解贫困户家庭详细信息,为开展扶贫小额信贷工作奠定基础。

简化流程,提高扶贫小额信贷工作效率。在上级的大力支持下,扶贫小额信贷贷款流程从个人贷款业务独立出来,从资料审核、系统录入、授信评级、凭证传递、信息报送等全流程优化。优化后的流程比其他个人贷款至少提高5倍以上的效率。

现场签约,避免贫困户来回奔波。徽商银行扶贫小额信贷专项工作走进有贷款意愿的贫困户家中,现场办理银行账户开立和贷款签约手续,贫困户足不出户便可轻松快速获得贷款资金。

加强贷后管理,时刻关注获贷贫困户实时信息。贷款发放后,徽商银行加强贷后管理力度,对获贷贫困户资金使用、收益、市场拓展、风险控制措施详细了解,有针对性地对部分获贷贫困户予以指导,确保贫困户资金安全收益稳定。

三、推动产融结合

一是打好产业基础。围绕主导产业和特色产业,以信贷投向促进产业链条延长,突出种植、养殖、加工、运输、劳务输出、农家乐、乡村旅游、电商等生产经营活动,以及参与新型农业经营主体或其他经营主体的增收创收项目,投入产业扶贫资金9368万元,通过培优产业、做强主体,为扶贫小额信贷资金投入拓展空间。

二是产业带动。探索扶贫小额信贷与特色优势产业联动互动带贫减贫机制,培育新型农业经营主体提供产前培育、产中指导、产后销售"一条龙"服务,开发"合作社"+"托管""租赁""承包""寄养""领养"等形式,确保扶贫小额信贷投入有项目、有产业,变"输血"为"造血",形成脱贫致富长效机制。

灵璧县在大力发展特色种养业过程中,针对贫困户"选择产业项目难""筹集发展资金难""生产经营管理难""拓展市场销售难"和"怕亏本折钱"等"四难一怕"问题,主动作为,通过各级帮扶干部入户走访,积极筛选有意向发展产业的贫困户,选择产业发展方向,同时积极穿针引线,引导和帮助贫困户与龙头企业、能人大户、家庭农场、农民合作社等建立合伙发展关系,使贫困户获得技术支持、生产服务和市场"通道",有效解决了"四难一怕"问题。

四、建立信用评价体系

一是建立调度会商机制。完善"三项机制",确保"管得好"。县金融扶贫领导小组至少每月召开一次会商会,坚持月考核、月调度、围绕问题精准调度。各承贷银行也同步将扶贫小额信贷纳入内部考核,强化激励约束,形成"政银联动、风险共担、多方参与、合作共赢"的扶贫小额信贷落地方式。

二是强化诚信意识,防范道德风险。通过手机短信、微信微博、电视飞字和入户走访等方式,大力加强诚信教育,让"有借有还"的意识深入人心;健全征信系统,建立三级公示制度,积极开展星级信用村、信用户评定,着力营造"有信走遍天下、无信寸步难行"的社会氛围。同时,探索推行获贷贫困户公开承诺制,确保信贷资金精准用于脱贫方向,对于违反承诺用于非生产性开支或资金闲置的,自愿放弃财政补贴并按市场利率付息,确保信贷资金专款专用,避免"贷而不用、贷而他用"。

灵璧农商银行的主要做法有:

1. 成立组织,加强领导。灵璧农商银行成立了以党委书记、董事长为组长,总行行长、监事长、副行长为副组长,市场营销部、授信管理部、业务管理部负责人为成员的灵璧农商银行金融扶贫领导小组。领导小组下设办公室,负责制定扶贫规划、实施方案、信息统计和日常管理服务等工作。有建档立卡贫困户的乡镇为具体经办机构,成立村、乡镇、县三级评级授信小组。村级评级授信小组由包村信贷员和驻村工作队长、村"两委"人员组成,乡镇级评级授信小组由支行行长、乡扶贫办人员组成,县评级授信小组由灵璧农商银行授信部和县扶贫办人员组成。片领导负责督导落实。为提高办贷效率,灵璧农商银行营业网点单设扶贫贷款办贷窗口,开辟绿色通道,简化工作流程,限定办贷效率。对扶贫小额信用贷款执行同期同档次人民银行基准利率。

2. 全行动员,加强培训。灵璧农商银行及时召开金融扶贫工作动员大会暨扶贫小额信贷培训会,各部门、各网点负责人,网点客户经理、信贷会计等主要经办人员均参加了培训。会上,董事长传达了上级精神,对灵璧农商银行的金融扶贫工作作出具体安排部署,与各位支行行长签订了金融扶贫目标责任书,达到了统一思想,提高认识,压实工作责任的目的。灵璧农商银行在做好政策传导,提高全员扶贫责任意识的同时,为保障扶贫小额信贷、助学贷款和助贫增信贷的尽快落地实施,灵璧农商银行举办了多期扶贫信贷培训班,对全县信贷人员进行了轮训,针对具体执行过程中存在的问题,有针对性地进行现场检查指导并予以通报,切实提高了信贷人员执纪能力和服务水平。

3. 完善机制,加强考核。灵璧农商银行依据《关于印发安徽省扶贫小额信贷工作实施方案的通知》《安徽省创新发展扶贫小额信贷实施意见》《安徽省扶贫小额信贷工作实施方案》《关于开展扶贫小额信贷人身意外伤害保险工作的通知》等文件规定,结合实际制定了《灵璧农村商业银行扶贫小额信用贷款实施细则》;确立长期规划和年度目标,灵璧农商银行对建档立卡贫困户的评级授信和小额信贷投放分解落实到支行、包村客户经理,总行包片班子成员和包点部门人员负督促推动责任,在此基础上细化目标责任考核,根据各年金融扶贫工作重点按年度调整改考核办法,催动工作开展;定期督导,灵璧农商银行对进度缓慢、风险管控不到位的支行定期、不定期召开督导调度会,前三名作经验介绍,后三名表态发言。

4. 开展宣传,评级授信。受传统扶贫方式的影响,广大公众通常将扶贫款与救济款联系在一起。如何落实好扶贫小额信贷政策,做好信贷发放和管理工作,首先要解决的是如何让贫困户明白扶贫小额信贷政策。宿州市地方金融监管局、中国人民银行宿州市中心支行、宿州市扶贫开发局、中国银保监会宿州监管分局联合下发了《扶贫小额信贷政策明白纸》,以通俗易懂的语言,向建档立卡贫困户讲解扶贫小额信贷优惠政策。对此,灵璧农商银行将做好扶贫小额信贷的宣传工作作为灵璧农商银行金融扶贫工作的开篇之作,灵璧农商银行会同乡镇相关部门将《扶贫小额信贷政策明白纸》张贴到每一户建档立卡贫困户家中。

同时开展对贫困户开展评级授信工作。通过现场调查,真正掌握建档立卡贫困户致贫原因、家庭劳动力情况、就业创业潜质、发展意愿、诚信情况等,公正评级,合理确定授信额度,共同研究脱贫路径等,建立贫困户金融服务档案,做到"一户一档",保证扶贫小额信贷放得出、放得准。

5. 齐帮共扶,精准对接。灵璧农商银行紧跟当地政府脱贫攻坚工作调度,与当地扶贫工作站建立紧密合作关系,发挥好扶贫小额信贷工作的职能分工,统筹调度扶贫资源,建立"已授信建档立卡贫困户包保人员动态监测台账",每笔扶贫小额信贷的发放做到"四知"(即:乡扶贫工作站长、村扶贫工作队长、村扶贫专干、包户干部),乡镇扶贫工作站牵头落实扶贫小额信贷的放、管、监、服工作,形成了包片乡镇领导、村扶贫工作队长、村扶贫专干、包户干部齐抓共管的局面,解决了扶贫小额信贷谁来管、如何管的问题。

在扶贫小额信贷发放工作中,灵璧农商银行不是简单地调查建档立卡贫困户是否符合扶贫小额信贷条件,贷款用途是否符合发展生产等规定用途,而是将大量精力放在与产业的接上。对此,灵璧农商银行借力扶贫政策,重视扶贫小额信贷发放过程中的沟通协调,发挥政策执行的协同效应,为贫困户扶贫小额信贷资金找出路。一是贫困户自身有技能,愿意自主发展的。灵璧农商银行在向贫困户提供扶贫小额信贷的同时,主要与贫困户从事产业的管理机关联系,寻找技能支持,让贫困户在产业脱贫的道路上不走弯路。二是对有劳能力、惧怕风险、无技能的贫困户,如何让这些贫困户用上贷款,灵璧农商银行想到了涉农小微企业等新型农村经营主体,如何让贫困户与新型农村经营主体结对发展、实现"双赢"。

6. 用心扶贫,做好服务。一是加强与县、乡、村及包户人员沟通,及时掌握贫困户发展意愿及贷款需求情况,达到信息共享,做到应贷尽贷,提高办贷效率。二是与县扶贫办、中国人寿灵璧县支公司达成信息共享机制,理顺扶贫小额信贷与扶贫小额信贷人身意外伤害保险、风险准备金补偿的协作工作流程。

五、夯实监管与风险防控

一是引入数据管理机制。与中农信合作,建立金融服务、征信评价、风险控制、产业支撑"四位一体"的金融扶贫电子管理系统,做到"牵头推进有机构、办理服务有人员、贷款发放有流程",以"互联网+"为技术支撑,实现扶贫小额信贷资金全程管控无盲点。制定《灵璧县扶贫小额信贷办理责任清单》,分别明确村级金融扶贫服务室、承贷银行、保险公司、乡镇政府以及驻村工作队、第一书记、村扶贫专干和帮扶责任人的责任。建立金融扶贫项目库,以工作项目化、项目责任化促进金融扶贫工作制度化、规范化。

二是建立综合保险机制,降低贷款风险。瞄准"三大风险",确保"还得了"。县财政安排扶贫小额信贷风险补偿专项资金 5366 万元,并为获贷贫困户购买人身意外伤害险,同时探索建立包括农产品收入险、第三方责任险、人身意外伤害险、大病医疗保险和贷款保证保险于一体的综合保险机制,确保贫困户"还得上",最大限度降低贷款风险,人保财险公司关于特色产业理赔金额 1527 万元。

三是引导抱团发展,防止市场风险。保证"还得了",群众增收是关键。

一方面支持有劳动能力和发展基础的贫困户,通过扶贫小额信贷扩大生产规模,实现增收脱贫;另一方面,积极创新扶贫小额信贷发展方式,引导贫困户将小额扶贫贷款资金、土地、农用机械等入股到产业协会、专业合作社或市场主体,积极探索"户借社管联建联营户用户还"和"以社带户"带贫减贫新做法,贫困户通过参与新型扶贫特色优势产业,增强风险抵御能力,拓宽增收致富渠道。同时,建立逾期风险预警机制,对即将到期的扶贫小额信贷,提前3个月向乡镇发出预警,及时提醒贫困户准备还款资金,逾期的由镇村在1周内清收到位,最大程度降低贷款风险。

人保公司为使得全县建档立卡贫困户所享受的保险保障得到延续,防范因自然灾害与意外事故产生的致贫、返贫风险。经县政府同意,县金融监管局牵头制定了2019—2020年实施方案,同时做好两个"优化"、一个"保障"。

一是优化保险产品,为加强保险对"扶贫产业"的风险保障范围的同时有效降低财政资金负担,对原保险方案进行优化,删除"政府救助保险"中的"重大疾病救助"保险产品和"基本生活救助"保险产品(与县政府推行了"健康扶贫"及民政部门推行了扶贫救助项目重叠),增加"四带"主体的产业保险产品。

二是优化部门职责,为进一步规范"产业扶贫"保险项目实施,保证项目有序管理。明确县农业农村局为项目的具体实施单位,与人保公司进行业务对接,负责年度保险合同签订及具体的协保、协赔工作。金融监管局为项目的监督管理单位,负责项目资金的安排及理赔进度监控。

三是保障资金安排,为了减少县财政资金压力,保证项目的持续运行,最终让参保贫困户利益得到切实保障。2019年保险方案中的农业保险产品部分,其保费资金使用省专项补贴资金,其他保险产品由县财政安排资金予以保障。

邮储银行方面风险防控的做法有:

1. 思想重视,快速反应。为切实化解疫情、汛情的影响,同时也充分认识到扶贫小额信贷在促进贫困群众增收脱贫、激发贫困户内生动力等方面的积极作用,灵璧支行认真落实政策要点,对于建档立卡贫困户,有贷款需求、有劳动能力、有发展生产意愿并且年龄在 18 周岁到 65 周岁之间,原则上"应贷尽贷"。县支行比照市分行及时成立了金融扶贫工作领导小组,积极响应县政府金融扶贫工作部署,认真履行国有银行的金融扶贫之责,切实担起国有企业的社会责任,明确阶段性重点工作任务,将信贷客户经理队伍分成两个小组,对县域 11 个乡镇分组对接,集中上门受理,简化贷款流程,与市分行沟通开辟绿色审批通道。县支行则加班加点完成系统录入及上报工作,市分行审批通过后,县支行迅速发放贷款。

2. 齐心协力做好风险防控。贷款发放后,灵璧支行高度重视风险防控工作,将风险防控责任压实到岗,落实到人。县支行后台建立了贷款台账,加强监测分析,及时掌握贷款集中到期以及逾期风险情况,并做好风险应对处置预案。在做好存量贷款的贷后检查工作过程中,按月做首期检查,按季做常规检查,到期前三个月按月告知提醒,尽可能避免出现逾期情况。对于风险暴露客户,积极与客户沟通,同时向市分行及扶贫局、地方金融监管局汇报,在扶贫局、金融监管局以及乡镇政府的大力支持下,共同研究风险化解方案,管控好潜在或已暴露风险。

六、巩固脱贫成效

2020 年以来,中国银保监会、国务院扶贫办、财政部、中国人民银行等国家有关部门相继印发《关于积极应对新冠肺炎疫情影响切实做好扶贫小额信贷工作的通知》(国开办发〔2020〕3 号)、《关于贯彻落实〈关于建立防止返贫监测和帮扶机制的指导意见〉的通知》(国开办发〔2020〕13 号)、《关于进一步规范和完善扶贫小额信贷管理的通知》(银保监发〔2020〕28 号)等文件,进一步明确了政策的稳定性,为巩固脱贫攻坚成果、建立解决相对贫困机制、实施乡村振兴战略有效衔接提供坚强金融支持和保障。灵璧县政府认真抓好落实,"扶上马、送一程",进一步发挥扶贫小额信贷支持产业发展、促进增收脱贫、巩固脱贫成果、防止返贫致贫的重要作用。

1. 进一步扩大扶贫小额信贷支持对象。持续落实扶贫小额信贷政策,对符合贷款条件、有发展生产意愿的贫困户、脱贫户做到"应贷尽贷"的同时,将返贫监测对象中,具备产业发展条件和有劳动能力的边缘人口纳入扶贫小额信贷支持范围,贷款申请条件、程序及支持政策等与建档立卡贫困户一致,防止产生新的致贫人口。

2. 进一步坚持扶贫小额信贷政策。脱贫攻坚期内(2020 年 12 月 31 日前)签订的扶贫小额信贷合同(含续贷、展期合同),在合同期限内各项政策保持不变。

3. 进一步延长受疫情影响还款困难的扶贫小额信贷还款期限。对到期日在 2020 年 1 月 1 日后(含续贷、展期),受疫情影响还款困难的贫困户扶贫小额信贷,在延长还款期限最长不超过 6 个月的基础上,将还款期限进一步延长至 2021 年 3 月底,延长还款期间各项政策保持不变,鼓励有条件的银行机构适当降低延期期间贷款利率,努力减轻贫困户还款压力,将疫情影响降到最低。

4. 有效防范次生风险。对扶贫小额信贷"户贷企用"贷款逾期问题特事特办,启动征信保护程序,防止出现因用款企业贷款逾期影响贫困户征信记录、扣缴贫困户存款,进而引发贫困户上访风险和舆情风险,确保社会稳定。对因清收退出"户贷企用"贷款而收入受到影响的贫困户,积极从务工就业、产业发展、农副产品销售等方面给予帮扶,做好兜底保障,确保不影响贫困户脱贫效果。

5. 进一步发挥扶贫小额信贷政策"红利"。深度聚焦培育壮大扶贫产业、促进稳定务工就业、励志返乡创新创业,进一步完善扶贫小额信贷"一自三合"做法,用好用活政策,进一步调动金融机构发展扶贫小额贷款的积极性,不断提高扶贫小额信贷覆盖面和便利度,充分发挥政策"红利",使金融"活水"精准滴灌扶贫产业,不断增强扶贫小额信贷"造血"功能和贫困地区扶贫产业抵御市场风险的能力,确保扶贫小额信贷、产业扶贫行稳致远,真正实现由"产业扶贫"向"产业兴旺"的稳步转变,真正实现扶贫产业的可持续发展,助力坚决打赢脱贫攻坚战和实施乡村振兴战略。

七、金融机构实践做法

(一)淮海村镇银行

截至 2020 年 10 月 20 日,淮海村镇银行累计发放扶贫小额信贷 1104 户 5520 万元,均在 2017 年发放,累计还款 5520 万元,产生 990 万元收益。

淮海村镇银行在扶贫贷款发放后,定期对扶贫资金使用情况进行贷后的跟踪,并在贷款到期前 3 个月对其提示,提前 1 个月提醒其筹款,保证扶贫贷款不逾期,政府将贷款利息按年清算,保证扶贫贷款不出现利息拖欠,为了完善风险保障机制,县政府安排财政资金用于扶贫小额信贷风险补偿,做到专款专存、专款专用、封闭运行,有效地缓解了扶贫贷款后续风险问题。在 2020 年 7 月,淮海村镇银行发放的扶贫贷款全部收回,无一户逾期。

(二)徽商银行灵璧支行

徽商银行灵璧支行在县委县政府领导和上级行大力支持下,截至 2020 年 10 月 20 日,累计发放扶贫小额信贷 784 户 3920 万元,累计还款 622 户 3110 万元,落实扶贫小额信贷贴息 470 万元,产生 550 万元收益。扶贫小额信贷存量 162 户 810 万元,助力灵城镇、娄庄镇、韦集镇、尹集镇、朱集乡、下楼镇等 6 个乡镇 784 户贫困户脱贫增收。

为更好实时获取获贷贫困户实际情况,徽商银行在韦集、朱集、尹集等乡镇设立 14 个金融服务室(截至 2020 年 10 月 20 日还有 7 个)长期不间断为贫困户服务。服务室可为贫困户办理业务咨询、金融政策咨询、扶贫小额贷款政策咨询。金融服务室会在第一时间向徽商银行反馈获贷贫困户的实际情况，补充解决徽商银行业务人员不足问题，便于徽商银行第一时间协助化解获贷贫困户风险。

（三）灵璧农商银行

自脱贫攻坚工作开展以来，灵璧农商银行从讲政治的高度提高全员责任意识、担当意识，认真落实国家金融扶贫小额信贷的精神。截至2020年10月20日，灵璧农商银行累计发放扶贫小额信贷17732户81247万元，累计还款71064万元，产生5497万元收益。扶贫小额信贷存量2284户10183万元，其中2020年发放1503户6607万元，续贷1145户5066万元，延期343户1554万元。

为充分发挥金融支持贫困地区发展和贫困户增收作用，加大金融精准扶贫力度，降低扶贫新型农村经营主体融资成本，灵璧农商银行积极向当地人民银行申请扶贫再贷款，对带动贫困户脱贫的新型农村经营主体的贷款，按人民银行同期同档次贷款基准利率发放，大大提高了新型农村经营主体参与扶贫的积极性。灵璧农商银行累计申请扶贫再贷款1亿元。

（四）农业银行灵璧支行

2017年以来，灵璧支行先后积极对接政府扶贫贷款政策要求，推广"合作脱贫贷""助业脱贫贷"业务；2017年累计投放"合作脱贫贷"扶贫小额贷款1099户、金额5495万元。2018年利用农行互联网金融线上方式，发放扶贫小额信贷333户，金额1645.9万元。根据政府国办系统数据比对，截至2020年9月底，灵璧支行剩余扶贫小额信贷1345.9万元、273户。

灵璧支行积极创新金融扶贫做法，认真贯彻落实县政府及监管部门的精准扶贫工作部署，利用农行互联网金融线上方式，根据县政府扶贫局推荐名单，通过借助村"两委"评贷，精准把握获贷贫困户的诚信情况和产业发展能力,向有发展意愿、发展潜质的建档立卡贫困户提供贷款资金,确保扶贫小额贷款真正发挥脱贫作用。

灵璧支行针对"合作脱贫贷"业务推广工作成立了以行长为组长的领导小组,制定了相应的议事规则,多次组织召开专题会议,对全行的金融扶贫工作研究、安排和部署。党委成员多次深入扶贫村、专业合作社调研,积极向政府相关部门汇报、沟通灵璧支行金融扶贫工作开展情况,积极探索扶贫工作的新举措、新产品,建立健全扶贫工作推动工作机制,加大金融扶贫工作的推动力度。同时支行行长、分管行长分别率营销小组"下乡入村到户"宣传合作脱贫贷业务,全行抽调人员30人,车辆6台,分3个营销小组到村入户,现场调查、精准识别,认真比对,现场签约,现场拍照,逐笔授信,严格按照上级行文件要求办理扶贫小额贷款。支行积极与当地政府主要负责人联系,取得乡镇政府的支持,经过前期的充分的准备和宣传,各乡镇政府争先邀请灵璧支行营销小组前去办理业务,营销小组所到之处人头涌动,贫困户个个喜笑颜开,在大庙乡沙滩村办理脱贫贷款时,县电视台进行现场采访报道,全县人民都对农行支持精准扶贫赞不绝口。老百姓贫困户纷纷点赞,在扩大农行影响力方面,取得很好的效果。2017年、2018年灵璧支行扶贫贷款涉及全县10个乡镇,120个村,投放贷款7140.9万元,圆满完成扶贫贷款任务。

(五)邮储银行灵璧支行

灵璧支行自2017年开始发放扶贫小额贷款,累计发放485笔,合计金额2425万元,已落实扶贫小额信贷贴息181.9万元,产生329万元收益。其中2017年发放1010万元,涉及大庙乡、虞姬乡、冯庙镇、尹集镇、朱集乡共5个乡镇;2018年共计发放1415万,涉及乡镇有禅堂、大庙、虞姬、下楼、向阳、杨疃。扶贫小额信贷存量171笔,合计855万,均为一自三合做法。根据最新政策指导,灵璧支行已与扶贫局和部分乡镇政府对接沟通,做好近期到期客户还贷及续贷工作,在虞姬乡累计受理 35 户到期续贷业务,灵璧支行未出现一笔扶贫小额贷款逾期情况。

(六)人保财险灵璧支公司

2018 年 7 月 6 日,中国人民财产保险股份有限公司灵璧县支公司(以下简称"人保公司")与灵璧县政府签订了《"四带一自"产业扶贫综合保险合作框架协议》,协议约定由人保公司为灵璧县建档立卡贫困户及园区企业、家庭农场、农村合作社、当地龙头企业等"四带"主体提供风险保障服务,协议期限自 2018 年起至 2021 年止,为期三年。协议期内保险方案据实调整,保险合同一年一签,保费费率采用优惠费率,并且分险种设定,最高不得高于 2%。

2018 年 8 月在县农委、县扶贫局提供材料的基础上,人保公司拟定了具体的承保方案。该方案由多个保险产品共同组成,包括农业产业保险、政府大灾及大病救助保险、农业生产生活财产保险、家庭成员责任保险等,覆盖了贫困户生产、生活多方面的风险,因此也简称"一张大保单"。9 月 15 日该保险合同正式签订,同时考虑为覆盖 2019 年"8.18"水灾损失,保险生效日期确定为 2018 年 8 月 17 日至 2019 年 8 月 16 日。保险合同约定保费金额为 1963.64 万元。截至 2019 年保单到期共接报案 1490 件,核损金额 848.9 万元,扣除相关经办费用和其他再保费用安排后结余 987.4 万元,全额返还县财政。

在实际执行过程中,共承保建档立卡贫困户 37633 户,带贫主体 34 户,保费金额 709 万元。其中自种自养产业保险 6315 户、保费 352.6 万元,提供风险保障 22021 万元;人身意外伤害救助保险 31318 户、保费 109.61 万元,提供风险保障 156590 万元;带贫主体特色产业保险 34 户、保费 246.79 万元。截止到 2020 年 10 月 20 日,共接各类报案 991 件,理赔金额 501.12 万元。

第四节 经验启示

一、成功关键因素

（一）打好了"三个基础"，确保"贷得到"

一是打好了组织基础。灵璧县委县政府成立金融扶贫领导小组，主要负责人每周听取一次工作汇报，县扶贫局、县金融办、人行灵璧支行具体组织推进，各乡镇和承贷银行组成工作专班，形成了"牵头有机构、推动有人员、服务有流程、落地有措施"的工作格局。

二是打好了政策基础。突出贫困户自愿和贫困户参与两项基本原则，制定灵璧县金融精准扶贫系列文件，大力发展"户贷户用户还"贷款，并积极对接灵璧县人保财险公司，开展"脱贫保"综合保险试点，建立风险补偿机制、风险分担机制和贷款熔断机制，解决了银行"不敢贷"的问题。

三是打好了产业基础。围绕主导产业和特色产业，以信贷投向促进产业链条延长，突出种植、养殖、加工、运输、劳务输出、农家乐、乡村旅游、电商等生产经营活动，以及参与新型农业经营主体或其他经营主体的增收创收项目，投入产业扶贫资金9368万元，通过培优产业、做强主体，为扶贫小额信贷资金投入拓展了空间。

（二）整合了"三方力量"，确保"投得快"

一是行政推动。以"放管服"改革为契机，灵璧各银行将扶贫小额信贷流程由13项精简规范为5项，缩短办理时限，设立村级金融扶贫服务室，成立评贷委员会，驻村帮助贫困户申请小额扶贫贷款，帮助承贷银行完善贫困户信息资料，把授信、放款等服务送到贫困群众门口，减少群众"跑腿"和往返时间，确保贫困群众发展产业不误农时。

二是银行主动。人行灵璧支行综合运用货币信贷政策工具，引导承贷金融机构扩大扶贫信贷规模。

三是产业带动。探索扶贫小额信贷与特色优势产业联动互动带贫减贫机制，培育新型农业经营主体提供产前培育、产中指导、产后销售一条龙服务，开发"合作社"+"托管""租赁""承包""寄养""领养"等形式，确保扶贫小额信贷投入有项目、有产业，变"输血"为"造血"，形成了脱贫致富长效机制。

（三）优化了"三种服务"，确保"用得准"

一是加强了回访服务。承办银行和村金融扶贫服务室定期"回访"获贷贫困户，跟踪做好贷后服务，调查产业发展情况，规范引导信贷资金科学使用。

二是提供了技术服务。整合农业、畜牧、人社、科技等部门技术资源，采取服务上门的方式，及时解决产业发展中的问题和困难，同时加强技术技能指导，使每户都能掌握 1—2 项技能；充分发挥了"电商+"扶贫作用，打通贫困户农特产品销售渠道，提升了销售环节盈利能力。

三是推行了全程服务。村金融扶贫服务室加强信贷资金全程管理，对贷款到期后仍有资金需求的，采取"一次授信、随用随贷、周转使用、到期归还"的管理方式，在 3 年授信期限内给予"无还本续贷"，确保不发生因贷款到期影响产业发展和因贷返贫问题。

（四）完善了"三项机制"，确保"管得好"

一是引入了数据管理机制。灵璧县银行与中农信合作，建立金融服务、征信评价、风险控制、产业支撑"四位一体"金融扶贫电子管理系统，做到了"牵头推进有机构、办理服务有人员、贷款发放有流程"，以"互联网+"为技术支撑，实现扶贫小额信贷资金全程管控无盲点。

二是压实了监管责任机制。县政府制定《灵璧县扶贫小额信贷办理责任清单》，分别明确了村级金融扶贫服务室、承贷银行、保险公司、乡镇政府以及驻村工作队、第一书记、村扶贫专干和帮扶责任人的责任;建立金融扶贫项目库,以工作项目化、项目责任化促进金融扶贫工作制度化、规范化。

三是建立了调度会商机制。灵璧县金融扶贫领导小组至少每月召开一次会商会,坚持月考核、月调度、围绕问题精准调度,并设立"流动红旗"和"蜗牛黄旗"。各承贷银行也同步将扶贫小额信贷纳入内部考核,强化激励约束,形成"政银联动、风险共担、多方参与、合作共赢"的扶贫小额信贷落地做法。

(五)瞄准了"三大风险",确保"还得了"

一是强化了诚信意识,防范道德风险。通过手机短信、微信微博、入户走访等方式,大力加强诚信教育,让"有借有还"的意识深入人心;改善了征信系统,建立三级公示制度,积极开展星级信用村、信用户评定,着力营造"有信走遍天下、无信寸步难行"的社会氛围。同时,探索推行获贷贫困户公开承诺制,确保信贷资金精准用于脱贫方向,对于违反承诺用于非生产性开支或资金闲置的,自愿放弃财政补贴并按市场利率付息,确保信贷资金专款专用,避免"贷而不用、贷而他用"。

二是建立了综合保险机制,降低贷款风险。灵璧县财政安排扶贫小额信贷风险补偿专项资金5366万元,并为获贷贫困户购买人身意外伤害险,同时探索建立包括农产品收入险、第三方责任险、人身意外伤害险、大病医疗保险和贷款保证保险于一体的综合保险机制,确保贫困户"还得上",最大限度降低贷款风险,截至2019年,人保财险公司关于特色产业理赔金额1527万元。

三是引导抱团发展,防止市场风险。保证"还得了",群众增收是关键。一方面支持有劳动能力和发展基础的贫困户,通过扶贫小额信贷扩大生产规模,实现增收脱贫;另一方面,积极创新扶贫小额信贷发展方式,引导贫困户将小额扶贫贷款资金、土地、农用机械等入股到产业协会、专业合作社或市场主体,积极探索"户借社管联建联营户用户还"和"以社带户"带贫减贫新做法,贫困户通过参与新型扶贫特色优势产业,增强风险抵御能力,拓宽增收致富渠道。同时,建立逾期风险预警机制,对即将到期的扶贫小额信贷,提前 1 个月向乡镇发出预警,及时提醒贫困户准备还款资金,逾期的由镇村在 1 周内清收到位,最大程度降低贷款风险。

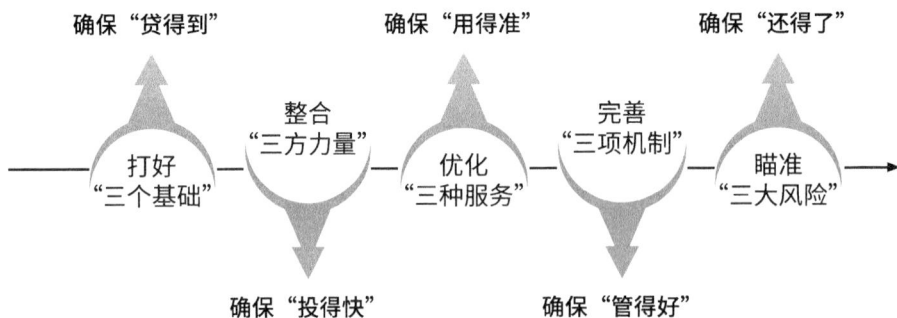

图 8-1　灵璧扶贫小额信贷成功关键因素

二、实践经验启示

灵璧县创新并发展扶贫小额信贷"一自三合",把扶贫小额信贷作为产业扶贫发展金融需求的源头活水,围绕主导产业和特色产业,以信贷投向促进产业链条延长,有力推动了全县产业扶贫的蓬勃发展。在具体实践中,主要有以下启示。

(一)政府积极作为,做好组织实施

扶贫小额信贷"一自三合"做法,灵璧县政府充分发挥作用,积极作为,提升了贫困户的组织化程度。通过开展贷款贫困户发展产业的"一条龙"服务,逐户制定脱贫计划,全面建立扶贫项目库,全面推广"四带一自"产业发展做法,大力开展贫困地区农产品产销对接,使贷款贫困户发展产业有路子、有项目、有带动、有效益,实现小农户与大市场的对接。

（二）坚持群众主体，激发内生动力

发展扶贫小额信贷，必须尊重贫困群众的主体地位，激发贫困群众的内生动力。

一是确保贫困群众主体地位。扶贫小额信贷要立足于贫困农户的现实需求和自身特点，保持贫困户参与生产这个基本前提，确保贫困户或贫困户抱团发展成立的农民合作社的主体地位，引导贫困户通过自我发展或者合伙、合作、合营发展的方式，让贫困户在实际参与中学到技术、学会经营，提升贫困户自我发展生产能力，有效激发贫困户内生动力。

二是确保贫困群众主体发展。将扶贫小额信贷与产业扶贫紧密结合，立足特色资源优势，充分尊重贫困群众发展意愿，充分尊重贫困户知情权、决策权、参与权和监督权，围绕主导产业和特色产业，突出种植、养殖、加工、运输、劳务输出、农家乐、乡村旅游、电商等生产经营活动，帮助贫困户因地制宜选择适合自身的发展方式，确保贫困群众真正参与到生产经营中来，实现抱团发展、互利共赢。

三是确保贫困群众主体利益。以贫困户主体利益为出发点，积极开展贷款贫困户发展产业的一条龙服务，建立完善扶贫产业项目库，逐户制定脱贫计划，深入推广"四带一自"产业扶贫做法，大力开展贫困地区农产品产销对接，着力提升贫困户组织化程度，使贷款贫困户发展产业有路子、有项目、有带动、有效益，实现小农户与大市场的有效对接，确保贫困户作为贷款主体能够实现利益最大化。

（三）立足特色资源，打好产业基础

发展扶贫小额信贷，必须立足于特色资源，打好产业基础。扶贫小额信贷"一自三合"，坚持将扶贫小额信贷与产业扶贫紧密结合，立足特色资源优势，因地制宜选择发展方式，同时围绕主导产业和特色产业，以信贷投向促进产业链条延长,突出种植、养殖、加工、运输、劳务输出、农家乐、乡村旅游、电商等生产经营活动,以及参与新型农业经营主体或其他经营主体的增收创收项目,投入产业扶贫资金,通过培优产业、做强主体,为扶贫小额信贷资金投入拓展空间。

第九章　扶贫小额信贷的湖北郧阳实践

湖北省是一个集老、少、山、库、湖于一体,贫困面较大、贫困程度深的中部省份,全省共有国家级贫困县 25 个,省级贫困县 29 个。湖北在脱贫攻坚上取得了显著的成绩,2005 年至 2019 年脱贫人口均超过 50 万人,贫困发生率由38%下降到 4.5%,贫困地区农村居民收入水平得到较大提升。

扶贫小额信贷是脱贫攻坚中满足产业发展需要、适应市场经济要求、填补扶贫资金洼地的重要创新举措,是针对贫困户发展产业的特惠性制度安排。湖北郧阳在脱贫攻坚中大力推进实施金融扶贫政策,扶贫小额信贷的贷款总额、贷款增长率等指标排名省内前列。通过大力推进扶贫小额信贷等综合扶贫政策,湖北郧阳从 2014 年开展脱贫攻坚以来完成了 16.32 万人稳定脱贫、340 个贫困村出列,减贫成效显著。

第一节　政策背景与发展历程

一、省级政策梳理及解析

随着国务院扶贫办、财政部、中国人民银行、中国银保监会等部门联合推出的精准扶贫小额信贷产品,帮助贫困人群解决"贷款难、贷款贵、贷款慢"这一历史性难题,2014 年湖北省政府按照国务院扶贫办坚持"定向、精准、特惠、创新"原则的要求,在省内推出扶贫小额信贷相关政策措施。扶贫小额信贷是有效增加金融供给的一种方式,能够增加资金供给总量,完善供给结构,丰富供给产品,便利供给服务,有效满足贫困地区和贫困人口的金融需求是其最根本、最基础的方向。同时,扶贫小额信贷又要以需求为导向,要精准对接贫困地区的扶贫规划,精准对接脱贫攻坚多元化融资需求,让每一个符合条件的贫困人口都能享受到扶贫小额信贷的便捷服务。在湖北省扶贫办的组织推动下,湖北辖区各级政府、金融机构无论在支持贫困地区、贫困群体、贫困产业发展,还是在贷款发放规模、健全扶贫小额信贷工作机制上都做了大量的工作。湖北省立足把扶贫小额信贷作为打赢脱贫攻坚战的关键之举,坚持"聚焦精准、聚焦产业、聚焦可持续,突出信息、突出信用、突出信贷,体现讲政治、体现讲担当、体现讲实效"的工作思路,创新扶贫小额信贷工作方式,有效解决了贫困人口发展资金短缺难题,实现了贫困群众"贷得到、用得好、还得上",为贫困群众实现稳定脱贫提供了有力支撑,取得了显著的成绩。

2015 年 11 月,湖北省出台了《湖北省创新扶贫小额信贷工作的实施意见》,通过创新推出专门面向建档立卡贫困户的信贷产品,以财政扶贫资金为引导,以信贷资金市场化运作为基础,以放大扶贫资金效益为手段,以建立有效风险防控机制为支撑,丰富扶贫小额信贷产品,改善贫困地区金融生态环境,激发贫困群众内生动力,如期实现脱贫目标。湖北省严格按照"精准扶贫、不落一人"的总要求,实现全省符合条件的建档立卡贫困户"贷得到、用得好、还得上、逐步富"的目标,进一步推进全省扶贫小额信贷工作创新发展,切实解决建档立卡贫困户贷款难问题。

(一)湖北省扶贫小额信贷工作的四大基本原则

在政策出台之初,湖北省明确了扶贫小额信贷工作的四大基本原则。

一是政府引导、市场运作。发挥政府统筹协调作用,按市场规律推动扶贫小额信贷持续健康发展。建立完善风险补偿机制和财政扶贫贴息制度。发挥乡镇和村"两委"、驻村工作队作用,引导金融机构为建档立卡贫困户量身定制贷款产品,完善信贷服务。支持金融机构自主调查、评审、授信、放贷。

二是精准扶贫、信用贷款。按照精准扶贫、精准脱贫的要求,以提高建档立卡贫困户贷款可获得性作为工作的基本出发点,在信用体系建设、合作方式、政策兑现等方式上体现精准性和有效性。通过金融机构评级授信、保险机构给予保险等方式分散风险,让建档立卡贫困户得到免抵押、免担保的信用贷款。

三是广泛发动、群众自愿。加大政策宣传和培训工作力度,使建档立卡贫困户知晓相关政策和程序。贫困户自主贷款、自主投保、自主担责、自主发展。

四是规范运作、防范风险。运用风险补偿金、小额贷款保证保险、信用保险、农业保险等方式,探索建立县级扶贫小额信贷风险分散和化解机制。金融机构应结合金融服务网格化开展贫困户建档立卡,根据建档立卡贫困户的信用评级,核定授信总额,合理设定贷款管理比率。

(二)湖北省扶贫小额信贷的扶持方式和扶持标准

湖北省还根据扶贫小额信贷扶持对象的精准性、扶持重点的针对性,确定了扶贫小额信贷有别于其他支农金融服务的扶持方式和扶持标准。

一是在扶持对象和重点方面,重点扶持具备就业创业潜质、技能素质、一定还款能力和守信用的建档立卡贫困户。主要用于发展家庭种养殖业、家庭简单加工业、家庭旅游业、购置小型农机具,以及参与当地新型农村经营主体投资等增收创收项目。对专业大户、农民专业合作社等新型农村经营主体,在明确扶贫责任和帮带机制并与贫困户签订帮扶增收脱贫合同的前提下,金融机构给予积极支持。

二是在扶持方式和标准方面,对符合贷款条件的建档立卡贫困户,实现"5万元以内、3年期限、无担保、免抵押、全贴息"信用贷款全覆盖。各地可根据贫困户贷款项目生产周期和贷款对象综合还款能力等因素,合理确定贷款期限及规模。对农民专业合作社等新型农村经营主体,按其带动脱贫的建档立卡贫困户户数等因素,由金融机构协商当地县级扶贫部门确定贷款额度。合作银行原则上按照人民银行确定的基准利率发放扶贫小额贷款。

(三)湖北省扶贫小额信贷的工作流程

鉴于扶贫小额信贷的四大特征:一是贷款精准度高,扶贫小额信贷遵循户借、户用、户还原则,精准投放给贫困户个人,用于发展生产脱贫致富。二是信贷可获得性强,银行机构对符合信贷条件的贫困户做到"应贷尽贷",贫困户无须向银行机构提供抵押物或担保即可申请,贷款办理手续非常简便。三是贫困户负担轻,银行机构按照基准利率发放扶贫小额信贷,各地安排财政资金全额贴息,贫困户只须偿还贷款本金。四是贷款期限长,根据贫困户发展生产需要,合理确定贷款期限,最长可达3年。湖北省在政策确立之初,就建立了明确的工作流程,以确保扶贫小额信贷政策的有效实施。

一是择优确立合作机构。各县(市、区)通过竞争择优的方式,自主确定1家或多家扶贫小额信贷合作银行和保险机构,并签订合作协议,制定具体实施方案,开展扶贫小额信贷工作。各地农商行、邮储银行、农业银行、人保财险公司要在扶贫小额信贷中发挥好主力军作用。

二是审慎开展评级授信。在开展"信用户、信用村、信用乡(镇)"创建活动基础上,承贷银行针对贫困户实际情况,对有贷款需求的建档立卡贫困户进行评级授信。评级授信工作在承贷银行指导下具体由村级风险控制小组承担。村级风险控制小组由村"两委"干部、乡镇联村干部、驻村干部、群众代表和合作银行信贷员组成。并客观公正的制定评级授信标准:村级风险控制小组按照贫困户诚信度(占比40%)、劳动力(占比25%)、劳动技能(占比25%)、人均收入(占比10%)四项指标,开展评级授信工作。其中评级以村级社区为主,授信以合作银行为准。具体授信额度由各合作银行自主决定。评级授信后,由合作银行发放贫困户信用贷款证。贫困户评级授信工作在县级政府统一安排下实施,争取有贷款需求的贫困户评级授信实现全覆盖。实现全省扶贫信息网络系统与银行贷款管理系统信息共享,县级扶贫管理部门对建档立卡贫困户信息真实性负责。建立完善建档立卡贫困户个人信用档案。同时稳步推进专业大户、家庭农场、农民合作社和农业产业化龙头企业等新型农业经营主体电子信用档案建设。

三是便捷的贷款申请发放环节。(1)在贷款申请环节,建档立卡贫困户持有效身份证件、申请贷款项目资料及贫困户信用贷款证等,向贷款发放银行自愿提出申请。(2)在贷款受理和调查环节,贷款发放银行接到建档立卡贫困户借款申请后,及时对申请人的基本条件、贷款项目等内容进行自主审查,落实信贷人员进行实地调查。(3)在贷款的审批和放贷环节,贷款发放银行根据审查和调查情况,按有关贷款程序及时对符合条件的申请人发放贷款。各合作银行针对评级授信的贫困户,打造专门的金融信贷产品,鼓励通过发放银行卡等形式,实行"一次核定、随用随贷、余额控制、周转使用、利率优惠"政策,真正提供免抵押、免担保的信用贷款。(4)在贷款的归还环节,贷款人按时偿还贷款本息。村级风险控制小组做好跟踪服务。

四是建立贷款财政贴息的保障措施。湖北省政府明确要求各县(市区)扶贫部门和财政部门,根据《湖北省扶贫小额信贷贴息项目管理办法》规定,按照"先收后贴、分期补贴、应贴尽贴"的原则,依据"贫困户申请、金融机构代为申报、县级人民银行核实、县级扶贫、财政部门审定、委托经办金融机构拨付到户"的工作程序对建档立卡贫困户实行全额贴息,将贴息资金按照贷款期限分期,通过银行卡直补到贫困户。同时,通过未按期还贷不贴息的原则,极大程度的确保了贷款的按期还款,有效降低了信贷风险。

(四)湖北省扶贫小额信贷的风险缓释机制

为了确保扶贫小额信贷在脱贫攻坚工作中的可持续性,湖北省在建立健全扶贫小额信贷工作机制中,构建了完善的信贷风险缓释机制。

一是建立风险补偿金。提出按照"省级整合、市州协调、县级统筹"的原则,县级政府统筹安排资金,建立扶贫小额信贷风险补偿金。其中 37 个贫困县,每县统筹不少于 2000 万元扶贫小额信贷风险补偿金。其他插花贫困县,每县统筹不少于 1000 万元扶贫小额信贷风险补偿金,并根据建档立卡贫困户实际贷款需求,对风险补偿金进行年度补充调整。合作银行按照不低于风险补偿金总量 1∶7 的比例进行放贷,风险补偿金用于对合作银行贷款本息损失赔付。

二是发挥保险保障功能。积极推进小额贷款保证保险、农业保险、意外伤害保险等保险品种与扶贫小额信贷的结合,鼓励贷款贫困户自觉自愿购买保险,县级统筹使用相关资金,适当给予保费补贴,实现"应保尽保"。认真贯彻《省人民政府办公厅关于印发湖北省小额贷款保证保险试点工作实施方案的通知》精神,推进贫困地区建立完善贷款保证保险机制,分散贷款风险。政策性农业保险要优先在贫困村试点。

三是实行财政扶贫贴息政策。各地可统筹安排财政扶贫资金,对符合条件的贷款对象给予贴息支持,对建档立卡贫困户扶贫小额信贷给予全额贴息。

四是完善风险补偿程序。扶贫小额信贷损失风险实行政府、银行、保险公司三方共同分担的原则。根据合作银行贷款业务开展情况,对不良贷款率连续 3 个月超过 10% 的县,应暂停该项贷款业务,并组织清收,直至不良贷款率降至合作银行容忍范围之内,经过一定期限考察并达到标准后恢复开展该项贷款业务。经过组织清收,不良贷款逾期 90 天仍未偿还的,进入贷款风险补偿程序。未参与小额贷款保证保险的,贷款本息损失风险分担比例由各县(市、区)与合作银行机构协商确定。参与小额贷款保证保险的,由保险机构与经办银行原则上按照 7∶3 的比例承担贷款本息损失风险。赔付率达到 130%,暂停该县小额贷款保证保险业务,保险机构继续履行未到期合同的赔付责任;赔付率超过 130% 后的超赔部分,由政府风险补偿资金按不超过 80% 的比例给予保险机构补偿;赔付率超过 150% 后的超赔部分,由政府风险补偿资金全额补偿保险机构。

二、市级政策梳理及解析

湖北省的集中连片特困地区是南水北调中线工程核心水源区和集老、山、边、贫、库于一体的国家级贫困地区。秦巴山区是集中连片贫困地区之一，郧阳区（原名郧县）便位于其中，2014 年郧县撤县设区，全区版图面积 3863 平方公里，辖 20 个乡镇（场）和 1 个经济开发区，349 个村（居）民委员会，总人口约 63 万人。全区有贫困村 340 个，省定重点贫困村 85 个，贫困人口 49301 户 163166 人，易地扶贫搬迁对象 22309 户 64175 人，贫困发生率 35.63%，贫困人口全市最多、贫困发生率全省第二。

2015 年以来，郧阳区深入学习贯彻习近平总书记关于扶贫工作的重要论述和视察湖北重要讲话精神，坚持以习近平总书记"要做好金融扶贫这篇文章"的重要指示为基本遵循，把扶贫小额信贷作为打破农村金融坚冰的"利斧"和撬动脱贫攻坚的"杠杆"。在国务院扶贫办和湖北省扶贫办等领导单位的关心指导下，郧阳进一步贯彻落实国务院扶贫办等七部委联合印发的《关于金融助推脱贫攻坚的实施意见》精神，深入推进全区扶贫小额信贷业务开展，切实解决建档立卡贫困户贷款难、贷款贵问题，根据《湖北省创新扶贫小额信贷工作的实施意见的通知》和中国人民银行武汉分行、湖北省扶贫办关于印发《湖北省"新型农业经营主体+建档立卡贫困户"扶贫小额信贷管理办法》的通知等文件要求，郧阳区制定了《郧阳开展扶贫小额信贷业务实施方案》，健全"三员三长"精准服务，围绕"三链三转"精准投放，坚持"四位一体"精准防控，以扶贫小额信贷加快产业复苏，以产业复苏巩固脱贫成果，呈现了"贷得到、用得好、还得上、可持续"的良好局面。

（一）小额信贷郧阳做法总体方案

郧阳做法创立之初的总体目标是严格贯彻全省"三年整体脱贫，两年巩固提高"的脱贫攻坚总体目标,助推区内所有建档立卡贫困户脱贫销号,所有贫困村脱贫出列。郧阳根据辖区内金融机构的业务特点,选择了郧阳区农行、邮政储蓄银行、农商银行、楚农商村镇银行等作为扶贫小额信贷主办银行,其它银行业金融机构以包点扶贫村为重点,以向带动贫困户脱贫出列的龙头企业发放贷款为主全面参与。农行主要负责城关、茶店、青山、杨溪四个乡镇;邮政储蓄银行主要负责南化、白浪、谭家湾三个乡镇;楚农商村镇银行主要负责柳陂镇;其余十二个乡镇(场)由农商银行负责。郧阳扶贫小额信贷贷款对象是辖区内所有建档立卡贫困户,具体以区扶贫办认定为准。郧阳扶贫小额信贷的贷款用途包括用于解决贫困户发展生产和增加收入的各类支出,但不得用作购置生活用品、建房、治病、子女上学等非农业生产性项目,也不得转借给他人使用,避免"户贷企用"问题的发生。在具体的贷款方式、额度、期限、利率等方面,郧阳做法提出,对符合贷款条件的建档立卡贫困户,根据评级授信结果,实现"5 万元以内、免担保、免抵押、全贴息"的信用贷款。对建档立卡贫困户的扶贫小额信贷执行基准利率,贷款期限 3 年以内。

(二)扶贫小额信贷郧阳做法基本流程

扶贫小额信贷郧阳做法的办理程序,不仅参照湖北省扶贫小额信贷办理基本流程,也根据郧阳地区实际情况因地制宜的有序推进。

一是精准开展信用信息采集和评级授信工作。评级授信是发放扶贫小额信贷的基础,各乡镇(场)政府统一组织本辖区各行政村的评级授信工作,各村"两委"、主办银行和主办保险公司具体负责评级授信。村"两委"按照统一格式向主办银行提供建档立卡贫困户基本信用信息,村支部书记负责组织金融精准扶贫"两站"(贫困村的金融精准扶贫工作站、非贫困村的惠农金融服务工作站,以下简称"两站")工作人员在主办银行指导下按统一标准开展信用等级评定。各主办银行根据信用等级评定情况确定授信额度,并向全体村民公示。各村支部书记、主办银行信贷人员、包点扶贫工作队长(主办保险公司业务员)分别担任"两站"站长和副站长,工作人员由党员代表、群众代表和贫困户代表组成。评级授信后,由主办银行向建档立卡贫困户发放信用贷款证。

二是由贫困户根据自身需求提出贷款申请。建档立卡贫困户有资金需求,自愿向金融精准扶贫工作站站长提出贷款申请,申请前须包户干部签字并按银行要求提供有效身份证件、贷款项目资料和信用贷款证等。

三是由村评贷委员会提出贷款初审和推荐意见。对建档立卡贫困户,经村评贷委员会("两站"工作人员)开会审核,对符合条件的由村金融工作站向主办银行推荐。评贷委员会必须开会,投票表决,并做好记录,存档备查。主办银行收到贷款申请后,及时进行自主审查和实地调查。

四是遵循"一次核定、随用随贷"的信贷审批与用信原则。郧阳地区扶贫小额信贷的各主办银行根据审查和调查情况,经区扶贫部门审核后,按有关贷款程序及时对符合条件的申请人发放贷款。按照"一次核定、随用随贷、余额控制、周转使用、利率优惠"的方式,对扶贫小额信贷简化手续,真正提供免抵押、免担保的信用贷款。

五是尽职做好贷后管理确保专款专用。扶贫小额信贷主办银行有权监督借款人使用贷款资金。各村金融精准扶贫工作站要协助主办银行跟踪监督建档立卡贫困户贷款资金使用,做到扶贫贷款资金专款专用,防止滥用。

六是跟踪服务贷款贴息确保贷款按时归还。扶贫小额信贷主办行协助跟进建档立卡贫困户的贷款贴息工作,并与财政部门约定贷款贴息由区财政按季度直补主办银行,并参与贷款日常用款管理,确保贷款期限与资金使用周期保持一致,以便贷款到期时借款人有能力按期偿还贷款本金。

七是建立财政补贴扶贫小额信贷保险机制。郧阳扶贫小额信贷全面引入保证保险机制,人保财险郧阳支公司为全区扶贫小额信贷主办保险公司。建档立卡贫困户扶贫小额信贷保证保险费率确定为2%,意外伤害保险费率为0.5%,两项保费均由财政全额补贴。在办理扶贫小额信贷手续时主办银行、借款人要积极配合保险公司办理投保手续,且政策性农业保险在贫困村优先实行。

　　(三)扶贫小额信贷郧阳做法保障措施

　　扶贫小额信贷郧阳做法的保障措施,主要包括六大方面内容。

　　一是加强组织领导,建立协调机制。在郧阳区委、区政府的统一领导和指导下,郧阳成立了金融精准扶贫小额信贷协调管理领导小组。成员由区金融办、扶贫办、财政局、人民银行、各银行业金融机构、人保财险等主要负责人组成。协调管理领导小组办公室设在人民银行,具体负责起草金融精准扶贫小额信贷管理实施方案、起草政银保三方合作协议、定期组织召开跨部门联席会议、协调各职能部门工作等。各乡(镇、场)、各村以金融精准扶贫"两站"为支点,建立扶贫小额信贷信息平台(包括扶贫对象信用平台和贷款程序平台),实现建档立卡贫困户与主办银行信贷管理系统、保险公司业务系统有效对接和信息共享。

　　二是明确任务分工,强化落实责任。郧阳区政府是扶贫小额信贷工作的责任主体,区长为第一责任人。金融办负责组织协调各职能部门工作;扶贫办负责建档立卡贫困户认定与核实、代表区政府办理贷款担保相关手续、落实扶贫贴息政策、协调各乡(镇)政府、村"两委"、驻村工作队等与主办银行之间的工作、评估扶贫小额信贷业务开展效果等。财政部门负责配合扶贫办统筹落实好扶贫小额信贷风险补偿机制;人民银行负责灵活运用扶贫再贷款、差别存款准备金动态调整等货币政策工具,引导金融机构扩大扶贫小额信贷投放,同时,提供贷款基准利率或基础利率数据,配合做好扶贫小额信贷贴息工作,努力推动配套政策落实;银监办落实银行业金融机构差异化监管政策;保险公司负责推进农村保险市场建设,不断增强扶贫小额信贷风险保障功能;四家主办银行要积极做好扶贫小额信贷发放、贷后管理和贷款回收等工作,及时识别和处置贷款风险。

　　三是划分责任片区,实行目标管理。各主办银行要根据划分的责任片区积极向建档立卡贫困户发放扶贫小额信贷。新增贷款增长率和扶贫小额信贷覆盖率要达到上级政府规定的考核比例以上。

四是培植诚信意识，营造良好氛围。在开展扶贫小额信贷业务过程中，各乡镇（场）要切实加强"信用乡镇""信用村""信用户"创建工作，增强农村经济主体的信用意识，使农户"善用信、能守信"，营造"守信光荣、失信可耻"的良好氛围。

五是强化贷款清收，加大失信惩戒。对不守信用、贷款到期不还的，采取必要的惩戒措施，具体包括：扶贫小额信贷逾期不还，财政不予贴息，借款人须自己承担贷款本金、利息和逾期罚息；贷款逾期未还，借款人不良信息将被自动纳入人民银行征信系统，以后将无法从任何一家银行申请贷款和办理信用卡；对恶意拖欠贷款不还者，采取必要的法律手段提起诉讼，欠款人一旦被列入社会征信黑名单，其日常生活将受到限制，不能乘坐飞机、高铁、动车，不得进行高档消费、子女不得上重点中学和大学等；各乡（镇、场）、各村委积极协助主办银行清收贷款，对不良贷款率超过10％的乡（镇、场）和行政村，对其信用乡（镇）、信用村创建实行一票否决；对乡镇、行政村由于徇私、监管不力、故意隐瞒等人为原因造成贷款损失的，应对相关直接人员追责，对经过调查核实、属于市场风险等客观原因的，可以免责；对银行信贷人员工作不力造成贷款损失的，按银行信贷管理办法追究责任。

六是加强日常监测，完善评估考核。（1）加强日常管理与监测。扶贫办和人民银行要建立月统计、季通报、年考核制度。（2）建立奖惩机制。将全区扶贫小额信贷发放情况纳入金融机构"两综合、两管理"工作考评和政府年度目标考核。对工作成效突出的金融机构，人民银行在货币政策工具运用上予以大力支持；人民银行和银监办减少或减免现场检查频次。（3）加强扶贫效果评估。建立金融精准扶贫小额信贷绩效考核评估制度。（4）加强对各乡（镇）政府、各村"两委"工作的考核。把扶贫小额信贷的发放、管理和回收情况纳入各乡（镇）政府年度责任目标的考核内容。

2015 年以来,郧阳区累计发放扶贫小额信贷 3.6 万户(次)、8.3 亿元,户贷率 84.5%,带动发展特色产业 80 万亩,贫困人口全部达到脱贫标准。2017 年 9 月 4 日全国金融扶贫现场观摩会在郧阳召开。2020 年 4 月 23 日,湖北省政府批准郧阳区退出贫困县。群众一致认为,扶贫小额信贷是贫困山区脱贫致富的"抱母鸡"和"引窝蛋",是核心水源区绿水青山转化为金山银山的"孵化器"和"催化剂"。

第二节　现状与成效

一、发展现状

(一)总体现状

从 2015 年郧阳区扶贫小额信贷起步到 2019 年底,郧阳区扶贫小额信贷累计发放 3.2 万户(次)、7.5 亿元,户贷率由不足 0.01% 提高至 62.02%,到期还款率 100%。由于金融扶贫的强力支撑,全区累计减贫 48519 户 160913 人,存量贫困人口降至 356 户 952 人,贫困发生率降至 0.21%,2020 年 4 月郧阳区脱贫摘帽。2017 年 9 月全国金融扶贫现场观摩会在郧阳召开,扶贫小额信贷经验连续三年在全国金融扶贫现场会上交流。

2019 年底,全区基本公共服务领域主要指标达到全省平均水平,地区生产总值 166.9 亿元,地方一般公共预算收入 10.4 亿元,农村常住居民人均可支配收入增长到 11365 元,顺利通过省脱贫摘帽验收。

表 9-1　2014—2019 年郧阳区累计脱贫人数统计

年份	脱贫农户(户)	脱贫人口(人)
2014	3898	12854
2015	7199	25149

续表

年份	脱贫农户（户）	脱贫人口（人）
2016	5280	19501
2017	12057	43254
2018	7308	24076
2019	12777	36079
合计	48519	160913

　　精准扶贫开展以来,郧阳区率先在全省成立覆盖全区的金融扶贫工作站,率先在全国推出一张 2 亿元的综合性大保单,破解了金融机构担惊受怕、瞻前顾后的尴尬局面,实现了贫困群众贷得到、用得好、还得上、可持续,形成了"村村有产业、户户有项目、人人有事干"的良好局面。

　　全国金融扶贫现场会、全省易地扶贫搬迁现场会、全省人社就业扶贫现场会、全省驻村帮扶现场会、全省定点扶贫现场会等会议相继在郧阳区召开,金融扶贫经验连续四年在全国金融扶贫现场会上交流,杨溪铺镇鲍沟村扶贫小额信贷案例被《扶贫小额信贷——破解贫困人口贷款难题的中国实践》一书收录,袜业扶贫经验入选全国 2019 年十大产业扶贫案例,发展香菇产业促进搬迁群众稳定脱贫的经验被国家发改委作为"十三五"易地扶贫搬迁政策导引推介,"特色小镇+特色产业"易地搬迁安置办法和"挣钱顾家两不误、安幼养老都兼顾"的脱贫经验得到省委省政府主要领导的充分肯定,脱贫攻坚主要成就在中央电视台新中国成立 70 周年大型纪录片《我们走在大路上》展播。郧阳区先后荣获全国电子商务进农村示范县、全国"十三五"易地扶贫搬迁工作成效明显县、国家农村产业融合发展示范县、国家生态保护与建设示范区等荣誉称号。

图 9-1 郧阳扶贫小额信贷五大突出成效

二、实践成效

（一）激发融资需求，变"不愿贷"为争着贷

始终以人民为中心，为脱贫致富计，为长远发展计，多方入手激发群众金融需求。

一是引导群众树立自主脱贫意识主动贷。组建专职驻村帮扶工作队，1.5万名干部职工尽锐出战，户户走到，向群众灵活宣讲精准扶贫政策，普及扶贫小额信贷政策，着力培育广大农民的金融意识、发展意识。

二是出台配套政策打消群众顾虑放心贷。出台《郧阳区开展扶贫小额信贷业务实施方案》《关于进一步推进郧阳区农业小额信贷工作的指导意见》等文件，贫困户愿意发展什么产业项目，银行就支持什么项目。群众生产什么产品，区、乡、村电商公司就帮助群众销售什么产品，并通过全程保险保障，解除贫困户群众后顾之忧。

三是主动上门服务调动群众积极性快速贷。成立村级金融工作站，村支部书记担任村级金融工作站站长，专职驻村帮扶工作队队长任第一副站长，把扶贫小额信贷审批权限下放给村支部书记和驻村工作队队长，主办银行下沉一线上门服务，信贷员进村入户发掘需求、快速放贷。扶贫小额信贷政策执行前，郧阳90%以上的贫困户基本没有与银行打过交道,60%以上的贫困户都愿意贷款。

（二）优化信贷程序,变"不好贷"为一周贷

全面优化贷款办理流程,探索"五步工作法",实行"一站式"服务、一次性办结、一周内放款。

一是评级授信。村级金融工作站负责对辖区内贫困户进行全覆盖评级授信,重点组织全体贫困户参加评级授信会议,做到授信有依据、贷款有项目、全程有监督,确保每个有需求的贫困户都能有机会贷到款。

二是收集资料。村级金融工作站帮助主办银行收集贷款申请资料、协助开展贷前调查、普及基本金融知识、提供简单的金融支付结算工具。将扶贫小额信贷多达13项的贷款流程压缩为5个,所需的24件资料统一简化为以"两表一证一卡"为主的11件。

三是入户调查。扶贫工作队员负责按照贫困户需求,入户核实,集中收集填写,然后组织群众进行一次面签,让群众一次办结。

四是集中会签。申贷对象资料收集齐全、村评贷委初审后,以村为单位直接报镇评贷委和区精准扶贫工作指挥部金融扶贫会签服务平台。区会签平台设立资料受理区、信息比对区、人行初审区、部门复审区、保险出单区、银行审贷区等六区,抽调专人集中会审,即报即签。

五是发放贷款。所有审核通过的贷款以村为单位集中发放,确保一周内全部发放到贫困户手中,并在全村和网上公示,接受群众监督。

（三）精准对接需求,变"不能贷"为精准贷

郧阳坚持问题导向,分类精准施策,实现应贷尽贷。

一是开发种养起步贷。针对贫困户发展种植养殖业缺少起步资金,但资金需求量又不大的贫困户,推出了人均2000元的小微扶贫信用贷款,以解决贫困户的燃眉之急。

二是开发产业互助贷。针对年龄超过银行规定但有产业发展能力和贷款意愿的贫困户，推出"诚信贫困户+老年贫困户"的产业互助贷款办法，以诚信贫困户为互助贷款主体在银行授信范围内按人均2000元的标准统一贷款，带动老年贫困群众共同脱贫。

三是开发亲属委托贷。针对外出务工回家办理信贷手续费用高而父母留守在家发展产业需要资金的贫困户，采取子女出具委托书、信贷人员电话记录存档的办法，先发放贷款再进一步完善资料，给予委托人父母小额贷款。

四是开发定向扶持贷。为引导安置1.5万人的香菇小镇易地搬迁户发展香菇产业实现脱贫，开发定向扶持贷，2018年香菇小镇2817户贫困户获得扶贫小额信贷1.32亿元，种植香菇288.6万棒，实现户均增收超过1万元。

五是开发小额惠农贷。针对发展产业和贷款愿望强烈的非贫困户，以镇为单位，由区信达公司统一提供担保，给予5万元以内、年利率7%以内、2年期限的"惠农贷"。

六是开发社司专属贷。针对村级扶贫合作社有资产、有资源、有项目，但缺资金的实际情况，2018年12月，时任人保财险总裁林智勇到郧阳调研后，经研究决定给予每家村级合作社100万元、全区2亿元的险资直投。

（四）健全保障机制，变"不敢贷"为比着贷

一是发展稳定增收的产业体系。科学选择产业链条完整、群众增收稳定可靠的香菇和袜业，作为全区脱贫主导产业、兜底产业，区建扶贫产业园、镇村建扶贫车间、户建扶贫作坊，形成了"1个务工经济+香菇、袜业2大兜底主导产业+N个万元增收项目"的产业支撑体系。如依托湖北裕国菇业、浙江诸暨大唐袜业企业，在19个乡镇建设香菇制棒车间28个、袜业扶贫车间20个，发展香菇3000余万棒，配置袜机8000台，带动2万贫困户就近就地务工创业，户均增收1.5万元以上。

二是建立全程监管的社司体系。立足群众组织难、产品销路少的现状，成

立区、镇、村三级扶贫互助专业合作社和扶贫开发公司,引导贫困群众入社入股抱团发展。探索"户贷、户用、户还、社管"模式,扶贫小额信贷的所有权、使用权归贫困户,村级合作社主要负责贷款对象准入、资金投向监管、贷款到期清收等工作,加强源头和过程监督,弥补银行监督的不足,确保贷款用于产业。

三是筑牢更加健全的风控体系。设立 7000 万元扶贫小额信贷风险补偿专项资金,用于银行贷款本息损失的补偿。郧阳区政府与人保财险公司签订一张 2 亿元扶贫小额信贷的综合性大保单,涵盖种养殖业、价格指数、借款人意外、贷款信用保证等全方位、"一揽子"保险产品,综合保障能力由 10% 提高到 90%。2018 年,创新推出"一镇一保"模式,综合保障能力进一步提升。保险公司分区派驻理赔专员、分村聘保险协保协勘员、分级快决快赔,单笔赔付2000 以下的现场决赔,2000—5000 元的 3 个工作日内赔付到位,5000 元以上的 5 个工作日内赔付到位。

（五）实行正反激励,变"不还贷"为信用贷

一是专班清收一批。采取"大集中、小分散"、日清周结、周五专题会等方式,加强贷款清收。把按时还款纳入十星级文明农户的重点评选内容,对按期还款的信用户,优先评为"十星级文明农户",发放额度为 3000 元的信用卡,当年可在商超、酒店、医院、学校、交通等方面指定地点消费享受九五折优惠。

二是保险理赔一批。对贷款逾期三个月以上、经鉴定确实无力偿还的农户,按照政银保三方合作协议进行赔付。

三是"过桥"处理一批。对因生产周期与贷款期限不匹配,或因生产经营亏损暂时无力偿还、讲诚信的农户,采取村级合作社提供过桥资金,帮助贫困户解决临时还款难题。

四是依法清收一批。对恶意拖欠的农户,抓典型人典型事,采取强制措施,依法打击到位,确保应收尽收、应还尽还。

(六) 成功助推扶贫产业发展

一是围绕袜业产业贷,成功打造中部袜都。量身定制"袜业贷",引导贫困户通过扶贫小额信贷,购买缝头、翻袜、定型、包装等加工设备,参与到袜业后道工序加工等链条中增收。全区按照"扶贫车间+扶贫作坊+农户"的袜业扶贫方式,先后引进上海东北亚新等袜业企业 26 家,协调中行、邮储银行、农商银行为全区所有有贷款需求的袜业企业提供了"法人信用贷""担保贷""助保贷"等多种贷款产品解决企业发展资金困难;在柳陂镇建设袜业扶贫产业园,其他 18 个乡镇建设袜业扶贫车间,并将生产线延伸至各村各户,近万名留守妇女和老人从田间走进车间,从农民变成织袜工人。全区袜业车间带动 2600 余人在袜业企业务工,后道工序带动 7500 余名群众在家门口就业,其中贫困户占 70%以上。大部分乡镇的劳动力踊跃加入到袜业产业中来,特别在后道工序方面,对老、弱、病、残等弱劳力贫困户的带动作用效果显著。预计全面投产后,能带动 12000 人在家门口就业,贫困户能占到 50%以上。

二是围绕香菇产业贷,助力建成特色小镇。郧阳区用工业化理念谋划现代农业,选择产业链条完整、增收稳定可靠的香菇作为脱贫主导产业,采取"龙头企业+基地+合作社+贫困户"带贫方式,带动群众就业增收。依托昌欣香菇产业发展有限公司建设食用菌加工产业园,在杨溪铺镇青龙泉社区配套建设香菇产业种植示范园 1200 亩,在 19 个乡镇建设自动化香菇制棒车间 24 个、各类菇棚 4.9 万个,引导群众新发展香菇 4000 万棒,带动 1 万农户发展香菇产业。鲍沟村抢抓机遇这一机遇,使用扶贫小额信贷贷款 150 万元,建设高标准四季出菇大棚 22 个,发展香菇 55 万棒,形成了占地达 30 亩的村级香菇产业园,带动 71 户平均增收 2 万元,香菇成为鲍沟村的主导产业。通过"龙头企业+基地+村级合作社+农户"方式,引导贫困户使用扶贫小额信贷发展香菇产业,在谭家湾镇建设食用菌循环经济扶贫产业示范园,成立华中食用菌研究院,建设研发中心和香菇交易市场。

湖北省郧阳区小额信贷产品创新

定向扶持贷。为引导易地扶贫搬迁户发展香菇产业,最大程度发挥扶贫再贷款的货币政策效应,人民银行对郧阳区地方法人机构——郧县农商行发放 1 亿元的扶贫再贷款,撬动农商行投入更多小额信贷资金,在贷款对象上定向贷给易地搬迁特殊贫困户,在贷款用途上定向集中发展香菇产业。2018 年,鲍沟村 71 户贫困户申请扶贫小额信贷 150 万元种植香菇,实现了搬到好地方、找到好门路、过上好日子、形成好风尚的目标。

大户益农贷。在用好扶贫小额信贷满足贫困户发展产业资金需求的同时,对带动贫困户脱贫的能人大户的发展需求,中国银行创新"大户益农贷",50 万元以内、一年期限、年利率 4.35%,满足大户发展产业需求。能人大户郭开莲通过"大户益农贷"获得 45 万元贷款用于种植香菇,并带动 10 余户贫困户参与香菇产业发展,实现脱贫致富。

小额惠农贷。对非贫困户发展香菇产业的,由区信达公司统一提供担保,非贫困户提供土地使用权证等质押,郧县农商行根据非贫困户的贷款需求、实力、信用等综合情况,给予 5 万元以内、2 年期限、年利率 4.75% 的"小额惠农贷"。卢金珍贷款 5 万元种植香菇 1 万棒,当年净收 4.5 万元,成为全村香菇种植能手。

种养小额贷。对发展种养业缺乏起步资金,但资金需求量又不大的贫困户,推出了人均 2000 元的小额扶贫信用贷款,抢抓时令节气,实行快审快贷,解决贫困户燃眉之急。贫困户赵中启腿部残疾,对劳动强度大的产业参与不便,2017 年在农行贷款 8000 元养猪、养鸡,当年家庭增收 1 万多元,实现脱贫目标。贫困户余国全身残志坚,勤劳能干,2017 年看到"贡米"种植很有前景,使用扶贫小额信贷资金 6000 元,种植"贡米"3 亩,当年收入 1.5 万多元。

特色产业贷。为保护地域品牌,提高特色优势产业附加值,农行郧阳支行推出"特色产业贷",重点支持生产加工类企业。2019 年春,鲍沟村引进一家企业把贡米作为优势资源进行开发,农行郧阳支行向该企业贷款 200 万元,企业以每亩 500 元的价格流转该村 24 家农户 110 亩水田,从整地、育苗、管理到收获、加工、销售,采用"企业+基地+农户"的模式经营运作,成功注册了"郧阳鲍沟贡米"商标,购置了先进的稻米加工设备,制作精美的包装袋、包装盒,产品统一包装上市。当年大米 45.6 元一斤,供不应求,实至名归,群众心中的"贡米"又回来了。

三是围绕"四小"产业贷,成功实现逐户脱贫致富。郧阳区按照"村有主导产业,户有万元增收项目"的要求,实施"三乡工程",一村一品,一户一业,引导留守妇女、老人等劳动力较弱的贫困户,发展小种养、小作坊、小庭院、小买卖"四小产业",探索实行"户贷户用户还社管"方式,全覆盖成立区、镇、村三级扶贫互助合作社,弱劳动力贫困户加入村级扶贫互助合作社,申请扶贫小额信贷发展"四小产业",建成生产互助组,形成产业联合体,增强抵御市场风险的能力。坚持群众跟着产业走,银行跟着产业转,精准制定信贷产品,不仅让每个贫困户都有适合自己的小额信贷产品,还让带动贫困户发展的大户、小微企业和非贫困户都有适合的信贷产品。

第三节　主要做法

从 2015 年郧阳区扶贫小额信贷起步到 2019 年底,郧阳区扶贫小额信贷累计发放 3.2 万户(次)、7.5 亿元,户贷率由不足 0.01%提高至 62.02%,到期还款率 100%。由于金融扶贫的强力支撑,全区累计减贫 48519 户 160913 人,存量贫困人口降至 356 户 952 人,贫困发生率降至 0.21%,2020 年 4 月郧阳区脱贫摘帽。2017 年 9 月全国金融扶贫现场观摩会在郧阳召开,扶贫小额信贷经验连续三年在全国金融扶贫现场会上交流。

一、构建"1351"贷款工作体系

(一)"一笔资金"拓宽服务边界

郧阳区政府围绕自身脱贫攻坚目标任务,按照"应贷尽贷"原则,围绕贫困户特别是深度、极度贫困县贫困户金融服务需求,通过建立扶贫小额信贷风险补偿机制,为贫困户获得扶贫小额信贷增加信用支持。2015 年以来,郧阳区充分发动各方力量,先后累计筹资 7000 万元风险补偿基金,同时,要求扶贫小额信贷的办理行,按照 1∶10 比例对风险补偿基金进行放大,切实加大对信用良好、有贷款意愿、有就业创业潜质、技能素质和一定还款能力的建档立卡贫困户支持力度,有效满足贫困户和贫困边缘的有效信贷需求。

(二)"三级联动"精准下沉服务

郧阳区政府组织成立村级金融精准扶贫工作站,由村支部书记担任站长,把扶贫小额信贷贷前调查部分权限下放到村,并要求扶贫小额信贷主办行主动下沉服务,由信贷员主动上门、下村精准对接信贷需求,确保服务送到田间地头家门口。同时,组织乡镇设立金融扶贫专干,每日收集汇总上报辖区内的贷款信息。组建扶贫小额信贷区级会签中心,抽调专人集中办公,资料受理、信息比对、人行初审、部门复审、保险出单、银行审贷"流水线作业",对收到的资料即报即签。在疫情期间,郧阳区又以村为单位,建立了卫生防疫员、产业指导员、电商销售员+工作队队长、金融工作站站长、组长的"三员三长"金融扶贫服务机制,户户走到,精准施策,实现应贷尽贷、应贷优贷、应贷快贷。

（三）"五步流程"加快贷款审签

郧阳区扶贫小额信贷办理行全面优化办理程序,将原来多达13项的贷款流程简化压缩为5项,形成高效办贷"五步工作法",确保贫困群众只跑一次路、贫困户贷款村内流转。第一步是受理申请,村级金融扶贫工作站受理贫困户的贷款申请,对贷款项目可行性和资金需求量进行摸底调查。第二步是收集资料,由村级金融扶贫工作站帮助主办银行收集贷款申请资料,指导借款人填写相关表格。第三步是入户调查,由主办银行到村开展现场录音录像工作,组织群众进行一次面签。第四步是集中会签,贷款资料收齐后,由乡镇扶贫专干送至区会签中心会签,即报即签。会签后的资料分类转交保险公司和主办银行。第五步是发放贷款,保险公司收到会签资料后最迟3天内出具保险单,主办银行收到保险单后3天内完成放款。

（四）"一张保单"化解后顾之忧

郧阳区政府与省人保财险公司沟通协调,推动签订保额为2亿元的"全国首张扶贫小额信贷综合性大保单",保险范围涵盖种植业养殖业保险、借款人意外保险、贷款信用保证保险等"一揽子"保险产品,对贫困群众贷款综合保障率达到90%以上,对银行放贷综合保障率达到70%以上。2018年,郧阳区又探索推行一镇一张大保单,进一步为扶贫小额信贷提质提效,保障贫困户抢抓农时发展产业。同时,郧阳区重视对存量扶贫小额信贷的贷后检查力度,定期入村入户入企业对贫困户家庭情况和产业经营情况进行监测分析,建立资金监管机制和跟踪监督机制,全面化解办理行和贫困户的后顾之忧。

二、完善"四个一批"风险防控体系

郧阳区始终坚持"风险在哪里、防控措施就跟到哪里",按照"抓早抓小、提前防控"的工作理念,创新构建"四个一批"的扶贫小额信贷风险防控体系,加强扶贫小额贷款贷前调查、贷中审查和贷后管理各环节的风险防控机制,确保扶贫小额贷款放得出、收得回。

（一）开展十星创建,跟进清收一批

一是加强诚信教育,教育和引导群众重合同、守信用,营造良好的诚信环境和金融生态,呈现出农户贷款主动还、提前还的良好局面。还把按时还款纳入"十星级文明农户"评选内容,对按期还款的信用户,联合银行给予授信额度优惠、适当资金补助激励,发放额度为3000元的信用卡,当年在商超、酒店、医院、学校、交通等指定地点消费可享受等同九五折优惠,实现了扶贫小额信贷还款率100%。

二是提醒按期还款,建立信息互联互通机制,郧阳区政府包村干部、村委会干部、扶贫部门、银行机构等对贫困户的贷款使用情况进行跟踪,联动预警,联手清收贷款。主办银行提前一月出具还贷提醒函,驻村扶贫干部分组包干,点对点联系到户,包户干部定期入户,精准掌握每户家庭收入、还款能力及还款意愿等情况,将扶贫小额信贷客户群体划分为"绝对放心户""密切关注潜在风险户"及"严重问题户"。按借款人家庭不同情况,逐户制定清收措施,做到底数清楚,有针对性开展清收工作。

（二）签订综合保单,保险理赔一批

"三年致富奔小康,一场灾害全泡汤"、"救护车一响,一头猪白养",这是贫困群众因灾因病返贫的真实写照。发生自然灾害、市场波动导致产业受损,就有可能导致银行放贷资金收不回。郧阳区政府建立了政府财政、主办银行、保险公司按照1∶2∶7的比例,共同承担风险造成的损失。郧阳区协调主办银行与保险公司直接开展业务合作,达成了保险公司除因借款人死亡或意外伤残无法还款的给予全额赔付外,其他情况按照贷款损失金额的70%予以赔付的风险损失补偿机制。同时,郧阳区依托综合性大保单"多险同保"的优势,建立了扶贫小额信贷农户出险后的及时理赔"绿色通道",对符合赔付条件的出险客户,快速办理相关款项的赔付工作,为产业发展、贫困户增收和贷款装上"安全阀",严防"因突发事件"返贫的情况发生。

(三)组建扶贫合作社,过桥处理一批

郧阳区依托区、镇、村三级扶贫合作社,引导贫困户入股扶贫合作社,抱团取暖、抱团发展。合作社主要负责贷款对象准入、资金投向监管、贷款到期清收工作,确保贷款用于产业。提供过桥资金,对因生产周期与贷款期限不匹配,或因生产经营亏损暂时无力偿还、讲诚信的贷款农户,区扶贫专业合作社提供过桥资金,帮助贫困户解决临时还款难题。

(四)分清逾期类别,依法清收一批

郧阳区法院在参与清收贷款的过程中,实行"三步走",第一步,从法律层面做群众工作,宣讲逾期约束措施。第二步,分清群众逾期类别,如果是贷款周期与产业发展周期不匹配的,通过与银行协商,通过续贷、展期、区合作社过桥的办法先还后贷等办法解决;如果是自己发展产业成功的,有能力还款的,但是故意不还的,视为恶意欠贷。第三步,对恶意欠贷的,利用法律手段提起诉讼,依法清收,确保应收尽收。

三、强化"政银保"协同作战体系

在如何确保让贫困群众"贷得上""用得起",如何把发放的扶贫小额信贷"放得准""用得好",还能够按时足额"收得回"等方面,郧阳区政府和金融机构在实践中摸索,构建了"政银保"协同作战工作体系,交出了一份令人惊喜的答卷。为全面贯彻落实《中共中央国务院关于打赢脱贫攻坚战的决定》和《中共湖北省委、湖北省人民政府关于全力推进精准扶贫脱贫的决定》精神,加快郧阳区建档立卡贫困人口精准扶贫工作,郧阳区委、区政府高度重视,与

银行、人保财险共同想办法、拿方案、出对策,解决"贫困农户贷不起、商业银行不愿贷"、"借钱致富"、"农民丰产不丰收,致富不成反背债"的难题。

"政银保"金融扶贫方式,是郧阳区为了加大金融扶贫力度,破解贫困户贷款"融资难"问题而进行的尝试。所谓"政银保",即以财政资金做担保,以银行贷款为基础,以保证保险为保障,实现了三方联动、协调合作,降低了贫困户发展产业贷款申请难度。"政银保"以激发贫困户内生动力、实现脱贫致富为根本任务,以扶贫小额信贷为重要抓手,通过资金支持和政策引导,充分发挥财政扶贫资金撬动扶贫小额信贷资金的杠杆作用,让金融服务惠及贫困户,有效帮扶贫困户选上项目、启动生产、扩大自主创业、实现增收脱贫。2017年3月,《郧阳区扶贫小额信贷政银保三方合作协议书》签订,推行政府、银行、保险三方合作的"政银保"小额、小微产业扶贫贷款方式。按照平等、自愿、诚实、信用原则,建立以政府扶贫产业政策为导向,以政府、银行、保险公司三方风险共担为基础,构建有效控制和分散风险的扶贫开发"政银保"合作贷款体系,为解决贫困户贷款难构筑融资平台,实行由政府为精准扶贫农户提供贷款贴息并购买贷款保险、涉农金融机构凭保单向精准扶贫农户放贷的新机制。

2017年7月,《郧阳区政府"扶贫贷"项目合作实施细则》出台,郧阳区建档立卡贫困户,经过评级授信后均有资格申请最高达5万元的扶贫小额信贷贷款。这笔贷款,将成为贫困户开启脱贫之路的"启动资金"。所有贷款人均享受政府统一"买单"保障,由人保财险十堰公司提供种养殖业保险、借款人意外保险、贷款信用保证保险等"一揽子"保险兜底服务。同月,郧阳区金融扶贫小微贷"攻坚月"政银保恳谈会在农业银行郧阳区支行召开。结合农村金融改革,区政府与十堰人保财险签订了《郧阳区政府"扶贫贷"项目合作协议》,为郧阳区16万贫困户提供从贷款担保、人身意外、产业生产过程中的全方面风险保障。

湖北省郧阳区"政银保"推动

产业发展、促进贫困户增收

湖北省十堰市郧阳区"政银保"金融扶贫方式,通过支持发展产业,发挥资金融通作用,连接"市场主体+贫困户+农商行"多种要素,通过扶贫贷款的注入,使全区各类特色产业进一步得到壮大,变"输血"为"造血",点燃贫困户的创业激情,让贫困户依靠自己的不断努力、依靠创业脱贫致富。

郧阳区发展特色基地94.5万亩,兴建了12个千亩标准化示范基地,60%以上的村基本上形成了"一村一品、一片一品"的农村产业格局。刘洞镇庙坪村结合当地资源优势,农商银行大力支持发展中药材种植业,同时支持成立和庄中药材种植专业合作社,与所有种植户签订种植回收合同,该村中药材种植规模达到300多亩,已有67户贫困户发展中药材实现脱贫。五峰乡自2004年开始发展木瓜产业,2010年获得国家地理标志保护,现木瓜基地累计达20万亩,年产鲜木瓜30万吨,形成了良好的产业基础。按照"公司(合作社)+基地+农户+农商行"的模式,上游为贫困户种木瓜发放扶贫小额信贷,下游为湖北耀荣木瓜生物科技发展有限公司等专业公司发放流动资金贷款,从木瓜种植到制造木瓜醋、木瓜酒、木瓜饮料等农产品提供全产业链资金服务,成为有效带动精准扶贫的重点产业,带动全乡200户贫困户脱贫增收。郧阳区把香菇和袜业作为脱贫攻坚的两大兜底产业,区里建设了香菇小镇和遍布各乡镇的袜业扶贫车间,成立了昌欣香菇产业发展有限公司,主导全区香菇产业发展。2020年的疫情导致各乡镇香菇积压近2个月,为保护菇农利益,由昌欣公司负责对全区香菇进行保底收购,有效应对了疫情的冲击,巩固了扶贫成果。近三年,农商行累计向全区 6382 户贫困户发放香菇产业扶贫小额信贷 2.5 亿元,发放袜业扶贫贷款 2250 万元,带动贫困户或间接带动贫困户 1.5 万户,促进了扶贫产业发展。

"政银保"金融扶贫创新了精准扶贫融资渠道,激发了贫困群众内生动力,以较少的财政资金撬动了大量的金融资本投入对贫困户产业精准扶贫,最大限度地发挥财政资金的效益,发挥了"四两拨千斤""小钱撬大钱"的作用,促进了贫困户增收,撬动了产业精准扶贫和贫困户的精准脱贫。该项目以精准扶贫农户种植、养殖产业发展为扶持对象,以财政投入为杠杆,以银行贷款投入为基础,以保险公司承保等担保为保障,通过构建风险分散、可控的精准产业扶贫融资平台,创新财政资金使用方式,破解了贫困户发展种植、养殖产业贷款难的问题。时任郧阳区区长胡先平深有感触地说:"实施扶贫小额信贷是破解贫困群众发展资金难题的重要途径,也是支持农业农村经济发展,帮助困难群众尽快摆脱贫困走上致富路,助推全区脱贫攻坚取得全面胜利的重要举措,也赢得了广大贫困群众的拥护、支持和参与。"

"政银保"金融扶贫有利于强化农户的保险意识,促进农业小额贷款保证保险在农村的持续推广,扩大保险保障领域,推动农村金融创新,为在农村基层发展银保深层合作进行了探索创新。农业小额贷款保证保险在"政银保"合作项目中起到了重要的保障作用,有效撬动了财政资金和扶贫小额信贷资金,受到广大农户的普遍欢迎,形成"农户能贷,银行敢放,保险敢保"的局面,有力支持了农户扩大生产,促进了农村经济的发展。"政银保"金融扶贫模式体现出了风险共担的原则。当银行发放的扶贫小额信贷不良率连续超过一定比例时,暂停该项贷款业务,经过一定期限的考察并达到标准后恢复开展该项业务。经过组织清收,不良贷款逾期 90 天不偿还的,进入贷款风险补偿程序,由保险公司在规定额度内先行赔付,最终由政府、银行、保险公司按照 1∶2∶7 的比例分担逾期贷款。

第四节　经验启示

一、经验总结

（一）充分发挥财政资金的杠杆撬动作用

地方政府建立的风险补偿金是与扶贫小额信贷免抵押免担保相配套的机制创新。从本质上讲，免抵押免担保是由政府增信来背书，主要目的是去除贫困农户贷款门槛，方便贫困农户贷款。但免抵押免担保以后，银行顾虑增加，需要通过某种机制来打消银行的顾虑。县建风险补偿金是免抵押免担保的配套措施，是一种风险补偿和分担机制。真正发生呆坏账以后，可以通过风险补偿金分担风险，补偿银行损失，起到降低银行风险，调动银行积极性的效果。风险补偿制度不仅是免抵押免担保制度的配套制度，它更有稳预期、稳信心的重要功能，消除了银行畏惧风险、不愿贷不敢贷的顾虑，让银行能够安心放贷，是扶贫小额信贷健康发展的"压舱石"。郧阳区政府筹资 7000 万元为贫困户增信，建立扶贫小额信贷风险补偿金，对最终无法偿还的扶贫小额贷款予以代偿，银行按照 1：10 比例放大，让有需求的贫困户和贫困边缘户都能获得扶贫小额信贷支持，通过政府增信有效解决贫困户获贷难问题，确保让贫困群众"贷得上"，大幅降低信贷风险。

（二）建立产业扶贫带动机制，做好产融有机融合

产业发展需要平台和载体，郧阳区深化农村综合改革，大胆推进机制创新，村村成立农民扶贫互助合作社和扶贫开发公司，引导贫困户入社、脱贫产业入社、产业发展起步资金入社、脱贫项目入社，通过合理设置参股和分红比例，实现村集体、合作社和农户共建共兴共赢。推行的"1+2+N"产业扶贫，按照全产业链、全生态链、全价值链，建努力实现村村有产业、人人有事干、户户能脱贫，使贫

困户通过发展产业脱贫致富,促进了产业与金融的良性循环。

(三)建立三级金融服务体系,统筹做好管理服务

郧阳区建立三级金融服务体系,为银行上"保险",打通银行放款"最后一公里"和群众贷款"最初一公里"。大力发挥村"两委"、驻村帮扶工作队等基层力量作用,扎实做好扶贫小额信贷政策宣传工作,协助做好贷前、贷中、贷后管理。成立全覆盖的村级金融精准扶贫工作站,乡镇设立金融扶贫专干,区级组建扶贫小额信贷会签中心,实现了提高服务水平,准确评级授信,优化贷前调查流程,及时将扶贫小额信贷资金发放到位。为破解程序烦琐难题,郧阳区创新提出包括受理申请、收集资料、入户调查、集中会签、发放贷款在内的"五步工作法",一站式服务、一次性办结、一周内放款,原来13项流程压缩为5个,24件资料简化为11件,两个月放款周期压缩到一周内,群众只跑一次路、贷款不出村。

(四)采取系列措施,切实做好逾期风险防控

郧阳区坚持风险在哪里,防控措施就跟进到哪里,构建政府、保险、村级、法院"四位一体"防控体系,采取"四个一批"方法清收账款,即开展十星创建专班清收一批、按照合同约定保险理赔一批、组建一社一司过桥处理一批、分清逾期类别依法清收一批。其中,开展十星创建专班清收的办法最有效。郧阳开展十星级文明农户创建活动,引导群众树立"穷可贷富可贷,不讲诚信不能贷"的意识,对按期还款信用户,优先评十星级文明农户,发放额度3000元的信用卡,在指定地点消费享受优惠。

二、实践启示

(一)营造良好的金融扶贫政策环境

政府扶贫相关部门要积极引导金融机构树立大局意识、责任意识,将扶贫

金融服务作为履行社会责任的重要内容,站在讲政治的高度,增强责任感和使命感。扶贫相关部门要主动作为,加强与当地金融机构的沟通,主动承担扶贫工作。各金融机构特别是服务"三农"的金融机构要主动对接扶贫项目,创新信贷管理体制,增加扶贫小额贷款的投放。各金融机构要把精准扶贫作为自身业务拓展的战略机遇,在扶贫政策指引下探寻新的发展空间和市场竞争力。人民银行等金融监管部门要定期开展金融扶贫工作专项检查,督促各金融机构服务大局,把党中央、国务院精准扶贫政策落到实处。

(二)建立健全农村金融保障体系

一是综合运用财政贴息、财政补助等多种手段,加大对农村金融服务的政策扶持,引导更多资金投向扶贫领域;二是设立扶贫专项基金,用于降低扶贫小额贷款产生的风险,解决极度贫困且偿还能力较低不符合贷款条件贫困户贷款需求,满足金融机构信贷管理要求;三是健全对金融机构的考评激励机制,对在精准扶贫工作中有较大贡献的金融机构,给予一定奖励;四是加强金融相关知识培训,提高贫困户的金融意识,改善农村信用环境。

(三)充实金融机构信贷服务力量

政府相关部门要通过各种优惠政策降低贫困地区金融机构的经营成本,调动金融机构增加服务网点的积极性。农村商业银行等服务"三农"的金融机构在设置村级金融服务机构时,应因村制宜,在充分调查论证后,在各行政村设置合理的金融服务机构,配备充足的工作人员,按照国家金融扶贫政策要求,认真开展扶贫小额贷款工作,为贫困户产业脱贫提供大力支持。

(四)加大政策宣传,实行信息共享

银行相关部门要加大扶贫小额信贷政策宣传及征信宣传力度,提升放贷主体银行、产业帮扶项目负责人的风险意识及贷款户及时还贷的信用意识;完

善守信激励和失信惩戒机制,对恶意拖欠的客户,建立失信行为"黑名单";相
关政府部门和金融机构要及时对接,做好信息共享工作,加强监测考核力度,
对扶贫小额信贷出现的问题要及时进行商讨。

参 考 文 献

一、研究著作

《习近平谈治国理政》第一卷,外文出版社 2018 年版。

《习近平谈治国理政》第二卷,外文出版社 2017 年版。

《习近平谈治国理政》第三卷,外文出版社 2020 年版。

《习近平重要讲话单行本(2020 年合订本)》,人民出版社 2021 年版。

安菁蔚:《农村小额信贷》,中国农业出版社 2011 年版。

胡乐明、陈雪娟、张红杰:《贫困治理理论和中国经验》,社会科学文献出版社 2021 年版。

刘雪莲:《农村新型金融机构小额信贷风险控制研究》,中国金融出版社 2018 年版。

陆汉文、黄承伟:《中国精准扶贫发展报告》,社会科学出版社 2016 年版。

汪三贵:《脱贫攻坚与精准扶贫:理论与实践》,经济科学出版社 2020 年版。

吴华:《扶贫小额信贷(破解贫困人口贷款难题的中国实践)》,当代世界出版社 2020 年版。

小额信贷在中国编写组编:《小额信贷在中国》,中国财政经济出版社 2013 年版。

谢玉梅、徐玮、夏璐等:《精准扶贫视角下的小额信贷研究》,格致出版社 2021 年版。

杨道田:《新时期我国精准扶贫机制创新路径》,经济管理出版社 2017 年版。

张新平:《生态文明建设与湖北少数民族地区经济发展问题研究》,科学出版社 2014 年版。

中共中央党史和文献研究院编:《习近平关于三农工作论述摘编》,中央文献出版社 2019 年版。

[印]阿比吉特·巴纳吉:《贫穷的本质》,中信出版社 2018 年版。

二、论文

陈方:《小额信贷"瞄不准"原因分析与瞄准精度测度——从需求主体竞争角度出发》,《西安财经学院学报》2016 年第 2 期。

杜晓山、孙同全:《中国公益性小额信贷政策法规与组织制度发展研究》,《农村金融研究》2019 年第 12 期。

郝莹:《小额信贷中的信息不对称问题及解决途径》,硕士学位论文,云南财经大学金融学院,2009 年。

候佳萌:《中国农村小额信贷问题研究》,硕士学位论文,吉林大学马克思主义学院,2017 年。

黄英君、胡国生:《金融扶贫、行为心理与区域性贫困陷阱——精准识别视角下的扶贫机制设置》,《西南民族大学学报》(人文社会科学版)2017 年第 2 期。

李明贤、刘美伶:《扶贫小额信贷对贫困户收入的影响》,《农村经济》2020 年第 6 期。

廖涛:《浅析我国农村金融有效供给问题》,硕士学位论文,西南财经大学金融学院,2013 年。

刘七军:《金融扶贫与民族地区小康社会建设——基于宁夏"盐池模式"的个案调查》,《北方民族大学学报》(哲学社会科学版)2017 年第 6 期。

刘丸源、贺立龙、涂云海:《政策性金融扶贫的精准性:基于扶贫小额信贷乡村调研的经验考察》,《当代经济研究》2020 年第 7 期。

刘艳华、徐勇:《扶贫模式可持续减贫效应的分析框架及机理探析》,《地理科学进展》2018 年第 4 期。

刘赢时:《孟加拉国乡村银行对我国发展农村小额信贷的启示》,《经济视角》2010 年第 6 期。

陆仰:《我国小额信贷的发展模式问题研究》,硕士学位论文,苏州大学东吴商学院,2010 年。

邵馨禾:《孟加拉模式下中国传统小额信贷本土化和创新探索》,《中国商论》2016 年第 26 期。

石晶、李卿语:《孟加拉乡村银行模式对发展我国农村小额信贷的启示》,《税务与经济》2010 年第 2 期。

唐文浩、何军:《江苏省扶贫小额贷款问题研究》,《现代经济探讨》2016 第 7 期。

田甜、万江红:《孟加拉乡村银行小额信贷模式及其启示》,《时代经贸》2007 年第 2 期。

王芬芬、赵洪瑞:《格莱珉银行经验对我国农村金融发展的影响》,《时代金融》2020 年第 7 期。

王康:《中国农村金融问题研究》,硕士学位论文,西南财经大学金融学院,2010 年。

王涛:《浅析我国农村小额信贷存在的问题及对策》,硕士学位论文,山西农业大学经济贸易学院,2013 年。

吴华:《扶贫小额信贷的制度创新》,《清华金融评论》2020 年第 7 期。

谢丽霜、韩宇哲:《社会企业视角下的小额信贷可持续发展研究——以宁夏盐池小额信贷转型实践为例》,《宁夏社会科学》2012 年第 7 期。

闫杰、强国令、刘清娟:《扶贫小额信贷、农户收入与反贫困绩效》,《金融经济学研究》2019 年第 4 期。

严青:《当前中国农户小额信贷几个问题研究》,博士学位论文,西南财经大学金融学院,2014 年。

杨海蕾、吕德宏:《贫困农户脱贫意识对其发展能力提升效果影响分析——扶贫小额贷款支持下的交互效应与调节效应检验》,《武汉金融》2020 年第 7 期。

袁映奇:《我国农村金融发展问题研究》,硕士学位论文,西北农林科技大学经济管理学院,2013 年。

张文璇:《孟加拉国小额信贷模式对我的借鉴探讨》,《现代商贸工业》2015 年第 15 期。

赵海、刘杰:《金融助推决胜脱贫攻坚的对策与建议》,《债券》2020 年第 8 期。

赵利梅:《中国和孟加拉国小额信贷模式比较》,《农村经济》2004 第 1 期。

赵晓峰、邢成举:《农民合作社与精准扶贫协同发展机制构建:理论逻辑与实践路径》,《农业技术经济》2016 年第 4 期。

周静:《我国农村小额信贷问题研究》,硕士学位论文,湖南农业大学公共管理与法学学院,2008 年。

周孟亮:《我国小额信贷的"双线"融合与政策优化——基于可持续性金融扶贫视角》,《社会科学》2019 年第 12 期。

后　记

　　金融扶贫是打赢脱贫攻坚战的关键之举,扶贫小额信贷是金融精准扶贫的成功实践。在脱贫攻坚结束之际,全面乡村振兴开启之时,系统梳理我国扶贫小额信贷政策发展历程,深入探讨了扶贫小额贷款的扶贫机制,全面总结了扶贫小额信贷的工作亮点、经验做法和成功要素,能为打赢脱贫攻坚战提供典型示范,为国家脱贫攻坚档案提供重要内容,为国际扶贫事业提供中国经验,具有重要的意义。为此,中国农业科学院农业经济与发展研究所吕开宇研究员带领的"财政金融创新与农业农村发展"团队受国务院扶贫办委托,开展扶贫小额信贷案例总结工作。

　　作为全国25个精准扶贫案例总结中的一个,课题组能参与到此次任务中,倍感荣幸,也格外珍惜。自接受工作任务始,课题团队就紧锣密鼓地制订了实施方案、研究内容与调查方案,并兵分2路,奔赴河南、宁夏、湖北、安徽4省,借助实地走访、集体座谈、问卷调研、个别交流、深度访谈、查阅资料、观看视频等多种方式,对4省、4市、4县、17乡、32村这五级扶贫系统进行为期24天的驻扎式调研工作。采取了从宏观到微观,从面到点再到面,从上到下再到上,步步深入的全景式、立体式的调研方式,调研内容全面且系统,调研案例深入且有代表性,先后完成各类主体调研访谈共计346人次。调研结束后,课题组快速地投入到撰写报告的工作中,召开和参与各类讨论会、指导会和研讨会超过10次。研究成果提交给国务院扶贫办后,课题组先后征求相关业务司局、委托单位和外部专家意见,并对报告进行了修改和完善,最终形成国务院扶贫办认可的共计25万余字的各类研究成果,包括案例研究总报告(包括凝练版)、政策建议报告、地方实践案例报告和视频宣传材料。

本书基于课题研究成果,由中国农业科学院农业经济与发展研究所吕开宇研究员带领的财政金融与农村发展团队的科研骨干主要负责完成,同时也得到了国家会计学院黄波涛副教授团队、中国农业大学经济管理学院何广文教授和鞠荣华教授的鼎力协作和支持,是集体智慧的结晶。本书各章节撰写分工如下:第一章为吕开宇、谢玲红、丁永潮,第二章为王晶、谢玲红、吕开宇,第三章为张崇尚,第四章和第五章为谢玲红,第六章为李芸,第七章为郭君平,第八章和第九章为黄波涛。本书的统稿、完善、修订工作由谢玲红、吕开宇完成,不足之处请读者批评指正。

本书的相关材料都是课题组调研和各地提供,在撰写过程中得到了诸多领导、专家、地方政府及扶贫干部的支持和帮助。原国务院扶贫办刘永富主任现场指导会上发表讲话,为工作任务指明了方向。中国扶贫发展中心主任黄承伟主任、曾佑志副主任、罗朝立副主任多次对案例总结全程给予了总结框架和课题实施具体指导。中国扶贫发展中心李慧处长、马俊茹副处长、刘一女士、萧子扬先生的联络工作,确保了课题组相关工作顺利开展。农业农村部计划财务司吴华、国家乡村振兴局规划财务司张婉婷副处长和中国扶贫发展中心李国强副处长提供了业务指导。感谢河南、宁夏、湖北、安徽四省乡村振兴局对我们调研工作的鼎力支持和密切配合。同时,我们要感谢河南卢氏县、宁夏盐池县、湖北郧阳区、安徽灵璧县的扶贫干部对我们调研工作的周密安排,更要感谢这些扶贫干部在扶贫小额信贷政策落地、实施、完善过程中的努力付出,正是因为他们不辞辛苦、不计回报的付出,才有了今天中国扶贫小额信贷的开花结果。